छायाछवि

गौतम चटर्जी

डायमंड बुक्स
www.diamondbooks.in

प्रकाशक : डायमंड पॉकेट बुक्स (प्रा.) लि.
X-30 ओखला इंडस्ट्रियल एरिया, फेस -II
नई दिल्ली- 110020
फोन : 011-40712200
ई-मेल : wecare@diamondbooks.in
वेबसाइट : www.diamondbooks.in
संस्करण : 2024

Chhayachhavi

by *Goutam Chatterjee*

अनुक्रम

विश्व सिनेमा और क्लासिकी

क्लासिक सिनेमा यानी काव्यस्पर्शीय फिल्में

फिल्म को बांग्ला में 'छायाछवि' कहा गया है। छाया से बनी एक ऐसी छवि जो चाक्षुष अनुभव में विश्वसनीय और कौतूहलपूर्ण बनी रहती है। जीवन इन छवियों में दृश्यमान और सरस बना रहता है। फिल्में बनाने और फिल्में देखने का सिलसिला कभी शिथिल नहीं हुआ है। एक पूरी शताब्दी तो छायाछवि की यही कहानी कहती है। पिछली पूरी शताब्दी में दो ही तरह की फिल्में बनी हैं। क्योंकि दो ही तरह की फिल्में बन सकती हैं। पहली तरह की फिल्म वह है जो फिल्मभाषा में बाहरी यथार्थ की पुनर्प्रस्तुति होती है। जो भी हमारे आसपास का या कहीं और का यथार्थ होता है उसके आधार पर बनी फिल्में प्रथम प्रकार की फिल्में हैं। यह किसी का भी बाह्य यथार्थ होता है। उन्हें कहानी का रूप दिया गया तो फीचर फिल्म या कथाचित्र, और नहीं दिया गया तो वे तथ्यचित्र या वृत्तचित्र कहलाते हैं। तथ्यचित्रों में यथार्थ, स्थिति या तथ्यों का फिल्मांकन अविकल होता है। जब ऐसा यथार्थ किसी कहानी के रूप में, फिल्मों में होता है तो इस कथाचित्र या फीचर फिल्म को देखकर हमें लगता है कि काश ऐसा हुआ होता या कहीं ऐसा न हो जाये। जब हो जाता है तो उनकी वीडियो रिकॉर्डिंग या उन पर बनी फिल्म तथ्यचित्र है। अन्यथा, फीचर फिल्म या कथाचित्र। यथार्थ आधारित ऐसी कहानियां फिल्म के लिए फिल्मभाषा में लिखी भी गयी हैं और पहले से लिखी कहानी या उपन्यास के आधार पर भी बनती गयी हैं। ये हुईं पहली तरह की फिल्में। इन्हें व्यावसायिक सिनेमा कहा जाता है। ये व्यावसायिक फिल्में हैं। फिल्म व्यवसाय या उद्योग, फिल्म के इसी प्रकार पर मुख्य रूप से निर्भर है। फिल्म माध्यम कला माध्यम है। कहानी कला है। फिल्मकला है। फिल्म लेखन, अभिनय, सम्पादन, संगीत या निर्देशन कला है। पूरी फिल्मभाषा ही कला है। फिल्मेंकला के बिना नहीं हो सकतीं। इसलिए कलाफिल्म जैसी कोई संज्ञा नहीं हो सकती। कलासिनेमा या कला फिल्मों जैसा कोई अन्य प्रकार नहीं होता। न हो सकता है। फिल्मकला एक सुन्दर और अद्भुत संज्ञा है। कलाभाषा का अद्भुत

चाक्षुष लोक या दृश्यकाव्य। तो व्यावसायिक फिल्में या कमर्शियल सिनेमा फिल्मों का पहला प्रकार हुआ। ये अपनी आत्यन्तिक भाषा में कला फिल्में ही हैं। या कह सकते हैं कि कलाभाषा में ही बनी सारी फिल्में व्यवसाय और अन्य कारणों जैसे निजी शौक से बनती हैं।

दूसरी तरह की फिल्में फिल्मभाषा या कलाभाषा में बाहरी यथार्थ की पुनर्प्रस्तुति नहीं होतीं। ये फिल्में कवि के अन्तःसंसार का रूपायन होती हैं। ऐसी फिल्में कवि के आन्तरिक जगत को प्रतिबिम्बित करती हैं। इस आन्तरिक जगत में बाहरी यथार्थ भी रहता है लेकिन मुख्य रूप से कवि या फिल्मकार की निजी अनुभूतियां, अन्तर्दृष्टि, स्वप्न, मनुष्य और उसकी पृथ्वी को लेकर एक सुनिश्चित दर्शन और आध्यात्मिक उपलब्धि या तलाश होती है। इसी आन्तरिक लोक का रूपायन कलाभाषा यानी फिल्मभाषा में होता है। इस भाषा का एकमात्र उपादान या माध्यम है सिनेमैटोग्राफी। जैसे ऋषि होने का अर्थ है, वह व्यक्ति जिसके पास दृष्टि या विजन है, उसी प्रकार दूसरी तरह की फिल्में वे हैं जिनके जरिये फिल्मकार अपनी दृष्टि या विजन को हमसे साझा करता है। इसी अर्थ में वह कवि होता है। और उसकी फिल्में हैं काव्यात्मक सिनेमा। इसे शास्त्रीय सिनेमा भी कह सकते हैं। अंग्रेजी में यही क्लासिक सिनेमा है। वे जैसा जीते हैं, वैसा रचते हैं। फिल्मों में दिखाया जीवन उनकी जीवनशैली से भिन्न नहीं होता। ये फिल्मकार ही सिनेमा का शास्त्र रचते हैं जिसका रचनात्मक असर व्यावसायिक सिनेमा में विचार के स्तर पर पड़ता है। और ऐसे फिल्मकार ही हैं ग्रेट मास्टर्स। दुनिया में ऐसे कवि फिल्मकार या, सिनेमा के कवि, या सिनेमा के दार्शनिक करीब तीन से चार दर्जन हुए हैं। इन फिल्मकारों ने जो फिल्में हमारे सामने प्रस्तुत की हैं उनकी उम्र अभी सौ साल नहीं हुई है। इन फिल्मकारों में से कुछ प्रमुख हैं इंगमार बर्गमैन, रॉबर्ट ब्रेसां, मिकेलेंजेलो एन्टोनियोनी, आन्द्रेइ तारकोव्स्की, यासुजिरो ओजू, केन्जी मिजोगुची, अकिरा कुरोसावा, चार्ली चैप्लिन, ऐल्फ्रेड हिच्कॉक, ज्यां रेनुआं, विटोरियो डी सिका, लुइ बुनुएल, फ्रैंकोइस त्रूफो, फेडेरिको फेलिनी, ऋत्विक घटक, सत्यजीत रे, तपन सिन्हा, मृणाल सेन, क्रिस्टॅफ किस्लोव्स्की, लुचिनो विस्कोन्ती, थियो ऐन्जेलोपॉलोस, ऑर्सन वेल्स, ऐलेक्जेन्डर दोवझेंको, सर्जेइ आइजेन्स्टाइन, वी. पूडोवकिन, जैक्स ताती, अब्बास कियारोस्तामी, क्रिस्टॅफ जानुसी, आन्द्रे वायदा, एरिक रोमर, ज्यां लुक गोदार, ऐलन रॉब ग्रिये, अदूर गोपालकृष्णन, जी. अरविन्दन, मणि कौल, कुमार शहानी, सई परांजपे और ऐग्नस वरदा। विश्व सिनेमा के इस परिदृश्य में सई परांजपे और ऐग्नस वरदा ही महिला फिल्मकार हुई।

हम इस पुस्तक में इन्हीं फिल्मकारों की फिल्मों के आधार पर पूरे विश्व सिनेमा और फिल्मकला की दृष्टिउन्मुखता, उत्तरण और उत्कर्ष पर बात करने जा रहे हैं। और ये भी देखने जा रहे कि भारतीय फिल्मकार जैसे ऋत्विक घटक और सेन अभी भी क्लासिक सिनेमा के गोलार्ध में सम्यक अर्थ में प्रतिष्ठित क्यों नहीं हो पाये हैं।

क्लासिक सिनेमा यानी काव्यात्मक फिल्मों पर चर्चा करने से पहले यह संक्षिप्त भूमिका आवश्यक थी। एक बार सुखद ऐतिहासिक घटनाओं को भी दोहरा लेना दिलचस्प है। रूसी फिल्मकार सर्जेई आइजेन्स्टाइन ने अपनी तीन मूक फिल्में 'रेड', 'बैटलशिप पोटेमकिन' और 'अक्टूबर' क्रमश: 1925, 1925 और 1928 में बनाई थी। अमेरिकी फिल्मकार ऑर्सन वेल्स ने अपनी पहली महत्त्वपूर्ण फिल्म 'सिटिजन केन' 1941 में बनाई थी। अमेरिका के ही चार्ली चैप्लीन अपनी मुख्य फिल्में 1914 से और अल्फ्रेड हिचकॉक ने 1927 से बनानी एवं प्रदर्शित करनी शुरु की थी। स्वीडन के इंगमार बर्गमैन ने अपनी पहली उल्लिखित फिल्म 'प्रीजन' 1949 में बनाई थी। हालांकि उन्होंने इससे पहले 1947 में दो बहुत अच्छी फिल्में बनाई थी जिनमें से एक है 'म्यूजिक इन डार्कनेस।' उन्होंने 1944 से फिल्में बनानी शुरु की थी।

इन सालों में दुनिया के अन्य देशों मुख्य रूप से रूस, फ्रांस, अमेरिका, इटली और स्वीडन ने भी विश्वसिनेमा का रचनात्मक आधार तैयार किया। स्वीडन के फिल्मकार विक्टर सोस्ट्रॉम (फिल्म 'दी फैन्टम कैरेज') थे तभी वे बर्गमैन को प्रेरित कर सके। इसी प्रकार दोवझेंको की फिल्मों (जैसे फिल्म 'अर्थ') को हम तारकोव्स्की के परिप्रेक्ष्य के रूप में देख सकते हैं। बीती बीसवीं शताब्दी के आखिरी पचास साल भी उपलब्ध्यिों और तकनीकी उन्नतियों के साल सिद्ध हुए। इस तरह ये सौ साल व्यावसायिक सिनेमा की एक परिपक्व उम्र के रूप में सामने आते हैं। लेकिन हम जिस दूसरी तरह की फिल्मों की बात कर रहे यानी क्लासिक या पोएटिक या काव्यात्मक सिनेमा, उसकी उम्र अभी बहुत कम है। रूसी फिल्मकार आन्द्रेइ तारकोव्स्की के अनुसार, 'दुनिया भर में बनती चली आ रही बेशुमार फिल्मों में सिर्फ काव्यात्मक फिल्मे ही रह जाएंगी। जिनकी उम्र अभी बहुत अधिक नहीं हुई है।'

ऐसी थोड़ी सी फिल्में बीती शताब्दी के उत्तरार्ध में बनी। यानी बीसवीं शताब्दी के आखरी पचास सालों में। एक फिल्म की रचना के जितने भी आवश्यक तत्व हैं जैसे पटकथा, फिल्मांकन, कैमरा, संगीत, सम्पादन आदि, उनका सम्यक या उपयुक्त प्रयोग या एक प्रकार से प्रथम उपयोग, ये दूसरे तरह के फिल्मकार ही करते

हैं। 'एक प्रकार से प्रथम उपयोग' को हम यहां समझ रहे हैं। इस प्रकार इक्कीसवीं शताब्दी में ये ही प्रथम कोटि के फिल्मकार या कलाकार हुए, जिनकी तर्ज पर दूसरी कोटि यानी व्यावसायिक सिनेमा के फिल्मकार और उनकी टीम चलती है। पूरी किताब में फिल्म के आवश्यक तत्वों पर चर्चा करते हुए हम यही देखेंगे कि कैसे ये ग्रेट मास्टर्स क्लासिक सिनेमा का स्वर लगाने के लिए इन फिल्म तत्वों का प्रयोग करते हैं, जिन्हें फिल्म विद्यालयों में विद्यार्थियों को पढ़ाया और सिखाया जाता है और फिर कैसे वे उस सीख का अपने फिल्म जीवन में प्रयोग करते हैं। तभी हम यह भी देख पायेंगे कि फिल्मकला की कैमरा तकनीक जैसे क्लोजअप, लांग शॉट, ट्रैक शॉट, एरियल, लो ऐंगल या लांग टेक आदि का प्रयोग ये कवि फिल्मकार क्यों और कैसे कर रहे हैं और प्रयोग की अपनी तहजीब पूरी दुनिया को सिखाते चले आ रहे हैं। इन्हीं फिल्मकारों के आधार पर फ्रांस में एक थ्योरी बनाई गयी जिसे ऑत्योर थ्योरी कहते हैं। इस तरह के काव्यस्पर्शीय सिनेमा को ऑथर सिनेमा भी कहते हैं। इन फिल्मों में ऑथर यानी लेखक या कवि का काव्य हस्ताक्षर उनकी विशिष्ट फिल्मभाषा में उनके शिल्प वैशिष्ट्य के कारण प्रकट होता है। उस शिल्प वैशिष्ट्य या स्टाइल के कारण ही वे फिल्मगरिमा में प्रतिष्ठित होते हैं। उस शिल्प वैशिष्ट्य की फिल्म में छाप होने की थ्योरी ही ऑत्योर थ्योरी है। इसके अलावा फिल्म बनाने की छह अन्य फिल्म थ्योरी हैं, जिनका उल्लेख हम सन्दर्भ के समय कर रहे होंगे। इसी प्रकार तकनीकी शब्दावलियों जैसे मोन्टाज और इसके प्रकारों जैसे टोनल, ओवरटोनल मोन्टाज को भी हम सन्दर्भ के मुताबिक समझेंगे। मुख्य रूप से हम यह देखेंगे कि किस प्रकार इन कवि फिल्मकारों ने फिल्म की कलाभाषा तैयार की और अपना शिल्पवैशिष्ट्य रचा, उसी आधार पर विश्व सिनेमा के सभी प्रकार की फिल्मों का इतिहास बनता चला गया। फिल्मों के इतिहास के आधार पर सोचने और विमर्श करने की हमारी इकहरी मानसिकता का अवसान भी इसी दृष्टि से सम्पन्न होता है। हमारी इकहरी मानसिकता की स्थिति सिर्फ व्यावसायिक सिनेमा तक सीमित रहने से बनती है, बनी है। पिछले पचास सालों में लिखी गयी भारतीय फिल्म समीक्षा इसका उदाहरण है। या फिर एक और उदाहरण।

फिल्मों की दुनिया में आम बोलचाल में जिसे कहते हैं आइडिया, वह व्यावसायिक सिनेमा में विचार है और क्लासिक सिनेमा में अन्तर्दृष्टि या दृष्टि। विचार मनुष्य की स्मृति की प्रतिक्रिया है। स्मृति न हो तो विचार न हो। मनुष्य की स्मृति अतीत की स्मृत-विस्मृत छवियों और जिये गये अनुभवों का संग्रहीत कोष है। इस कोष की किसी छवि का नये ढंग से दोहराव, विचार है। इस विचारसरणि

या स्मृति से मुक्ति का उद्घोष है दृष्टि। यह दृष्टि सम्पन्नता क्लासिक सिनेमा का मौलिक कलास्वर है। दृष्टि है तो फिर वह मौलिक है। दृष्टि की मौलिकता क्लासिक सिनेमा में प्रथम महत्त्व की बात है। दृष्टि के कारण ही व्यक्ति कवि या ऋषि है। यहां ऐसे कवि फिल्मकारों के बारे में ही विमर्श किया जा रहा। उनकी फिल्म दृष्टि और उनके फिल्म लेखन से पहले वर्ण्यविषय का आरम्भ, उनकी जीवनदृष्टि और फिल्म में उस दृष्टि के कला अन्तरण से किया जा रहा। दृष्टि ही उनके फिल्म लेखन का स्रोत है।

नायक, नायिका और प्रतिनायक से बनी कहानी विचार की फलश्रुति है। विचार का परिणाम है। इस विचार पर मुगल-ए-आजम भी बन सकती है और शोले भी, जेम्स बॉन्ड या ब्रूस ली की फिल्म भी बन सकती है और टाइटैनिक भी। 'वूमन ऑफ द रीवर' भी और मौसम भी। चेखोव की कहानी या बिमल मित्र की कहानी पर बनी कोई फिल्म भी इसी प्रकार का व्यावसायिक सिनेमा है। यानी व्यवसाय के लिए भी फिल्म उद्योग में बनायी गयी फिल्म, व्यवसाय करे या न करे। जैसे गुरुदत्त की फिल्म 'कागज के फूल' (उनकी निर्देशित अन्तिम फिल्म) ने व्यवसाय नहीं किया और 'साहिब बीबी और गुलाम' ने कर लिया। लेकिन दोनों ही विचार आधारित व्यावसायिक फिल्में हैं। क्लासिक सिनेमा में भी जब तक अपनी दृष्टि प्रत्यक्ष नहीं होती, फिल्मकार किसी कथाकार की कहानी या उपन्यास अंश के जरिये अपनी बात रखने की रचनात्मक कोशिश कर रहा होता है। जैसे सत्यजीत रे की 'पथेर पांचाली' (1955, बिभूति भूषण बन्दोपाध्याय) या ब्रेसां की 'अउ हाजार बाल्थाजार' (1966) या ऋत्विक घटक की 'मेघे ढाका तारा' (1960, शक्तिपद राजगुरु) या मणि कौल की 'उसकी रोटी' (1969, मोहन राकेश)। इन फिल्मों की कलामिति इन्हें क्लासिक सिनेमा की ओर ले जाती है। ब्रेसां ने 'बाल्थाजार' फ्योदोर दोस्तोव्स्की के उपन्यास 'दी इडियेट' के एक अनुच्छेद से प्रेरित होकर बनायी थी ऐसा उनके भारतीय शिष्य मणि कौल और कुमार शहानी बताते हैं। बाद में मणि ने पूरा उपन्यास लिया और दी इडियेट पर हिन्दी में 'अहमक' (1992) बनायी।

स्पष्ट हुआ कि क्लासिक सिनेमा में भी दो प्रकार की प्रवीणता या रचनाशीलता देखी जा सकती है। एक तो किसी लेखक की पहले से लिखी कहानी या उपन्यास की आत्मा और कथानक के आधार पर फिल्म बनाना जैसे सत्यजीत रे ने प्रेमचन्द की कहानी पर शतरंज के खिलाड़ी (1977) और सद्गति (1981) बनायी और दो, अपनी दृष्टि को सीधे फिल्मलेखन में अनूदित कर देना, जैसे बर्गमैन की पर्सोना, क्राइज ऐण्ड विस्पर्स और फेस टु फेस (क्रमश: 1966, 1972 और 1976 में बनी

फिल्में)। या पिता आरसेनी तारकोव्स्की की कविताओं पर आन्द्रेइ तारकोव्स्की की फिल्म 'दी मिरर' (1975)

आइडिया के लिए हिन्दी में जिस 'दृष्टि' शब्द का प्रयोग किया जा रहा उसके उदाहरणस्वरूप हम पहले कुछ और फिल्मों के नाम ले लेते हैं जैसे चार्ली चैप्लीन की फिल्म 'गोल्ड रश' (1925), इंगमार बर्गमैन की 'दी सेवेन्थ सील' और 'वाइल्ड स्ट्रॉबेरीज' (दोनों 1957) और आन्द्रे तारकोव्स्की की 'दी मिरर' (1975) और 'स्टॉकर' (1979)। स्टॉकर 1972 में लिखे उपन्यास 'रोडसाइड पिकनिक' पर आधारित है। हालांकि पूरी फिल्म तारकोव्स्की ने लिखी है। जैसे 'शतरंज के खिलाड़ी' फिल्म रे ने लिखी है। 'गोल्ड रश' चार्ली की अपनी लिखी फिल्म है। 'दी सेवेन्थ सील' और 'वाइल्ड स्ट्रॉबेरीज' इंगमार की अपनी लिखी कहानी है। 'दी मिरर' भी इसी प्रकार तारकोव्स्की की लिखी पटकथा है जो उन्होंने अपने पिता की कविताओं को लेकर लिखी थी। अकिरा कुरोसावा की फिल्म 'रशोमॅन' (1950) अकुतागावा की कहानी 'इन ए ग्रोव' पर आधारित है और इसका शीर्षक रूनोसुका अकुतागावा के ही सुझाये शब्द 'रशोमॅन' से लिया गया है। हम परवर्ती अध्यायों में इन कवि फिल्मकारों के शिल्प वैशिष्ट्य पर अलग से बात करेंगे कि उन्होंने किस फिल्म तकनीक को नया अर्थ कैसे और क्यों दिया जैसे बर्गमैन ने एक्स्ट्रीम क्लोज अप को, तारकोव्स्की ने लांग टेक और लांग शाट्स को और तपन सिन्हा ने लांग ट्रैक शॉट्स को। फिलहाल कहानी के फिल्म अन्तरण पर विमर्श करते हुए तपन सिन्हा की बांग्ला में 1962 में बनी फिल्म 'हांसुली बांकेर उपकथा' (Folk tales of the River bend) का उल्लेख भी होना चाहिए जो ताराशंकर बन्दोपाध्याय के 1951 में लिखे उपन्यास पर आधारित है। तपन सिन्हा ने 1946 में अपना केरियर न्यू थियेटर्स में साउण्ड इंजीनियर के रूप में शुरु किया था।

कहानी या उपन्यास पर बनी फिल्मों, नहीं, क्लासिक फिल्मों पर नजर डालते हुए यह विमर्श अप्रासंगिक और अनावश्यक हो जाता है कि बन जाने के बाद फिल्म, कहानी या उपन्यास के कितने करीब या दूर हुई है। ऐसी फिल्मों में प्रथमतः या अन्ततः उन लिखी रचनाओं का कोई अभिप्राय नहीं रह जाता जिनके आधार पर वे बनी हैं। फिल्म में मूल लेखक का सिर्फ कथानक लिया जाता है। फिल्मभाषा में वह कथानक फिर से लिखी गयी एक नयी रचना होती है। कथानक वही रहता है लेकिन रचना दूसरी हो जाती है। इसे हम डीकन्स्ट्रक्शन या पुनर्नवा कह सकते हैं। इस प्रकार फिल्मभाषा में लिखी गयी रचना को हम दूसरा साहित्य, (Second literature) कहते हैं और फिल्म लेखक को साहित्यकार। इस कारण यह सेकेंड

लिट्रेचर है और फिल्मकार ऑथर। जो शतरंज के खिलाड़ी प्रेमचन्द ने लिखी उसके लेखक हैं प्रेमचन्द और जो फिल्म 'शतरंज के खिलाड़ी' सत्यजीत रे ने लिखी उसके लेखक हुए सत्यजीत रे। यानी फिल्म 'शतरंज के खिलाड़ी' पर बात करते हुए हम लेखक रे और निर्देशक रे की बात कर सकते हैं, लेखक प्रेमचन्द की नहीं। फिल्म पर बात करते हुए दोनों प्रकार के लेखकों की बात करने का औचित्य ही नहीं बनता क्योंकि फिल्मकार रे ने लेखक रे की रचना पर फिल्म बनायी होती है। फिल्म देखने के बाद रे की फिल्म और प्रेमचन्द की कहानी पर बात करना विवेक, समय और कलाशीलता का अपव्यय है। तभी हमें लगता है कि विनोद कुमार शुक्ल ने कितने दिलचस्प ढंग से उपन्यास 'नौकर की कमीज' की शुरुआत की है जबकि मणि की फिल्म में वह या वैसी दिलचस्पी नहीं रह गयी है। या फिर निर्मल वर्मा की कहानी 'माया दर्पण' और उस पर कुमार शहानी की उसी नाम से बनायी फिल्म। ब्रेसां की जिस सिनेमैटोग्राफिक दृष्टि को मणि कौल फ्रांस से हिन्दी सिनेमा में ले आये और एक हद तक अपनी फिल्म 'सिद्धेश्वरी' में सुन्दर ढंग से परिवेशित करने की कोशिश की, उसे कुमार निभा नहीं पाये। इसीलिए निर्मल वर्मा को भी फिल्म 'माया दर्पण' रास नहीं आयी। यह बात उन्होंने कई जगह कही, अपने भाई राम कुमार से भी और मुझे भी।

इस तरह इस दृष्टि (मूल कथा लेखक और फिल्मकार) से हुए अब तक के सारे विमर्श निरर्थक हैं। इसी ढंग (यानी लेखक रे और फिल्मकार रे) से बिभूतिनारायण बन्दोपाध्याय और सत्यजीत रे की 'पथेर पांचाली' पर नये समय में दोबारा सोचा जाना चाहिए, अतीत में हो चुकी चर्चाओं को निरस्त कर। इस दृष्टि से 'कहानी का सिनेमा में रूपान्तरण' कोई विषय ही नहीं बनता। विषय बन सकता है 'फिल्म निर्देशक और फिल्म लेखक के अवदान और परस्पर साझेदारी की उदारता।' लेखन और निर्देशन दोनों ही सिनेमा के अनिवार्य तत्व हैं, अवयव हैं, घटक हैं। क्लासिक सिनेमा में इन दोनों ही तत्वों का आवश्यक आधार और स्रोत होता है दृष्टि जहां क्लासिक फिल्मकार की सारी उर्जा, रचना-प्रेरणा और काव्यशास्त्र, अपने अमूर्तन में संचयित रहते हैं। कवि फिल्मकार की इस गहन समग्रदृष्टि को हम साधारण बोलचाल में आइडिया कह लेते हैं। यह दृष्टि उसकी थका देने वाले सोच-विचार का परिणाम नहीं होती। बर्गमैन तो अपनी रचना प्रक्रिया की कुंजी अपने इन्ट्यूशन को कहते थे। इन्ट्यूशन यानी अन्तर्दृष्टि। विचार नहीं। साथ ही फिल्म के विद्यार्थियों को वे यह भी कहते हैं कि 'यदि आपके पास कहने के लिए कुछ नहीं है तो फिर आपको फिल्म नहीं बनानी चाहिए।'

फिल्म लेखन से पहले अब इस विषय को विस्तार से परखें। इन फिल्मों में मुख्य विषय वही होते हैं जो इस पृथ्वी पर रह रहे एक गम्भीर और संवेदनशील व्यक्ति के होते हैं। पश्चिमी भाषा में इन्हें दार्शनिक समस्या कहते हैं और भारतीय वांग्मय में इन्हें आध्यात्मिक प्रश्न कहते हैं। जैसे मृत्यु का प्रश्न, दुख की समस्या, प्रेम और स्त्री-पुरुष सम्बन्ध की समस्या, मुक्ति का प्रश्न, अस्तित्व सम्बन्धी प्रश्न, सौन्दर्य की समस्या, प्रकृति और ईश्वर की अनुभूति। इन विषयों पर मनुष्य करीब तीन हजार साल से सोचता और सफल-असफल उपलब्धियों की बगिया संजोता चला आ रहा है। विशेषकर मृत्यु और ईश्वर की प्रश्नबिद्ध समस्या पर चिन्तन उस मनुष्य को सर्वाधिक प्रिय है जिसे प्रेम में दुख मिला हो, और फिर भी वह प्रेम और सौन्दर्य और इसके आनन्द के बिना जी नहीं सकता। इस पर कवि सोचता है, ऋषि सोचता है, विज्ञानी सोचता है, दार्शनिक सोचता है, सामान्य मनुष्य सोचता है और कलाकार सोचता है। कवि और कलाकार के पास ऐसे प्रश्नों के उत्तर प्रायः होते हैं। ज्ञान के कलानुशासन में फिल्म को सातवीं कला के रूप में स्थान और महत्त्व दिया गया है। इस कला के जरिये ऐसे आध्यात्मिक विषय पर अपनी दृष्टि (क्लासिक सिनेमा में) ये फिल्मकार रखते हैं और हमसे साझा करते हुए हमसे जुड़ना चाहते हैं या हमारी मदद करना चाहते हैं। क्लासिक सिनेमा उनका वृहत्तर अवदान है। वृहत्तर और कालजयी।

अब इन प्रश्नों पर फिल्म के इन कवियों ने अपनी क्या दृष्टि रखी है, उन्होंने क्या ढूंढा है, सामान्य मनोरंजन के स्तर से ऊपर उठकर उनकी फिल्मों को इस कौतूहल के साथ देखना काफी रोचक होता है। उनकी दृष्टि ही फिर उनकी फिल्मों की कलामिति तय कर देती है जिसे अंग्रेजी में Artistry कहते हैं। फिल्मों की कलामिति ही फिल्मभाषा है जिसे हम कवि फिल्मकार की दृष्टि को समझ लेने के बाद पढ़ेंगे। रोचक होता है देखना कि 'दी सेवेन्थ सील' में बर्गमैन ने किस प्रश्न पर सोचा है और उस प्रश्न पर उनकी दृष्टि क्या है, और अपनी दृष्टि को उन्होंने किस प्रकार के कलात्मक प्रभाव के साथ प्रस्तुत किया है, या अपनी बात को कहने के लिए उन्होंने फिल्मकला के उपकरणों का सधा हुआ इस्तेमाल किस बखूबी से किया है और इसके लिए उन्होंने फिल्म की कैसी शब्दावली या Vocabulary बनायी है। ऐसे ही ब्रेसां, रेनुआ या तारकोव्स्की की किसी फिल्म को देखना भी हमें रोचक और आध्यात्मिक पथ या प्रकाश का गहन दर्शक बना देता है।

'दी सेवेन्थ सील' के आरम्भ में हम नायक को मृत्यु के साथ शतरंज खेलते देखते हैं। यह इस फिल्म की कथा का रूपक है जिसे अंग्रेजी में मेटाफर कहते

हैं। रूपक के जरिये अपनी बात कहना भारतीय काव्यशास्त्र में भी साहित्य का अलंकार है, लिखी हुई फिल्म की कलामिति। किसी प्रतीक या रूपक के जरिये बात को कहना उसका कलात्मक मूल्य तय करता है और बात रोचक ढंग से दर्शक तक पहुँचती है। इसे कलामिति कहते हैं। दोस्तोव्स्की कहते थे कि यदि कलामिति अच्छी है तो विचार या दृष्टि अपने-आप लोगों तक पहुँच जायेगी। उसके सम्प्रेषण के लिए अतिरिक्त श्रम की आवश्यकता नहीं। यदि कहानी अच्छी है, नाटक का मंचन अच्छा है, पेंटिंग, गायन, वादन या नृत्य प्रस्तुति अच्छी है तो फिर अन्तर्वस्तु स्वतः दर्शक तक पहुँच चुकी है। नाट्यशास्त्र में ऋषि भरत इसे ही रस या प्रभाव कहते हैं। नाट्य का अर्थ और अभिष्ट है रस। रस निष्पत्ति हो गयी का अर्थ हुआ बात दर्शकों तक पहुँच गयी। प्रभाव हुआ का अर्थ है बात सम्प्रेषित हो गयी। प्रभाव कितना गहरा हुआ यह कवि फिल्मकार के शिल्पवैशिष्ट्य के अनुसार होता है। तो लिखी हुई रचना में रूपक उसकी कलामिति है। कहने का प्रभावशाली ढंग है। रूपक हमेशा मौलिक और प्रभावशाली होता है। कवि की श्वेत और शिष्ट प्रतिभा का उद्घाटन। बिना प्रतिभा के रूपक की कल्पना और फिर रचना नहीं हो सकती। रूपक के बारे में पहली बार व्याख्या करते हैं भरत। नाटयशास्त्र का एक प्रमुख अध्याय है दशरूपक। अभी तक इसे नाटकों के प्रकार के रूप में समझा गया है जो गहन नहीं है। साहित्य का यही रूपक फिल्मभाषा में इमेजरी है। मृत्यु से शतरंज खेलने का दृश्य इमेज है और इस दृश्य को फिल्म के कथानक के लिए नरेटिव या आख्यान बनाना इमेजरी। फिल्म 'दी सेवेन्थ सील' का आरम्भ इसी इमेजरी से होता है। इस इमेजरी से तीन बातें आरम्भ में ही स्पष्ट हो जाती हैं। एक, फिल्मकार ने इस फिल्म में जीवन के किस प्रश्न या दार्शनिक प्रश्न को अपना विषय बनाया है। उत्तर है मृत्यु के प्रश्न को। दो, यह इमेजरी मौलिक है जो सिद्ध कर देता है कि फिल्मकार कवि या कलाकार है। और तीन, यह इमेजरी पूरी फिल्म में गहन विषय को स्पष्ट और आसान करने, कलात्मक मूल्य और प्रभाव बनाने में दर्शक की अन्त तक मदद करता रहता है। करता आया है। हिन्दी साहित्य के लिए रूपक शब्द का गठन पहले से है। हिन्दी में फिल्में बनने के बाद यानी हिन्दी में फिल्मभाषा की निर्मिति हो जाने के बाद फिल्म की शब्दावलियों के लिए हिन्दी में समानार्थक शब्द रच लेने चाहिए। 'फिल्म इमेज' के लिए शब्द है छवि। बांग्ला में इसीलिए फिल्म को छायाछवि कहते हैं। रूपक के अर्थ में जो इमेजरी है उसके लिए हिन्दी में लगभग समानार्थी शब्द हो सकता है बिम्ब, जैसे ऐब्स्ट्रैक्शन के लिए अमूर्तन और ऐब्सर्ड के लिए अवान्तर। हिन्दी साहित्य का पारखी और पाठक जगत 'बिम्ब' शब्द से पूर्वपरिचित है।

आवश्यक नहीं कि हर बार क्लासिक सिनेमा में दार्शनिक प्रश्न ही उठाया जाये या बिम्ब रचा ही जाये किन्तु ऐसा प्रायः होता आ रहा है। जोन की उपस्थिति तारकोव्स्की की फिल्म 'स्टॉकर' (1979) में बिम्ब है। फिल्म में एक ऐसे जोन की कल्पना की गई है जहां मनुष्य मृत्यु के पार रह सकता है। जीवन का सर्वोत्कृष्ट प्रश्न पूछ सकता है। अपनी शाश्वत इच्छा पूरी कर सकता है उस जोन में। सत्यजीत रे की फिल्म 'चारुलता' (1964) में नायिका दूरबीन से अपनी हवेली के बाहर के जीवन को देखती है क्योंकि कथाकार बताना चाहता है कि जीवन उससे दूर है करीब नहीं, क्योंकि वह हवेली से बाहर नहीं आती और वह उस जीवन को करीब से देखना चाहती है जो उससे दूर है। यह बात मूल लेखक ने लिखी है लेकिन निर्देशक ने इस बात को दिखाने के लिए दूरबीन का प्रतीक लिया है। यह फिल्म 1964 मे प्रदर्शित हुई थी। याद कर सकते हैं कि एक जनवरी 1963 में एक फिल्म प्रदर्शित हुई थी 'तेरे घर के सामने।' विजय आनन्द निर्देशित इस फिल्म में नायक-नायिका थे देव आनन्द और नूतन। सचिन देव बर्मन का संगीत था और सिनेमैटोग्राफर थे वी. रात्रा। फिल्म के कई गाने लोकप्रिय हुए थे जिनमें से एक था 'दिल का भंवर करे पुकार प्यार का राग सुनो रे।' इस सांग सीक्वेन्स यानी गाने के दृश्यों को फिल्मांकित किया गया था दिल्ली के कुतुबमीनार में। उन दिनों यह बात काफी चर्चा में आयी थी। इस गाने से ठीक पहले नूतन को दूरबीन से दूर की चीजों को देखते दिखाया गया था।

रे ने फिल्म 'चारुलता' रबीन्द्रनाथ ठाकुर की कहानी 'नीर' के आधार पर बनायी है, और कहानी का अन्त, जो रे ने लिखा है, वह रबीन्द्रनाथ के लिखे अन्त से बिलकुल भिन्न है। लेकिन जैसा कि कहा गया कि रचनात्मक विमर्श सिर्फ रे की यह फिल्म और रे के इस फिल्म लेखन को लेकर हो सकता है। 'दी सेवेन्थ सील' में अन्त तक यह कौतूहल बना रहता है कि कौन जीतता है, जीवन के शतरंज खेल में, नायक या मृत्यु। या यह देखना कि मृत्यु की दखलन्दाजी नायक के जीवन में कब और कहां हो रही होती है। छवि अपने-आप में प्रतीक है, जैसे शब्द। इस फिल्म में एक-दूसरे चरित्र को विजन भी आते हैं यानी वह बहुत कुछ ऐसा देख पाता है जो दूसरों के लिए अदृश्य है।

एक और उदाहरण से समझें। बर्गमैन की ही फिल्म है 'वाइल्ड स्ट्रॉबेरीज।' फिल्म का मुख्य चरित्र एक बुजुर्ग प्रोफेसर है जो एक बार उस रास्ते से गुजर रहा होता है जहां वह कभी अपना बचपन और युवावस्था गुजार चुका है। उसे वह मकान और उस वक्त के सारे लोग याद आते हैं जिनमें एक वह भी है। वे सारे दृश्य उसके आगे फिर से प्रकट होने लगते हैं। जैसा कि हम कभी अपने बचपन को याद करते

समय महसूस करते हैं और उस उम्र में चले जाते हैं अपनी याद में। लेकिन यहां होता यह है कि कार से वहां उतर कर बचपन के उस मकान के बाहर बुजुर्ग प्रोफेसर अपने बचपन के वक्त की मित्र कॉरिन से फिर से बात शुरु करता है। कॉरिन उसके बचपन के समय की उम्र में दिखती है और प्रोफेसर अपने इस समय की उम्र में। इस प्रकार दो अलग-अलग देशकाल के बीच बातचीत होती है। विश्वसिनेमा में ऐसा पहली बार दिखाई देता है और एक गहरा अतीत रागात्मक प्रभाव दर्शकों के मन में देर तक इकट्ठा रहता है। यह छवि न रूपक है न प्रतीक। यह फिल्म-मुहावरा बना।

'वाइल्ड स्ट्रॉबेरीज' में 78 साल के बुजुर्ग प्रोफेसर आइजेक बोर्ग (आइजेक का मतलब बर्फ से है और बोर्ग का स्वीडिश अर्थ उस तरह के व्यक्तित्व से है जो सहज और सादा जीवन जीना चाहता है, यह चरित्र स्वीडन के महान कलाकार और फिल्म निर्देशक विक्टर सोस्ट्रॉम द्वारा अभिनीत है) के दो लम्बे दुस्वप्न भी हैं। एक बिलकुल आरम्भ में। फिर बीच में। और अन्त में वे अपने माता-पिता को देखना चाहते हैं जिन्हें उस बचपन के ठहरे देशकाल की कॉरिन ही दिखा सकती है कि अभी वे कहां और कैसे हैं? और प्रोफेसर बोर्ग उन्हें देखते हैं। वे देखते हैं कि किस प्रकार वे दोनों माता-पिता समुद्र के किनारे बैठे हुए हैं और अपने बेटे को देख खुशी से हाथ हिला रहे हैं। अपनी किताब 'इमेजेस, माइ लाइफ इन फिल्म' में बर्गमैन ने लिखा है कि उन्होंने प्रोफेसर के किरदार को अपने पिता का रूप दिया है जबकि उस किरदार के भीतर मन के रूप में वे स्वयं हैं। हर प्रकार के साहित्य में लेखक खुद को किसी न किसी किरदार में छुपाता है। फिल्म के मध्य में प्रोफेसर बोर्ग विज्ञान की ओर से अपनी पत्नी के वर्तमान को भी देख पाते हैं जो वास्तव में इस वक्त नहीं हैं। उन्हें गुजरे काफी वक्त हो गया।

फिल्म में प्रोफेसर अपनी मृत पत्नी के अतीत और वर्तमान को भी देख लेते हैं।

कुरोसावा की फिल्म 'रशोमॅन' में एक ही घटना को अलग-अलग लोग अलग-अलग ढंग से नरेट करते हैं। इस कारण अलग-अलग कहानियां बन जाती हैं जो एक ही घटना का अलग-अलग बयान होती हैं फिल्म भाषा में। यह मुहावरा दर्शकों के साथ फिल्मकारों को भी इतना भाया कि यह यानी 'रशोमॅन एफेक्ट' फिल्मभाषा की शब्दावली बन गयी। इसी एफेक्ट का कुशल प्रयोग कर श्याम बेनेगल ने धर्मवीर भारती के उपन्यास 'सूरज का सातवां घोड़ा' पर इसी नाम से फिल्म 1992 में बनायी। रशोमॅन की थीम दिलचस्प है। यह आम आदमी के झूठ बोलने की प्रवृत्ति पर आधारित है। अमूमन आदमी अपने बारे में ईमानदारी से नहीं बताता लेकिन किसी भी झूठ को सजा कर बताने की आदत बना लेता है। झूठ बोलना उसका

दूसरा स्वभाव बन जाता है। बारिश में तीन आदमी बैठे बात करते हैं। उनमें से एक किसी घटना का जिक्र करता है। यह अपराध से सम्बन्धित है। उस घटना से प्रत्यक्ष और अप्रत्यक्ष रूप से सम्बद्ध तीन लोगों से प्रशासन सही बात जानने की कोशिश करता है। इनमें से एक बंधक है। एक समुराई अपनी पत्नी के साथ उस बगीचे से होकर जाता है। वह बन्धक समुराई को बांध कर बिना उसकी हत्या किये उसकी पत्नी का चुम्बन लेता है। वह बेहोश हो जाती है। पत्नी कहती है कि अब दोनों में युद्ध हो और कोई एक ही बचे ताकि वह विजेता के साथ शेष जीवन जी सके। बाकी की कहानी इससे पहले दर्शक जाने, अपराध की पूरी कहानी के अन्त के बाद यदि उन तीनों में से एक ने उस समुराई को जाते देखा था तो वह उसे अपनी ओर से कहानी बना कर बताता है। इसी प्रकार यदि दूसरे ने कुछ और देखा तो वह उस बारे में बताता है। और फिर बन्धक उसी घटना के बारे में बताता है। तीनों बयानों में संगति भी है और असंगति भी। जंगल में बन्धक जिस अन्दाज में अपनी देह पर बैठे मच्छर को मारता है, हम याद कर सकते हैं 'शोले' में गब्बर को उसी अन्दाज में किसी कीड़े को मारते ताकि ए.के. हंगल के बेटे की हत्या कर दी जाय। 'चश्मे बद्दूर' (1981) में हल्के-फुल्के हास्य के अंदाज में रशोमॅन की प्रेरणा दिख जाती है। रवि बासवानी और राकेश बेदी जब नायिका के घर से लौट कर फारुख शेख को घटना का विवरण बताते हैं तो दर्शक देखते हैं कि भले उसकी नायिका के भाई के हाथों पिटाई हुई हो या कुत्ते ने दौड़ाया हो, वे वहां हुई अपनी खातिर के बारे में मनगढंत विवरण देते हैं कि किस प्रकार नायिका उससे इम्प्रेस हुई। रशोमॅन का प्रभाव पूरी दुनिया में पड़ा है। 1950 से अब तक।

ऐसी बात को कहने के लिए कुरोसावा ने जो फिल्म तकनीक बनायी उसे नाम मिला 'वाइप।' एक ही समय में चार अलग-अलग जगहों पर घट रही घटनाओं को साथ दिखाना 'वाइप' है जिसका साधारण और कलाविहीन प्रयोग हम समाचारों के दृश्यमाध्यमों में भी अब अक्सर देख रहे होते हैं। अक्सर आ रहे चुनाव परिणामों के दौरान।

क्लासिक या काव्यात्मक फिल्मों का लेखन गहन, दिलचस्प, प्रेरक और रचनात्मक होता है। अकिरा कुरोसावा ने पटकथा लेखन या फिल्म लेखन पर काफी जोर दिया है। वे कहते हैं, 'यदि सही अर्थों में हमें फिल्म बनानी है तो फिर हमें पहले स्क्रीनप्ले या पटकथा लिखनी चाहिए। लिखी पटकथा के जरिये ही हम फिल्म संरचना के निर्धारक विशिष्ट तत्व (स्पेसिफिक्स ऑफ फिल्म स्ट्रक्चर) के बारे में सीखते हैं और यह भी कि, सिनेमा क्या है। लिखना हमारा दूसरा स्वभाव बन

जाना चाहिए। यह अतिरिक्त धैर्य की मांग करता है। जरूरत होती है सिर्फ कागज, पेन्सिल और धैर्य की। एक वक्त में एक ही बात या एक ही पेज लिखना चाहिए। ऐसा करने से एक दिन पूरी स्क्रिप्ट तैयार हो जाती है। पढ़ना बहुत जरूरी है और आज की पीढ़ी पढ़ती नहीं। लिखने के लिए आन्तरिक समृद्धि की जरूरत होती है। यानी एक अच्छी स्मृति की। मैं इसीलिए कहता हूं कि रचना स्मृति से आती है। स्मृति रचना की स्रोत है। यह स्मृति पढ़ने से या आपके यथार्थ जीवन के अनुभवों से बनती है। आन्तरिक समृद्धि के बिना आप रच नहीं सकते। इसलिए बहुवाचक अध्ययन होना चाहिए। विभिन्न प्रकार की किताबें पढ़नी चाहिए विशेषकर विश्व क्लासिक। शुरुआत रूसी साहित्य से करनी चाहिए।'

ऐसी पटकथा भी लिखी गयी हो और उसे फिल्माया गया हो तो निश्चित है कि पटकथा का सुर में होना कितना जरूरी है। कुरोसावा इसे स्क्रीन लेखन का सिम्फनिक स्ट्रक्चर कहते थे, यानी सुरीला ढांचा। यानी पटकथा की ऐसी संरचना जिसका विन्यास सही स्वरों में निबद्ध हो। वे ऐसी संरचना के लिए जापान की 'जोहाकू' शैली का उदाहरण सामने रखते थे। उन्हें 'काबुकी' की जगह 'नोह' रंगशैली और 'जोहाकू' अधिक पसन्द थे। 'जो' का अर्थ है आरम्भ, 'हा' का अर्थ है उस आरम्भ को नष्ट कर कथा का विकास और 'कू' का अर्थ है तुरन्त अन्त पर आ जाना। नोह थियेटर इसी लेखनशैली पर आधारित है, यहां तक कि हाइकू कविता शैली भी। वे कहते थे कि एक अच्छी पटकथा पर एक अच्छा फिल्मकार क्लासिक सिनेमा या मास्टरपीस फिल्म बना सकता है। एक अच्छी पटकथा पर कोई सामान्य फिल्मकार कोई चलताऊ फिल्म बना सकता है। लेकिन एक सामान्य पटकथा पर अच्छा फिल्मकार अच्छी फिल्म बना सकता है। 1998 में दिवंगत कुरोसावा कहते थे कि विचार के बीज का परिणाम है पटकथा यानी बीज से बना वृक्ष। निर्देशक की वजह से इस वृक्ष पर फल और फूल लगते हैं।

2007 में दिवंगत इंगमार बर्गमैन कहते हैं कि पटकथा लिखने की सबसे आसान और खूबसूरत कोशिश होती है उन पलों में संगीत सुनना। संगीत के पद में ही फिल्म को वे समझ और समझा सकते थे।

पटकथा लिखना और फिर विमर्श करना और फिर उसके कई रूपान्तरणों तक जाना मुश्किल होता है। बर्गमैन जैसे फिल्मकार ऐसे रचनात्मक श्रम से गुजरते थे।

कुरोसावा कहते हैं कि अकेले लिखने की जगह यदि साथ में दो और हों तो लिखते हुए विचार-विमर्श हो सकता है ताकि लेखन इकहरा न हो सके। उसमें

अन्यकोण भी दिख सकते हैं। 'रशोमॅन' की पटकथा कुरोसावा ने षिनोबू हषिमोतो के साथ मिलकर लिखी थी। किस्लोव्स्की की सारी पटकथाओं में उनके साथ कोई और लेखक भी है। उनका नाम है क्रिस्टॅफ पाइसेविच। 'डेकालॉग' की दसों पटकथाएं या ब्रेसां, बर्गमैन या तारकोव्स्की की सारी पटकथाएं क्लासिक पटकथाएं हैं।

क्लासिक फिल्म की पटकथा दो रूपों में तैयार होती है। इसे डिजाइन कहते हैं। लिट्रेरी डिजाइन और विजुअल डिजाइन। लिट्रेरी डिजाइन में कथामयता को उसके स्वाभाविक प्रवाह के साथ लिखा जाता है कि हमने पूरी कथा को किस रूप में देखना चाहा है। साहित्यिक मूल्यों के अनुसार कथा को रूप देना लिट्रेरी डिजाइन है। कला का एक रूप यहीं तय हो जाता है। फिर उसे सिनेमा की भाषा के अनुसार सोचा जाता है। कथा को हम किन दृश्यावलियों के अनुसार प्रस्तुत करने जा रहे हैं, यह विजुअल डिजाइन है। यह पटकथा है। यह विजुअल डिजाइन ही फिल्मकार को दूसरे फिल्मकार से कलामिति के स्तर पर अलग और विशिष्ट बनाती है। जैसी विजुअल डिजाइन ब्रेसां ने 'ए मैन एस्केप्ड' (1956) में और रेनुआं ने 'दी रीवर' (1951) में की है वे उनके हस्ताक्षर हैं (किस्लॉव्स्की की 'ए शॉट फिल्म अबाउट किलिंग' भी)। इन दोनों फिल्मों में कलामिति प्रमुख है। कला में एक प्रभावशाली दृष्टिकोण है फॉर्मलिज्म का। इसमें फॉर्म यानी रूप प्रमुख होता है। फॉर्म के जरिये ही 'कथातत्व के डिजाइन किये गये दृश्य' को फिल्मकार कहते हैं। छवि और ध्वनि एवं अन्य तत्व रूप निर्मिति में मदद करते हैं। जैसे ब्रेसां की फिल्म में हम यह देख सकते हैं कि एक हथेली ने मेज पर रखी कोई वस्तु एक ओर से दूसरी ओर तेजी से हटायी। और कैमरा इसी छवि फ्रेम मे टिका रहा। हमने वस्तु के हटते ही उसके जमीन पर तेजी से गिरने की आवाज सुनी। गिरती हुई और गिरी हुई वस्तु को नहीं दिखाया गया। न दिखाने की जरूरत रह गयी। पटकथा में दृश्य को लिखा ही ऐसे गया है। कि अगले फ्रेम को न दिखाकर छवि को ध्वनि से रिप्लेस कर दिया गया। आखिर अगले फ्रेम में उस गिरती वस्तु को दिखाते तो ध्वनि का प्रयोग करना ही होता तो फिर उसी वस्तु को दोबारा दिखाने की क्या जरूरत। यदि फिल्म का एक और अनिवार्य तत्व ध्वनि है ही। जहां छवि की जरूरत वहां छवि और जहां ध्वनि की जरूरत वहां ध्वनि। सिर्फ ध्वनि से ही छवि दिखा दिया गया। ब्रेसां की फिल्मों में विजुअल डिजाइन ही इसी तरह की गई होती थी। यदि कोई युवक बाहर से शीशे का पारदर्शी दरवाजा खोलकर अन्दर आयेगा तो मिड शॉट में उसे दरवाजे से बाहर, अन्दर की ओर सिर्फ आते हुए ही दिखाया जाना है। फिर उसकी हथेली दरवाजे की

मुठिया से उसे खोलती हुई और फिर झूलती हथेली चलती हुई और फिर अन्दर दीवार पर छाया में सीढ़ी-चढ़ता युवक दिखेगा। यह फॉर्मलिस्ट तरीका है फिल्म की विजुअल डिजाइन का। ऐसी फिल्मों में फॉर्मलिज्म यानी फॉर्म की अधिकता होगी। उसी से प्रभाव तैयार करने और कथा को कहने की प्रवणता दिखेगी।

अन्य क्लासिक फिल्मों में दृष्टि की प्रधानता, पटकथा में प्रथम स्वर हो सकता है। इसके लिए रूपक या मेटाफर या इमेजरी का बखूबी इस्तेमाल किया गया होता है। तारकोव्स्की की 'स्टॉकर' में जोन की कल्पना और बर्गमैन की 'सेवेन्थ सील' में मृत्यु से शतरंज खेलने की कल्पना, उनके अपने मेटाफर या इमेजरी हैं। व्यावसायिक फिल्मों में ऐसी कल्पना की उम्मीद ही नहीं की जा सकती। हां, इनकी चोरी या इन्हीं रूपों की विकृति देखी जरूर जा सकती है। जैसे 'डियर जिन्दगी' में नायिका को स्वप्न में भी ब्रेसां की फिल्म 'ए जेन्टिल वूमैन' के दृश्य ही दिखते हैं, कि वह ऊंचाई से गिर रही है आदि-आदि, क्योंकि निर्देशिका की अपनी कोई कल्पना नहीं हो सकती थी। किसी बाजार से सामान चुराकर, उस चोरी के सामान को किसी दूसरे बाजार में बेचना व्यवसाय का धर्म कैसे हो सकता है समझ से परे है। मूल्यों में यही गिरावट है। बिना किसी ऊंचाई के गिरना।

विजुअल डिजाइन कई बार चैंकाने के चरम तक की गई होती है और ऐसा हिच्कॉक हर बार करते थे, चाहे वह 'साइको' (1960) में बाथरूम में नहाती नग्न स्त्री को कई बार चाकू से मारने का दृश्य हो या फिर 'दी बर्ड्स' (1963) में समुद्री जहाज पर खड़ी स्त्री पर एक बड़ी चिड़िया के झपट्टा मारने का दृश्य। दोनों ही दृश्य क्लोज अप में हैं। वास्तविकता थी कि चाकू मारने के एक साथ कई दृश्य दिखने के बावजूद नायिका की देह पर एक बार भी वह चाकू स्पर्श नहीं करता। लेकिन फिल्म देखते हुए लगता है कि चाकू उसे तेजी से मारी जा रही है और दर्शक तेजी से भय से चकित होते चले जाते हैं। पूरी तरह भयग्रस्त।

फिल्म का यह शावर सीन सात दिन में फिल्मांकित किया गया था, इस दृश्य की कुल अवधि है 45 सेकेण्ड, 50 मिमी के लेन्स का इस्तेमाल हुआ था, कुल 70 कैमरा एंगेल्स थे और सम्पादन के दौरान कट की कुल संख्या 52 थी।

क्लासिक फिल्मों के लेखन का एक प्रस्थान बिन्दु ब्रेसां के इस कथन से हो सकता है कि 'सब्जेक्ट इज ए प्रीटेक्स्ट टू क्रियेट सिनेमैटोग्राफिक मैटर।' क्लासिक फिल्मकारों के लिए सिनेमैटोग्राफिक मैटर अधिक मूल्यवान है। यानी सिनेमा की कलाभाषा में बनी कलाकृति। हिच्कॉक भी अन्तर्वस्तु या कन्टेन्ट की जगह तकनीक को अधिक तरजीह देते थे। वे कहते थे, फिल्म को वे दर्शक की ओर

से सोचते हैं। 'कैसे कह रहे', यह अधिक महत्त्वपूर्ण है। यदि फिल्म में लड़ने का दृश्य है तो दो व्यक्तियों की लड़ाई न दिखाकर, दर्शक को यह महसूस कराना चाहिए कि वे लड़ रहे हैं। उनकी फिल्म 'रीयर विन्डो' के क्लाइमेक्स में दो पुरुषों, नायक और खलनायक के लड़ने का दृश्य इसी तरह फिल्माया गया है।

ब्रेसां कह रहे हैं कि कोई भी विषय उनके लिए एक प्रीटेक्स्ट है, कलाभाषा में बनने जा रही सिनेकृति के लिए एक उपलब्ध वस्तु। विषय या दृष्टि या कोई भी विचार उपलब्ध है, सवाल है कि हम उस विचार या विषयवस्तु या कथानक का क्या करें, क्या करने जा रहे हैं, या उसे सिनेमा की कलाभाषा यानी सिनेमैटोग्राफी में किस तरह अन्तरित करने जा रहे। फिल्मकार की आन्तरिक विन्यास चेतना ही अपने अनुसार उस विषयवस्तु को सिनेभाषा में रूपान्तरित करने जा रही होती है और उसे लिख लेना ही क्लासिक सिनेमा की पटकथा है। कुछ फिल्मकार इसे संकेतों में या अपनी विन्यास चेतना के श्लोकों में लिख लेते हैं। बाकी उनके भीतर ही रहता है, कागज पर नहीं। इसे गोदार मार्जिनल नोट्स कहते थे। हिच्कॉक स्टोरी बोर्ड पर हर दृश्य का रेखांकन रच लेते थे। यही उनका नोट्स होता था। सत्यजीत रे भी रेखांकित कर लेते थे। उनकी वर्कबुक यानी ड्रॉइंग कॉपी में हर दृश्य रेखांकित हो जाता था और सिनेमैटोग्राफर देख लेता था कि सीन को कैमरे में कैसा दिखना है। सरल और स्पष्ट हो जाता था। हर दृश्य की कागज पर ड्रॉइंग फिल्मांकन को आसान बना देती है यदि फिल्मकार को रेखांकन कला भी आती हो। यह रेखांकन जरूरी है। कोई इसे कागज पर उतार सकता है तो कोई अपने मस्तिष्क में ही बनाये रखता है और सिनेमैटोग्राफर को हूबहू बता देता है जैसे इंगमार बर्गमैन अपने सिनेमैटोग्राफर स्वेन निक्विस्ट को बता देते थे। दृश्य का लिखा होना फिल्मकार की अपनी प्रतिभा के अनुसार होता है। अमेरिकी शब्दावली 'स्टोरी बोर्ड' बनाना या पटकथा में कैमरा पोजिशन लिखना कई फिल्मकार पसन्द नहीं करते। क्रिस्टफ किस्लोव्स्की ने अपनी पटकथाओं में अमेरिकी तकनीकी शब्दावलियों का कभी प्रयोग नहीं किया।

महत्त्वपूर्ण है विषय को क्लासिक सिनेमा की कलाभाषा के अनुसार डिजाइन करने में पारंगत होना। इसके लिए सिनेमैटोग्राफी को जानना प्रथम महत्त्व की बात है। 'रशोमॅन' (1950) की सिनेमैटोग्राफी आज भी उत्कृष्ट उदाहरण है। फिल्म का सन्दर्भ लेते समय निर्देशक कुरोसावा के साथ सिनेमैटोग्राफर कजुओ मियागावा का उल्लेख प्रथम महत्त्व की आवश्यकता बन जाती है। मियागावा ने ग्रोव यानी बगीचे में या कहें, बेशुमार पेड़ों के जंगल में कैमरे को सूरज की ओर सीधे रख कर

शॉट लिया था जबकि ऐसा करते हुए रील यानी कैमरे में पड़ी फिल्म के बर्न हो जाने यानी जल जाने की सीधी आशंका होती है। उन दिनों तक लेंस को सीधे सूरज की ओर रखने का रिवाज नहीं था। नायिका जब अपराधी के हाथों में पड़ी बेहोश हो रही होती है तो उसकी आँखें आसमान की ओर टिक जाती है। उधर उसे सिर्फ पेड़ दिखते हैं और दिखता है ऊंचे पेड़ों की पत्तियों के बीच से झांकता सूरज। धीरे-धीरे यह दृश्य उसके लिए धुंधला पड़ता जाता है। लोकेशन कोमयोजी का था। वेनिस के अन्तर्राष्ट्रीय फिल्म समारोह 1951 में फिल्म और निर्देशक के साथ सिनेमैटोग्राफर की भी विश्वव्यापी चर्चा हुई थी। सम्मान मिला था।

फोटोग्राफी यानी छायांकन यानी स्थिर चित्रों के लिए कैमरे से क्लिक करना एक बात है और मूविंग इमेज यानी चलचित्र रिकॉर्ड करना दूसरी बात। फिल्म में इमेज बनाना ही कलाभाषा है। कैमरे से गतिमान दृष्टि या इमेज बनाना सिनेमैटोग्राफी है। यह फोटोग्राफर या छायाकार नहीं कर सकता। जो सामने है उसे छायांकित करना फोटोग्राफी है। किसी विषय के आधार पर छायाचित्र लेना फिर उसे तकनीकों की सहायता से कलात्मक या आकर्षक बनाना फोटोग्राफी है। जिस पल से वही छायाकार क्लिक करने की उसी प्रक्रिया के द्वारा यह दिखा पाता है। वह उस दृश्य को कैसे देखता है या उसकी सोच उस दृश्यवस्तु को लेकर क्या है, वह सिनेमैटोग्राफर हो जाता है। जैसे यदि किसी स्थिरचित्र छायाकार के लिए नदी का अर्थ है लगातार बहना या प्रशान्त अवस्था और वह यदि इस अर्थ की दृष्टि से नदी का मूविंग इमेज लेता है तो यह सिनेमैटोग्राफी है। इसी के ठीक विपरीत यदि कोई सिनेमैटोग्राफर स्थिरचित्र के प्रभाव का इमेज फिल्म के लिए बनाता है तो फिर वह सिनेमैटोग्राफी नहीं, फोटोग्राफी कर रहा है। यथार्थ का प्रभावशाली छायांकन या वीडियो। इसीलिए हर वीडियो रिकॉर्डिंग फिल्म नहीं हो सकती। सिनेमैटोग्राफिक ढ़ंग से किसी कहानी या स्थिति को लिखना क्लासिक फिल्मलेखन है।

रशोमॅन में क्योटो के विशाली प्रवेशद्वार सा एक विशाल प्रवेशद्वार कुरोसावा ने बनवाया था। लोकेशन था कोमयोजी। इस द्वार से नगर में प्रवेश को ही रजोमॅन कहते हैं जिसके आधार पर रशोमॅन नाम बना। प्रवेशद्वार ही फिल्म का इमेज है। यह 11वीं शताब्दी की पीरियड फिल्म है। प्राचीन राजधानी का प्रवेशद्वार ही रजोमॅन है। रजोमॅन गेट या रजोमॅन प्रवेशद्वार ही रशोमॅन है। यही बिम्ब है। केन्ज नोबोमित्सू ने अपने नोह नाटक के दौरान यह नाम बदल दिया है। ऐसा कुरोसावा अपनी आत्मकथा में लिखते हैं। उस काल में क्योटो को ह्यान क्यो नाम से जाना जाता

था। अकुतागावा ने एक छोटी कहानी लिखी थी 'इन ए ग्रोव' (याबू नो नाका)। इसकी स्क्रिप्ट षिनोबू ने लिखी थी।

इस प्रकार इस गेट से बेहतर सिनेमैटिक इमेज फिल्म में कुछ और नहीं हो सकता था।

क्लासिक फिल्म लेखन या स्क्रीन लेखन पर तारकोव्स्की के विचार मूल्यवान हैं। वे कहते हैं (अपनी पुस्तक 'स्कल्प्टिंग इन टाइम' में) कि 'स्क्रीनप्ले लेखन' साहित्य नहीं है। स्क्रीन के लिए लिखना साहित्य की कोटि या श्रेणी में नहीं आ सकता। कोई भी स्क्रिप्ट जितनी सिनेमैटिक होगी, वह उतना ही कम साहित्यिक कहलाएगी।

इसे समझ लेने से हम क्लासिक फिल्म लेखन या क्लासिक या पोएटिक फिल्म-लेखन के मर्म को समझ लेंगे। फिल्म में जो बात हम कहना चाह रहे हैं, क्या हम उसे फिल्मकला के प्रभाव में यानी सिर्फ सिनेमैटिक इमेज के जरिये कह सकते हैं। यदि हां तो उन छवियों और बिम्बों को लिख लेना ही फिल्मलेखन है पोएटिक सिनेमा में। तारकोव्स्की की ही किसी एक फिल्म का उदाहरण ले सकते हैं। अपने जीवनकाल (1932-1986) में उन्होंने कुल आठ फिल्में बनायीं। अन्तिम दो फिल्में रूस से बाहर रह कर। फिल्म संस्थान में पढ़ाई पूरी करते हुए उन्होंने संस्थान के लिए 19 मिनट की फिल्म बनायी थी 'दी किलर्स' (1956)। 1959 और 1961 में संस्थान के लिए ही उन्होंने दो और फिल्में बनायी थीं 'देयर विल बी नो लीव टुडे' और 'दी स्ट्रीमरोलर ऐण्ड दी वॉयलिन।' इसके बाद स्वतंत्र रूप से कुल आठ फिल्में बनायीं। 1962 में 'इवान्स चाइल्डहुड', 1966 में 'आन्द्रे रूब्लेव', 1972 में 'सोलरिस', 1975 में 'मिरर', 1979 में 'स्टॉकर', 1983 में 'नॉस्टैल्जिया' और 1986 में 'दी सैक्रिफाइस।' 1983 में ही उन्होंने एक गैर-कथाचित्र भी बनायी थी 'वोयेज इन टाइम।' टोनिनो गुएरा (Tonnino Guera) के साथ इटली में रहकर उन्होंने 'नॉस्टैल्जिया' की स्क्रिप्ट लिखी थी। 'इटर्निटी' नाम से भी वे एक फिल्म बना रहे थे अपने देहान्त से पहले।

'नॉस्टैल्जिया' में नायक लेखक और अनुवादक है। अपनी सहकर्मी के साथ वह रूस से रोम आया है। उसे उस रूसी लेखक का अध्ययन करना है जो रोम में रहता था। जिसने रूस लौट कर आत्महत्या की थी। लेकिन रोम पहुंच कर यह नायक इरादा बदल देता है और रूस वापस जाना चाहता है। वे दोनों होटल में ठहरते हैं। उसकी सहमित्र उसका साथ छोड़कर पहले ही रूस वापस लौट जाती है। जहां उसका प्रेमी उसका इंतजार कर रहा होता है। नायक की मुलाकात इस बीच एक अन्य व्यक्ति से होती है जो एक जलती मोमबत्ती लेकर एक तालाब के भीतर

इस तरफ से उस तरफ चलते रहने की तपस्या करता है ताकि दुनिया को बचाया जा सके। नायक से यह वादा लेकर कि उसका यह ध्येय नायक जारी रखेगा, वह आत्मदाह कर लेता है। नायक मोमबत्ती लेकर अब सूख चुके तालाब में अपने वादे के मुताबिक ध्येय पूरा करता है।

फिल्म देखने के बाद जहन में जो बातें याद रह जाती हैं, वे हैं एक, कोहरे में कार का आकर ठहरना, दो, देवी का विग्रह, कपड़े पहनी देवी के हृदय से असंख्य चिड़ियों का लगातार बाहर आना, तीन, कविता के अनुवाद पर नायक के टिप्पणी करने का ढंग, चार, नायक के सपने में रूसी गांव, घर और प्रियजनों का दिखाई पड़ना, पांच, एक विशाल तालाब के पानी से भाप का निकलना, छह, दोनों पुरुषों का बारिश में किसी खण्डहर में देर तक संवाद करना, सात, नायक के आगे किसी चिड़िया के टूटे हुए पंख का उड़ते हुए गिरना, आठ, पानी भरी एक जगह में नायक का एक बच्ची से देर तक बात करना, नौ, घोड़े की बहुत उंची प्रतिमा की पीठ पर बैठ कर द्वितीय पुरुष का एकालाप और वहां बैठे लोगों का उसे सुनना, दस, उसका आत्मदाह करना। यानी उंचे प्रस्तर घोड़े पर बैठ कर ही अपने शरीर में आग लगाना और उसकी जलती हुई देह का उंचाई से जमीन पर गिरना और वहीं जंजीर से बंधे कुत्ते का असहाय भौंकना, ग्यारह, सूखे तालाब में नायक यानी प्रथम पुरुष का एक ओर से दूसरी ओर जलती मोमबत्ती लेकर इस तरह चलना कि वह बुझने न पाये, बारह, सेपिया रंग में स्लो मोशन में बहुत सारे लोगों का भागना, तेरह, बहुत उंची दीवारों के बीच नायक का उदास बैठना पास में एक कुत्ता, और चौदह, इस दृश्य में बर्फ का रूई के फाहे की तरह एकाएक गिरने लगना और थोड़े से पानी के पास बैठे नायक और कुत्ते का वहीं उसी बर्फबारी में ओवरकोट पहने बैठे रह जाना।

ऐसे ही खूबसूरत, कलात्मक और प्रभावशाली दृश्य और हैं। इन दृश्यों का बिम्ब के रूप में रचना करना और उन्हें क्रमबद्ध ढंग से लिखना क्लासिक फिल्मों के पटकथा लेखन का एक मुख्य और दिलचस्प प्रकार है।

सिनेमैटोग्राफी यानी 'सिनेमा की कलाभाषा' के आधार पर फिल्मलेखन पर विमर्श के बाद अब हम फिल्म के तत्वों के आधार पर रची जाने वाली फिल्मभाषा पर चर्चा कर रहे हैं। थीम, उसके ट्रीटमेन्ट, स्क्रीनप्ले और शॉटलिस्ट लिख लेने के दौरान क्लासिक फिल्म निर्देशक को फिल्मलेखन के समय अपनी भाषा के लिए सात तत्वों का ध्यान रखना पड़ता है। ये हैं कैमरा, प्रकाश, रंग, परिवेश यानी लोकेशन, ध्वनि, संगीत और अभिनय।

दृश्य एक -

तारकोव्स्की की फिल्म 'नॉस्टैल्जिया' (1983) का प्रथम दृश्य

कुहासा भरी रात में एक कार किसी निर्जन जगह पर फ्रेम में दायीं ओर से बायीं ओर गुजरती है। फ्रेम है पर अब वह कार फ्रेम में नहीं है। बायीं ओर से लौट कर कार फिर फ्रेम में आकर रूक जाती है। मिड शॉट। कार के फ्रेम में आकर रूकने से थोड़ा पहले ही स्लो जूम इन शुरु हो चुका है। कार के पीछे दूर तक कुहासा, अंधेरा और शायद वृक्ष, शायद पहाड़, और शायद और कुछ जो कुहासा में धुंधला है। कार में आगे बैठी एक महिला कार की दूसरी ओर के दरवाजे से उतरती है और फिर कार की ड्राइविंग सीट से एक पुरुष उतरता है। उसके उतरने से पहले महिला कुछ कहती है। महिला पीछे दूर तक फैले कुहासे में अदृश्य होती है। साथ ही पुरुष भी। इस पूरे दृश्य में जो बात सबसे सुन्दर और प्रभावशाली है, वह यह है कि जब तक पुरुष अपनी सीट से दरवाजा खोलकर कैमरे की ओर बाहर निकलता है तब तक कब कैमरे का लेंस उसके पास तक आ चुका होता है और इस ओर दर्शक का ध्यान नहीं जा पाता। कार पहले कैमरे से दूर दिखती है यानी मिड शॉट है। इस बात पर ध्यान जाने से दोबारा इस दृश्य को देखने का मन करता है, और तब ध्यान जाता है कि जब कार आकर फ्रेम में रूकती है और दूसरी ओर से महिला निकल कर पुरुष से कुछ कहना शुरु करती है, उसी पल से कैमरा कार की ओर धीरे-धीरे बढ़ रहा या लेंस का जूम इन हो रहा है, यह सुन्दर लगता है दृश्य में। यह इतना धीमे होता है कि दर्शकों का ध्यान नहीं जाता।

कैमरा कब 'जूम इन' करें और अधिक धीमे या धीमे या थोड़ा तेज कब करें, यह इस दृश्य से सीखने को मिलता है।

दृश्य दो -

बर्गमैन की फिल्म 'थ्रू ए ग्लास डार्कली' (1963) का प्रथम दृश्य।

मिड लांग शॉट में चार व्यक्तियों को दिखाया जाता है जो समुद्र में स्नान करने के बाद बाहर निकलते दिख रहे हैं। एक पुलिया पर चढ़कर पत्थरों के बीच बनी पगडंडी के जरिये ऊंचाई पर बने अपने घर जाते दिखते हैं। आरम्भ से ही वे हंसी-मजाक के मूड में बात करते दिखते हैं। अन्तिम क्षणों में वे ठहर कर बात करते दूर से दिखते हैं। इस दृश्य के बाद दो पुरुष, बिलकुल क्लोज शॉट में दिखते हैं। दूसरे दृश्य से पहले प्रथम दृश्य को तीन शॉट में बांटा गया है। एक- समुद्र से बाहर निकलते

हुए, दो-समुद्र में ही बनी पुलिया पर चढ़ते हुए और तीन-पुलिया पर ठंड के कारण जल्दी-जल्दी चलते हुए पत्थरों पर चढ़कर, दूर ठहरकर कैमरे की ओर मुड़कर बात करते हुए। इस दृश्य को एक शॉट में भी लिया जा सकता था। फिर इसके लिए तीन शॉट क्यों लेने पड़े और वे भी तीनों मिड लाँग शॉट।

दृश्य तीन -

ब्रेसां की फिल्म 'ए जेन्टल वूमन' (1969, दोस्तोव्स्की की 1876 में लिखी कहानी 'दी मीक वन' या 'ए जेन्टल क्रीचर' पर आधारित) का प्रथम दृश्य।

इस प्रथम दृश्य को चार शॉट में दिखाया गया है। चारों क्लोज मिड शॉट हैं। एक- हैंडिल से दरवाजा खोलकर अन्दर जाती एक महिला, दो- कमरे की बालकनी में रखी एक हिलती कुर्सी और मेज से फर्श पर गिरता गमला, फ्रेम में प्रवेश कर मेज की ओर बढ़ती वही महिला, तीन- ऊपर बालकनी से नीचे उड़ कर आता एक सफेद दुपट्टा और चार- कारों का एकाएक रूकना, बूट पहने कई पैरों का फर्श पर बिखरे खून के पास गिरी एक युवती के पास आकर ठहरना।

यहां साथ में हमें यह भी ध्यान रखना है कि सिनेमैटोग्राफी के इन कवियों ने एक-दूसरे से अलग अपनी निजी और मौलिक कलाभाषा ढूँढ़ी है, जिसे हम सिनेभाषा कहते हैं और सिनेमा को इसी भाषा के स्तर पर आगे बढ़ाने की कोशिश भी की है। जैसे ब्रेसां (फ्रेन्च, 1901-1999) ने जो भाषा दी, कहने का अपना जो ढंग दिया, बर्गमैन (स्वीडिश, 1918-2007) ने उसे आगे बढ़ाया, तारकोव्स्की (रूसी, 1932-1986) ने उसे और आगे बढ़ाया, फिर किस्लोव्स्की (पोलिश, 1941-1996) ने उसे और भी आगे बढ़ा दिया। यह क्लासिक सिनेमा में कलाभाषा का उत्तरण या ईवोल्यूशन या विकास क्रम है। ऐसा नहीं कि सिर्फ ये ही कवि हैं। यहां सिर्फ प्रतिनिधि कवियों का उल्लेख किया गया। सिनेभाषा में अपना हस्ताक्षर देने वालों में चार्ली चैप्लिन (1889-1977) भी हैं और रेनुआं (1894-1979) भी, मिजोगुची (1898-1956) भी हैं और हिच्कॉक (1899-1980) भी। बुनुएल (1900-1983) भी हैं और डी सिका (1901-1974) भी। ओजू (1903-1963) भी हैं और कुरोसावा (1910-1998) भी। ऐन्टोनियोनी (1912-2007) भी हैं और फेलिनी (1920-1993) भी। पसोलिनी (1922-1975) भी हैं और आन्द्रे वायदा (Andrey Wazda 1926-2016) भी। गोदार (1930-) भी हैं और त्रूफो (1932-1984) भी। क्रिस्टॅफ जानुसी

(1939) भी हैं और अब्बास कियारोस्तामी (1940-2016), मखमलबफ (1957) व मजीदी (1959-) भी। किम की-डुक (1960-) भी हैं और आन्द्रे ज्यागिंसेव (Andrey Zvyagintsev 1964) भी। इनमें सबसे पहले और साथ आइजेन्स्टाइन (1898-1948) और पुडोवकिन (1893-1953) हुए जिन्होंने फिल्मभाषा पर किताबे लिखीं। इन फिल्मकारों ने कुलेषोव और यूजिनिओ बारबा के साथ मोन्टाज का विचार प्रतिष्ठित किया। यहीं से फिल्म समीक्षा और फिल्म के गहन अध्ययन का महत्त्वपूर्ण दौर भी आरम्भ हुआ था। जिस शृंखला में एक नाम सर्वोपरि आता है आन्द्रे बजान (Andre Bazin 1918-1958) का।

अभी अन्य कवियों की प्रतीक्षा है। सौ से ज्यादा साल के विश्व सिनेमा में कवियों की संख्या अभी बहुत कम है।

ऊपर जिन तीन दृश्यों को सामने रखा गया अब हम उन्हें समझने की कोशिश कर रहे हैं। सिनेमैटोग्राफी के अध्ययन के तहत चार प्रमुख तत्वों को ध्यान में रखना बहुत जरूरी है जैसे लॉग-मिड-क्लोज शॉट, मिजॉन सीन (Mise-en-scene, Visual theme, Telling a story, Visually artistic ways, Scenic design, Atistry, Visual composition in artful way), डीप फोकस (Depth of Field) और मोन्टाज या मोन्टाश (Montage)। इन्हीं तकनीकी तत्वों के बूते अपने विचार को फिल्मकार कलाभाषा देता है या अपनी बात को सिनेमैटोग्राफिक वस्तु में रूपान्तरित करता है। जैसे लम्बे ट्रैक शॉट तपन सिन्हा की अपनी शैली है जिसे उन्होने दुनिया में सबसे पहले प्रतिष्ठित किया। उसी प्रकार देर तक के एक्स्ट्रीम क्लोजअप शॉट बर्गमैन की, और देर तक के लाँग शॉट और लांग टेक तारकोव्स्की की पहचान में शुमार हुए। इन्हीं के जरिये उन्होंने अपना सिनेमैटोग्राफिक बिम्ब सामने रखा, अपनी कला भाषा बनायी, अपनी बात को कहने की सिनेकला का प्रभावी ढंग दिया। तीसरा उदाहरण दृश्य जिसमें युवती की जगह उसके स्कार्फ को उपर बाल्कनी से सड़क पर गिरते दिखाया जाता है, मिजॉनसीन का उदाहरण है।

सिनेमैटोग्राफी को सम्भव करने का एकमात्र उपाय है कैमरा। ब्रेसां कहते थे जैसे चित्रकार के पास ब्रश है और कवि के पास कलम उसी तरह फिल्मकार के पास है कैमरा। विषय के मूड के अनुसार कैमरे के लेन्स और कोण यानी ऐंगल बदलते हैं लेकिन कैमरे के काम में कैमरापोजिशन से पहले यह इरादा प्रमुख है कि कैमरे की गति या हरकत का पता दर्शक को न चले। कैमरे की किसी भी हरकत का जैसे पैन या टिल्टअप या टिल्टडाउन। यह दिखाई न पड़ने वाला हो, लगभग अदृश्य हो, इम्पर्सेप्टेबल हो। बर्गमैन अपने मित्र सिनेमैटोग्राफर स्वेन निक्विस्ट से अक्सर

मशवरा किया करते थे कि यह हम कब अर्जित कर सकेंगे कि कैमरा मूवमेन्ट इम्पर्सेप्टेब्ल हो। 1983 में वे फिल्म 'फैनी ऐंड ऐलेग्जेंडर' बना रहे थे। यह 1984 के आरम्भ में प्रदर्शित हुई। कैमरा प्रथम मुख्य नायिका की पीठ की ओर से सामने देख रहा था जिधर वह भी देख रही है। एक बड़ा सा कमरा। दूर सामने एक बन्द दरवाजा। बीच में दाहिनी ओर दो पुरुष खड़े होकर बात कर रहे थे। बायीं ओर कुर्सी पर एक पुरुष बैठा हुआ। महिला बन्द दरवाजे की ओर बढ़ती है। यानी कैमरा से दूर बढ़ती है। या कैमरे से आरम्भ होती है, उससे दूर बिलकुल सामने दरवाजे की ओर चलती हुई। दर्शक की आँख से दूर बढ़ती। दर्शक उसे उसकी पीठ की ओर से देख रहे हैं। बीच में खड़े दो में से एक पुरुष का हाथ पकड़ कर छोड़ती हुई दरवाजे की ओर बढ़ती है। दरवाजा खोलकर एक और पुरुष निकलता है, महिला से मिलता है और उन दो पुरुषों की बातचीत में शामिल होता है। महिला अन्दर प्रवेश करती है। वहीं पहले से खड़ी एक दूसरी नायिका वहां से बाहर निकल कर अकेली खड़ी होती है। चेहरा कैमरे की ओर दूर। एक अन्य महिला उन तीन पुरुषों के पास कैमरे की दाहिनी ओर से चाय लेकर पहुँचती है। वह उन तीनों को चाय देती है। बैठा पुरुष उन तीनों पुरुषों के साथ बातचीत में शामिल होता ही है कि अन्दर गई वह पहली नायिका अचानक नाक पर रूमाल रख कर रोती हुई भाग कर कैमरे की ओर बढ़ती हुई कैमरे के दाहिनी ओर जाती है। कैमरा पहली बार अपने दाहिनी ओर मुड़ कर उसे देखता है। अब इस फ्रेम में तीन पुरुषों वाला हिस्सा नहीं रहा। एक कमरा है। भाग कर वह कमरे के खुले दरवाजे के अन्दर दाहिनी ओर अदृश्य हो जाती है। दरवाजे पर दोनों बच्चे फैनी और ऐलेग्जेंडर पहले से खड़े हैं। इधर वह महिला बच्चों के पास से गुजर कर कमरे में दाहिनी ओर अदृश्य होती है कि एक अन्य महिला अन्दर से ही बायीं ओर से उन बच्चों के पास आकर उन्हें कुछ निर्देश देती है और दरवाजे के बाहर रखी मेज पर रखी चाय की प्यालियों के पास कैमरे की ओर पीठ करके खड़ी होती है। वह अपनी बायीं ओर चेहरा घुमाती है ताकि हम उसका चेहरा देख सकें कि सीन कट होता है। इस पूरे दृश्य में कैमरा कब घूमा पता नहीं चला। इम्पर्सेप्टेब्ल। बर्गमैन कैमरा मैन स्वेन से कह रहे हैं कि क्या यह और इम्पर्सेप्टेब्ल हो सकता है !

1984 में यह फिल्म प्रदर्शित हुई और भारत में केतन मेहता की दूसरी फिल्म 'होली' बनी। फिल्म में जेहांगीर चौधरी का कैमरा शुरु से लगभग पूरी फिल्म में यही करता दिखता है। चरित्र जिधर जा रहा है कैमरा उधर देख रहा है। यदि वह ठहर गया तो उस चरित्र से सम्बन्धित दूसरा चरित्र अगर कहीं और जा रहा है तो, पहले

को छोड़ कैमरा अब उस अगले का पीछा कर रहा है। इसके लिए उसी साल चौधरी को अवार्ड भी मिला। बेस्ट सिनेमैटोग्राफी का नेशनल फिल्म अवार्ड। वे देश का यह अवार्ड पाने वाले बत्तीसवें भारतीय सिनेमैटोग्राफर बने।

पैनिंग, जूम इन और आउट, टिल्ट अप और डाउन, लो ऐंगल, एरियल, कैमरा पोजिशन यह सब तो बाद की बात है। लेकिन पहले कैमरा एक ही जगह स्थिर हो और हरकत करे कि पता न चले, इसके उदाहरणों पर बात हो रही है। भारत में तीस और चालीस के दशकों में कैमरा एक ही स्थान पर होता था। कलाकारों को कैमरे के तय फ्रेम में आकर काम करना होता था। आज देखा जाये तो यह सबसे प्रभावी और कठिन है। किस शॉट की लम्बाई कितनी रखें, कितनी छोटी या कितनी बड़ी, कितनी देर की, यह निर्देशक पहले तय कर चुका होता है। उसके अनुसार ही कैमरे की स्थिति तय होती है। किसी भी दृश्य को कई ढंग से फिल्मांकित किया जा सकता है। प्रभावी कौन-सा होगा, यह फिल्मकार के निर्णय पर निर्भर करता है। उसे जो प्रभावी लगता है वह दर्शकों के लिए भी प्रभावी हो, ऐसा जरूरी नहीं। क्लासिक फिल्मों के निर्देशकों के शॉट हमेशा प्रभावी होते हैं। यानी कहने का हर ढंग नया और प्रभावी और महान होता है। इसी से तो उस निर्देशक की भाषा बनती है। हस्ताक्षर बनता है। और यही उसकी मौलिक कलाशीलता होती है जिसे हम प्रतिभा या अन्तर्दृष्टि कहते हैं। व्यावसायिक निर्देशक सिर्फ दृश्य को यानी विजुअल को सुन्दर बनाने में रूचि या ध्यान रखते हैं। उसका अर्थ से कोई ताल्लुक हो न हो। उसके लिए 'क्या' आवश्यक नहीं, 'कैसे' आवश्यक है। अन्तर्वस्तु नहीं। शॉट लेने का तरीका। इसके लिए हम यश चोपड़ा की 'चांदनी' या गुलजार की 'इजाजत' का कोई भी दृश्य याद कर सकते हैं। या फिर गोविन्द निहलाणी की फिल्म 'विजेता' के दृश्य। लेकिन पथेर पांचाली या अपराजितो के किसी भी दृश्य को हम ऐसे याद नहीं कर सकते। या रशोमॅन या ऑटम सोनाटा या डेकालॉग वन या मिरर के किसी दृश्य को। यदि अपराजितो के किसी फ्रेम में म कान के बाहर किसी सांप को गुजरते देखते हैं तो इसका एक अर्थ है। जिस मकान को हम पथेर पांचाली से अपराजितो तक देखते आ रहे हैं, जहाँ सर्वजया, इंदिर, हरिहर, दुर्गा और अपू को उनके पड़ोसियों के साथ देखने का अभ्यास बन चुका है, वहाँ अब लोगों की आवाजाही अरसे से नहीं है, वह दृश्य इस पूरी बात को एक शॉट में बता देता है। वहां मीना कुमारी के किरदार को दीपक के अचानक हवा से बुझने की तरह से मरते नहीं दिखाया जाता।

'अपराजितो' के एक दृश्य पर काफी चर्चा हुई है। बनारस के एक छोटे-से कमरे में बिलकुल अंधेरी रात हरिहर (कानू बैनर्जी) की मृत्यु होती है। अगले शॉट में

सुबह घाट पर एक साथ कई कबूतरों को नदी के ऊपर आकाश की ओर उड़ जाते दिखाया जाता है। हरिहर को देह से मुक्ति मिली और उसकी आत्मा मुक्त आकाश में सुकून पा सकी। यही प्रतीक था। मुख्यधारा की फिल्मों में दीपक के बुझने से चरित्र के मर जाने का संकेत भारतीय फिल्मों में 30 के दशक से रहा है। उस प्रतीक की तुलना में रे का यह प्रतीक बिलकुल अलग भाव और आस्वाद लेकर 1956 में प्रकट हुआ। फिल्म निर्देशक तक प्रभावित हुए। जापानी फिल्म निर्देशक 'की कुमाई' ने 1996 की जनवरी में दिल्ली में अपनी फिल्म 'डीप रीवर' के प्रीमियर से ठीक पहले सिरीफोर्ट प्रेक्षागार के दर्शकों से अनुरोध किया कि वे फिल्म देखते हुए बनारस के घाट पर उड़ते कबूतरों के शॉट को देखकर यह जरुर बतायें कि वह शॉट रे के कबूतर वाले शॉट के आसपास तक जा पाया या नहीं। या इस शॉट का प्रभाव उस शॉट जैसा हो पाया या नहीं। यहीं एक और शॉट का उल्लेख जरूरी है। तारकोव्स्की ने 1983 में फिल्म बनायी थी 'नॉस्टैल्जिया।' इसके एक दृश्य में देवी की एक सजी प्रतिमा लेकर एक विशाल धर्म परिसर में कुछ अनुयायी चल रहे। एक लांग शॉट में हम देखते हैं कि पीछे कई मोमबत्तियां जल रही हैं। उनके आगे देवी के सामने बिलकुल पास हाथ जोड़े एक युवती कोई प्रार्थना फुस्फुसा रही है। उसके आसपास कई महिलाएं थोड़ी दूर बैठी ऐसा ही कर रही हैं। कैमरा बहुत धीरे जूम इन कर रहा। जैसे ही फ्रेम में सिर्फ वे दोनो रह जाती हैं, वह युवती प्रतिमा के सीने के पास के कपड़ें दोनों हथेलियों से खोल देती है और तब तक खोले या पकड़े रहती है जब तक कि वहां अब तक छुपी सारी चिड़ियां उड़ न जायें या निकल न जायें, उसके हृदय से।

गहरे अर्थ के स्तर पर यह दृश्य अपराजितो के दृश्य से और मुख्यधारा के सभी दीपक बुझने वाले दृश्यों से बिलकुल अलग, अद्भुत और उत्कृष्ट है। यह इमेज विश्वस्तर की हो जाती है, जिसके आगे और कोई इमेज अभी तक ठहर नहीं पायी है। एक ऐसा सिनेमैटोग्राफिक इमेज हम अभी तक कल्पना नहीं कर सके हैं। अपराजितो और नॉस्टैल्जिया के स्तर को महसूस किया जा सकता है। वह सिर्फ हरिहर के देशकाल तक सीमित था और यह सार्वकालिक स्थिति का रूपायन है स्त्री का, आगे आने वाले सभी समय तक जीवित रह जाने के लिए।

या फिर फिल्म 'मेघे ढाका तारा' का प्रथम दृश्य जब हम नायिका को एक विशाल वृक्ष से निकल आते देखते हैं। वह प्रकृति से प्रकट हो रही है। इस अतिविशाल वृक्ष के नीचे वह नगण्य लग रही है। और अन्त में जब वह अपने भाई से कहती है, मैं जीना चाहती हूं तो कैमरा पूरी पहाड़ी पर 360 डिग्री पैन करता है। उसके शब्द

प्रकृति में विस्तृत और विलीन होते हैं। फिल्म 'दुविधा' (1973) में मणि कौल ने भी ऐसा एक वृक्ष दिखाने की दिखाने की कोशिश की थी और यह फिल्म भी एक स्त्री चरित्र पर केन्द्रित है। भले ही इस वृक्ष पर एक लोककथा के अनुसार एक भूत रहता था। यह वृक्ष घटक सा अर्थपूर्ण प्रभाव अर्जित नहीं कर पाता।

या फिर, ज्यागिंसेव की फिल्म 'बैनिषमेन्ट' का प्रथम दृश्य। यह तारकोव्स्की की अन्तिम फिल्म 'सैक्रिफाइस' के आरम्भ की तरह आरम्भ होता है। एक विशाल सूना क्षितिज। जैसे ही हम देखते हैं बहुत दूर एक कार बायीं ओर से दायीं ओर जा रही, वैसे ही कैमरा दायीं ओर से बायीं ओर ट्रैकिंग शुरु करता है। कुछ पलों के बाद कार कैमरे के आगे से तेज रफ्तार से बायीं ओर गुजर जाती है। इस फिल्म में गांव से शहर को जोड़ते एक नहर का लम्बा शॉट भी है। जहां हम पानी को लगातार बहते देखते हैं। तारकोव्स्की की 'स्टॉकर' की तरह का लांग शॉट। युवा रूसी फिल्मकार ज्यागिंसेव, लगता है तारकोव्स्की की परम्परा को आगे ले जा रहे। सराहनीय ढंग से। 'स्टॉकर' में एक लम्बा दृश्य है पानी का जब हम कई जगह पानी में पड़े पुराने सिक्के और अन्य चीजें देखते हैं।

एक ही शॉट में अधिक से अधिक बातें लें या कई कट शॉट में सीन तैयार करें, यह फिल्मकारों के पास हमेशा समस्या होती है। अधिकतर जो भी सोच लेते हैं उसी को महान समझ लेते हैं। लेकिन क्लासिक सिनेमा में ऐसा नहीं है। क्लासिक फिल्मकारों से हर बात बारीकी से सीखी जा सकती है। यह बात भी।

आसान उदाहरण। कुरोसावा के 'रशोमन' का प्रथम दृश्य बारिश, लगातार बारिश। इसे कई शॉट में देर तक दिखाया गया है। क्लोज भी, मिड भी और लॉग भी। एक शेल्टर में आश्रय लिये लोग। उनके बीच के सम्बन्ध और बारिश। एक लम्बे शॉट में बारिश और थीम के मूड को प्रतिष्ठित नहीं किया जा सकता था।

इसी प्रकार जंगल के सारे दृश्य, कैमरे की ओर आता किरदार और वह कैमरे की दायीं ओर जाता है और कैमरा भी अपनी बायीं ओर उसी लय से मुड़ता है।

सारांश है, फिल्म की लय, रिद्म, शूट से पहले क्लासिक फिल्मकार इसे यानी लय या रिद्म को प्रथम महत्त्व देते हैं। वे पहले फिल्म का रिद्म ढूंढ़ते हैं। तय करते हैं। फिर उस रिद्म के अनुसार शॉट डिविजन या छोटे बड़े शॉट की रूपरेखा बनती है। रिद्म के बिना कोई पोएटिक सिनेमा नहीं बन सकती। जैसे रिद्म के बिना कोई कविता नहीं हो सकती। रिद्म ही फिल्म का संगीत है। अपनी फिल्म को समझाने के लिए बर्गमैन के लिए आसान होगा बाख की सिम्फनी पर बात करना। रिद्म ढूंढ़ने का अर्थ है फिल्म का सुर लगाना। सुर लग गया तो पूरी फिल्म प्रभावी होती चली जायेगी।

अधिकांश व्यावसायिक फिल्में मध्यान्तर के बाद नीरस लगने लगती हैं। फिल्म बनाते समय रिद्म पर सोचा ही नहीं गया होता है। मणि कौल की 'सिद्धेश्वरी' और 'बादलद्वार' में रिद्म महसूस होता है। फिल्म विषय नहीं होती। रिद्म होती है। मणि की ही 'ध्रुपद' में यह रिद्म टूटता दिखाई देता है। कुमार शहानी की 'ख्यालगाथा' में रिद्म का अहसास होता है हालांकि इसमें मणि सा स्वाद अधिक मिलता है।

क्लासिक सिनेमा में रिद्म एक प्रमुख और बड़ा विषय है। ब्रेसां और तारकोव्स्की ने इस विषय पर अपनी किताबों में नोट्स के रूप में काफी कुछ लिखा है। बल्कि सिर्फ रिद्म पर ही लिखा है।

रिद्म मोन्टाज से भी बन सकता है, मिजॉनसीन से भी।

ओजू की फिल्मों सरीखे दृश्यों से भी।

फिल्म की लय पर बात करना संगीत पर बात करना है, यहां से हम फिल्मभाषा पर बात करना आरम्भ कर रहे हैं। यह तय हो जाये तो बाकी सारी चीजें अपने-आप तय हो जायेंगी। हम फिल्म इमेज की थोड़ी बात पहले कर चुके हैं। रिद्म फिल्म इमेज की प्राणशक्ति है। फिल्म इमेज यानी सिनेमैटोग्राफिक बिम्ब के कुछ उदाहरणों से इसे और स्पष्ट कर लेते हैं। समुद्र की जहाज पर एक महिला बैठी हुई है। दूसरे शॉट में आसमान में एक चील उड़ रही है। दोनो शॉट को पास-पास रखना यानी जक्स्टापोज करना दो सूचनाओं का सम्बन्ध है। यह फिल्म इमेज नहीं। एक महिला और एक पुरुष किसी पलंग पर लेटे हुए हैं। यह पलंग घूमते हुए धीरे-धीरे ऊपर उठने लगती है। यह दृश्य फिल्म इमेज है। यह दृश्य हम तारकोव्स्की की फिल्म सैक्रिफाइस (1986) में देखते हैं। उन्हीं की 'सोलारिस' (1972) में भी।

बर्गमैन की फिल्म 'आवर ऑफ द वूल्फ' (1968) में व्यक्ति सामने दीवार पर चलने लगता है। चलते हुए वह सिर के ऊपर छत पर कमरे के भीतर चलना जारी रखता है। कैमराट्रिक के बावजूद यह फिल्म इमेज है।

गहरी रात तेज बारिश में एक अकेली बूढ़ी महिला छाता लिये कैमरे से दूर जा रही है और तेज आंधी से छाता उलट गया है, और चार बच्चे उसे बचाने यानी अपनी दादी की मदद करने पीछे से आ रहे हैं, यह फिल्म इमेज है। कुरोसावा की फिल्म 'रैपसोडी इन ऑगस्ट' (1991) का यह दृश्य बहुत हृदयस्पर्शी है। कुरोसावा फिल्म इमेज को सिनेमैटिक इमेज कहा करते थे। बात एक ही है। इस थीम के आधार पर आप एक हिन्दी उपन्यास भी पढ़ सकते हैं।

फिल्म 'दीवाना' (1992) में शाहरुख खान हाथ छोड़ कर बाइक चला रहे, यह फिल्म इमेज नहीं है।

दूरदर्शन धारावाहिक 'अहमक' (1991) के चौथे भाग के लगभग अन्तिम दृश्य में शाहरुख जमीन पर पड़े सफेद तकिये पर अपनी लाल स्कार्फ पर दाहिना गाल टिकाये संवाद बोल रहे हैं और एकाएक दरवाजा खुलने से उनके चेहरे पर बाहर की तेज सफेद धूप पड़ती है। यह फिल्म इमेज है।

'सिद्धेश्वरी' (1989) में बहती नाव पर युवा सिद्धेश्वरी लेटी हुई है। नदी में कई लोग खड़े हैं। सबके सिर्फ सिर दिख रहे हैं। नाव उनके बीच बहती हुई आगे बढ़ रही। यह फिल्म इमेज है।

सररियल इमेज फिल्म इमेज हो सकती है। दो मानवीय अनुभवों को इस प्रकार संयोजित करना कि वह गैरमानवीय अनुभव बन जाय, सररियल इमेज कहलाता है। जैसे चांद मानवीय अनुभव है। झूला झूलती बच्ची मानवीय अनुभव है। ऐसा हमने देखा है। यह मनुष्य का सीधा अनुभव है। चांद से झूला झूलती बच्ची आसमान में दिख रही। ऐसा कभी देखा नहीं गया। यह गैरमानवीय अनुभव है। यह सररियल इमेज है। फिल्म इमेज हो सकती है।

मानव हथेली मानवीय अनुभव है। कीड़ों का झुंड मानवीय अनुभव है। हथेली पर कीड़ों का झुंड सररियल इमेज है। फिल्म इमेज बन सकती है।

सररियल इमेज 'समुद्र के पास पियानो' एक फिल्म में देखी जा चुकी है।

पियानो पर गिरते क्रॉक्रोच की इमेज हमने बुनुएल की फिल्मों में देखी है।

बुनुएल की सभी फिल्मों में सररियल इमेज ही फिल्म इमेज हैं। जैसे दरवाजे के पास आदमी की कटी हुई जीवित हथेली। सररियलिज्म को प्रचारित करने ही उन्होंने ऐसी फिल्में बनायीं। जैसे सररियलिज्म के लिए डाली ने पेन्टिंग बनायीं।

ऐसी एक इमेज हम थियो ऐन्जेलोपॉलोस की फिल्म 'लैन्डस्केप इन द मिस्ट' (1988) में देख सकते हैं जब समुद्र की सतह के भीतर से एक विशाल हथेली उपर उठती है और शून्य में उठती ही जाती है। यह लेनिन की प्रतिमा का एक अंश है जिसे हेलिकॉप्टर से उठाते दिखाया गया है।

ऐसे इमेज अवचेतन या स्वप्न में होते हैं। फिल्म स्वप्न के करीब है। फिल्म इमेज के कारण। सिर्फ और सिर्फ।

फिल्म इमेजेस या छायाछवियों की प्राणशक्ति रिद्म या लय को हम इमेज से भी समझ सकते हैं। फिल्म इमेज में यदि दिखती हुई गति है तो उसमें एक समय है जो बह रहा है। यह धीमे भी हो सकता है और तेज भी। पहले धीमे फिर तेज भी। पहाड़ के पास कोई निर्लिप्त प्रकृति अपने-आप में गुनगुना रही है। घास पर हवा बह रही है। फिर हम उसमें कोई छाया देखते हैं। फिर स्पष्ट होता है कि कोई आदमी है, लेटा

हुआ। फिर पता चलता है कि वह मृत है और फिर पता चलता है कि उसे मारा गया है। एक ही फ्रेम में हम यह देखते हैं। प्रकृति इससे बेपरवाह अपने-आप में है। यह पूरा सिर्फ एक शॉट है। 10 मिनट की पूरी एक फिल्म। कोई एडिटिंग नहीं। न अभिनय न कोई सज्जा। यह फिल्म पास्कल ऑबिएर ने बनायी थी। यह फिल्म है। अन्य किसी भी कला या कलातत्व की कोई यहां भूमिका नहीं। न फिल्म को अलग-अलग तत्वों में बांटकर देखा जा सकता है न देखा जाना चाहिए।

इस पूरे फ्रेम में एक समय है। उसकी गति बढ़ती है जैसे-जैसे हम सूचनाएं जानते चले जाते हैं। यह लय है। रिद्म है। रिद्म घटता या बढ़ता रह सकता है लेकिन रिद्म हो, यह जरूरी है। यह है तो कोई भी इमेज फिल्म इमेज है।

फिल्म क्या है इसके उत्तर में कुरोसावा अपने मित्र के पौत्र के एक लेख का हवाला देते हैं जिसमें उसने अपने कुत्ते के बारे में लिखा था। उसने लिखा था कि उसके कुत्ते की कुछ हरकत भेड़िये से मिलती है तो कुछ हरकत खरगोश से। चेहरे का कुछ अंश लोमड़ी से मिलता है तो कुछ बातें बकरी से मिलती है। इस तरह उसने अपने कुत्ते में कई पशुओं का-सा दृश देखा था, पाया था। अन्त में उसने लिखा था कि अन्त में उसे दिखता है कि इन सबके बावजूद उसके कुत्ते में, दरअसल कुत्ते सी ही बातें हैं। कुरोसावा कहते हैं कि सिनेमा में इसी तरह चित्रकला, स्थापत्य, नृत्य, संगीत, रंगकर्म आदि अन्य कई कला-सा सदृश अंश की तरह मिल सकता है लेकिन वह इन सबसे अलग हैं। और जैसा कि पहले चर्चा की गई, वे जोहाकू व नोह शैली से फिल्म का रिद्म बनाना पसन्द करते थे। कुछ रील के बाद फिल्म की गति अचानक नहीं बढ़ाते थे। रिद्म या लय बनाये रखते थे।

हिन्दी फिल्म 'रेड रोज' (1980) यदि देखें तो आपको यह रिद्म अक्सर टूटी हुई मिलेगी। वहीं आप 'अनुभव' (1971) देखें तो यह बराबर बनी मिलेगी। टूटते रिद्म के अगले उदाहरण हैं 'मेरे अपने', 'अचानक' और 'आंधी' (क्रमश: 1971, 73 और 75)। 'दीवार' और 'शोले' (दोनों 1975) में लय आद्यान्त बनी हुई है। 'आनन्द' और 'नमक हराम' (क्रमश: 1971 और 1973) में भी रिद्म सुन्दर है। रिद्म के अच्छे, महान यानी प्रथम श्रेणी के उदाहरण हमें हर क्लासिक फिल्म में दिख सकते हैं। या यूं कहें, अच्छे रिद्म के कारण ही ये क्लासिक हैं। व्यावसायिक फिल्मकार रिद्म के बारे में सोचते ही नहीं। आइए चलते हैं फिर क्लासिक फिल्मों की दुनिया में।

हम याद करें बर्गमैन की फिल्म 'फेस टू फेस' 1976 में बनी थी।

इसका आरम्भ ही लयारम्भ है। फिल्म में कथानक एक महिला मनोचिकित्सक जेनी के व्यक्तित्व पर केन्द्रित है। वयस्क जेनी अपनी मनोवैज्ञानिक और भावनात्मक

गुत्थियों को सुलझाने के क्रम में आत्महत्या का प्रयास करती है और बच जाती है। वह मृत्यु को करीब से देखती है। स्वप्न में वह अपनी मृत देह को देखती है। वह जीने के लिए पुन:प्रस्तुत होती है।

फिल्म में जेनी के रूप में लिव उल्मैन का अभिनय है। उसके अभिनय में हिस्टीरिया के दौरे के अलावा भय, चीख, धैर्य, संताप, अवसाद, अज्ञात दुख, ज्ञात मन, मृत्यु छाया, मनोग्रस्तता, आर्तनाद, खामोशी, अन्तर्विरोध, प्रश्न, दंश, आवेग और प्रतिरोध का गहन कलात्मक प्रदर्शन है। इन सब मनोवैज्ञानिक स्थितियों को अधिकतर एक्स्ट्रीम क्लोजअप, क्लोजअप और मिडशॉट में फिल्माने की परम्परागत कोशिश की है निर्देशक इंगमार बर्गमैन ने। लेकिन शॉट लेने से पहले अपनी पटकथा में उन्होंने सबसे पहले कल्पना की है फिल्म की पृष्ठभूमि, परिप्रेक्ष्य एवं टोन के मुताबिक उपयुक्त व संगत लय की। इस लय के लिए उन्होंने न सिर्फ शॉट की लम्बाई और अंधेरे का ख्याल रखा है बल्कि बैकग्राउंड स्कोर भी उसी टोन में सुनिश्चित किया है।

लगभग दो घंटे (एक घंटे चव्वन मिनट) की इस फिल्म में बैकग्राउंड स्कोर यानी पार्श्व संगीत है ही नहीं। संवाद के अलावा दीवार घड़ी चलने की दो तरह की आवाज, टेलीफोन मिलाने की आवाज, चर्च के घंटे की आवाज, चलने से जूते की आवाज, दरवाजा खुलने की आवाज आदि स्वाभाविक रूप से है। दो घंटे की इस पूरी फिल्म में संगीत के नाम पर सिर्फ एक दृश्य है। काबी लरेटी पियानो बजा रहीं। लिव उल्मैन और उनके डॉक्टर दोस्त अर्लैण्ड जोसेफ्सन भी अन्य लोगों के साथ हॉल में उस संगीत प्रदर्शन का कार्यक्रम ध्यान से साथ साथ सुन रहे हैं। काबी मोजार्ट रचित धुन फैन्टेसी सी-माइनर के 475 में बजा रहीं। फिल्म आरम्भ होने के 38वें मिनट से यह शुरु होता है। अगले दृश्य में लिव जोसेफसन के घर में थोड़ी देर होती हैं और उनसे नींद की गोली लेती हैं। इस फ्रेम में जोसेफसन के उस कमरे में पियानो दिखता है जिस पर स्वर लिपियों की किताब खुली दिखती है।

फैन्टेसी की जो लय हम यहां सुनते हैं, न सिर्फ उस लय में आगे के सारे दृश्यों के लय निबद्ध दिखते हैं बल्कि फिल्म आरम्भ से ही इस लय में है, यह काबी के दृश्य से पता चलता है और सुनिश्चित होता है। अन्त तक महसूस होता है कि पूरी फिल्म ही सी-माइनर के 475 में निबद्ध है। ट्यून्ड है।

ऐसा रिद्म फिल्म का कोई कवि या मास्टर ही रच सकता है।

यदि इसे यानी इस ट्यून को सुनने की सुविधा आपके पास नहीं है तो आप फिल्म 'रोटी, कपड़ा और मकान' (1974) का वह गीत याद कर सकते हैं जिसमें

महेन्द्र कपूर की आवाज में हम सुनते हैं- 'और नहीं बस और नहीं।' मनोज कुमार की इस फिल्म में संगीत लक्ष्मीकांत प्यारेलाल ने तैयार किया है। महेन्द्र कपूर को इस गाने के लिए बेस्ट सिंगर का अवार्ड भी दिया गया था।

बर्गमैन ने जब टाइटिल्स से फिल्म शुरु की है तो पानी के कलकल की आवाज के साथ हम पर्दे पर यह उल्लेख भी पढ़ते हैं कि मोजार्ट की इस फैन्टेसी को काबी ने बजाया है।

जरूरी नहीं कि फिल्म का रिद्म किसी संगीत की धुन या ट्यून जैसा ही तय किया जाये। दो परस्पर शॉट के मेल से भी एक लय बन सकती है जो पूरी फिल्म की लय के रूप में निर्धारित की जा सकती है। इसे मोन्टाज की विधि से लय बनाना या टोनल मोन्टाज कहते हैं। मुख्य रूप से इसका प्रयोग सम्पादन यानी एडिटिंग के दौरान ही करते हैं। रूसी मोन्टाज सिद्धान्त (आइजेन्स्टाइन और पुडोवकिन) के अनुसार, टोनल के अलावा ऐट्रैक्षन, मीट्रिक, ओवरटोनल, रिद्मिक, इन्टेलेक्चुएल और वर्टिकल, मोन्टाज के अन्य प्रकार है। फिल्म थ्योरी में एक है मार्क्सवादी फिल्म सिद्धान्त, इस सिद्धान्त में मोन्टाज के इन प्रकारों का फिल्मों में प्रयोग अधिक होता है। इस सिद्धान्त के अनुसार, दृश्य प्रायः समूह में होते हैं जैसे आइजेन्स्टाइन की कोई भी फिल्म। अकेले किरदार के दृश्य कम होते हैं। अकेले किरदार का दृश्य ब्रेसां और बर्गमैन की दुनिया में रह-रह कर होता है। बर्गमैन की दुनिया में तो कलाकार की अभिनय शैली ही रिद्म तय कर देती है। लिव हो या बीबी, इन्ग्रिड थूलिन हो या हैरियेट, वे कैमरे की ओर देख कर बात करते हैं। कैमरे को आईना मान कर उसमें अपने चेहरे को देखते हैं। उनका मन भी दिखता है। रशोमॅन में तीनों किरदार कैमरे की ओर देख कर बोलते हैं मानों उस पुलिस को बता रहे जो सामने है। पुलिस को दिखाने की जरूरत नहीं पड़ती। वे रंगमंचीय शैली में संवाद इस तरह बोलते हैं ताकि लगे सामने वाला सुन रहा हो और कुछ पूछ रहा हो। सामने वाला कैमरा यानी दर्शक है। हालांकि, कुरोसावा ऐक्शन बोलते ही कलाकार को कैमरे के प्रति सचेत रहने को मना करते थे। अपनी ऑटोबायोग्राफी के अन्त में फिल्म रचना सम्बन्धी निर्देशों के बारे में लिखते समय वे बताते हैं कि एक्शन बोलते ही अभिनेता कैमरे के बारे में चौकन्ना हो जाता है। मैं 'ऐक्शन' कहते ही उसे उसके सहकलाकार से बात करने को कहता हूं। बताता हूं कि वह रंगमंच पर अभिनय नहीं कर रहा कि दर्शक को सम्बोधित हो।

आइए याद करें, मिरर और सोलरिस के शुरु केदृश्य :

'मिरर' के आरम्भ में हम एक युवक को एक महिला शिक्षक से कुछ सीखते देखते हैं और वह हकलाता है। फिर टाइटिल्स के बाद हम एक महिला को एक झूलती लकड़ी पर बैठकर सिगरेट पीते उसकी पीठ की ओर से देखते हैं। दूर एक व्यक्ति उसकी ओर आ रहा है। तेज हवा फसलों के उपर चल रही है। तारकोव्स्की को स्लो जूम इन और ट्रैक शॉट लेना बहुत पसन्द है। यहां कैमरा धीमे जूम इन होता है। इस तरह कि फ्रेम से महिला बाहर हो जाये और सिर्फ वह आता हुआ व्यक्ति रह जाये। वह आता है, वहां बैठता है, लकड़ी पर बैठता है, लकड़ी टूटती है और वह फिर उसी ओर दूर चला जाता है। फिर वहां कभी नहीं दिखता। डॉक्टर की भूमिका में यह व्यक्ति तारकोव्स्की का प्रिय कलाकार अनातोली सोलोनित्सिन हैं जो उनकी फिल्मों में प्रायः मुख्य किरदार हुआ करते थे जैसे फिल्म आन्द्रे रूब्लेव या स्टॉकर। तो इस दृश्य की गति ही पूरी फिल्म का काव्यात्मक रिद्म है जो अपनी कथावस्तु में तारकोव्स्की के पिता की कविताओं पर आधारित है।

'सोलरिस' का आरम्भ टाइटिल्स से होता है पार्श्व संगीत के साथ। किन्तु प्रथम दृश्य आरम्भ होता है जलाशय के पानी की थोड़ी-बहुत धीमी आवाज के साथ। उस प्राकृतिक परिवेश की खामोशी में कभी-कभी सिर्फ पानी की या फिर नायक के चलने की आवाज ही काफी है। थोड़ी देर बाद हम कार के आने की और दूर दो व्यक्तियों के संवाद सुनते हैं। इस पूरी विज्ञान कथाधारित फिल्म में यह प्रथम दृश्य ही पूरी फिल्म की लय तय करता रहता है।

'मोन्टाज सिनेमा' का अर्थ है यह विचार कि सिनेमा का मुख्य पहलू है सम्पादन। अक्सर लोग कहते हैं कि फिल्म तो एडिटिंग टेबल पर बनती है। सिनेमा के कवि ऐसा नहीं सोचते। अपनी कला पुस्तक 'स्कल्पटिंग इन टाइम' में तारकोव्स्की लिखते हैं कि 'शूट के दौरान फिल्म इमेज बनती है। यहीं से फिल्म बनती है। फिल्म इमेज फ्रेम में होता है। फ्रेम में समय होता है जो फिल्मलय को निर्धारित कर सकता है, तय कर देता है। मोन्टाज सिनेमा एक विचार है। कविता नहीं।' वे इसके लिए पुश्किन की कविता और कथन और अपनी फिल्म 'मिरर' का उल्लेख करते हैं।

जैसे संगीत में ताल लय है उसी तरह फिल्म में समय लय है। ताल समय को खण्डों में देखता है तो ताल बनता है। और फिर ताल की लय निर्धारित होती है या की जाती है। भारतीय नाट्यशास्त्र में ताल के दस प्राण बताये गये हैं, जिसमें पहला है काल। काल का अर्थ है समय की एक सुनिश्चित अवधि, खण्ड। सिनेमा में फ्रेम सीधे समय को सम्बोधित हो जाता है। वहां समय का अपना प्रवाह होता है। इस प्रवाह का निरीक्षण रिद्म को देख पाना है।

कैमरे की आँख इसी रिद्म को देख पाती है काव्यात्मक सिनेमा में। कैमरा यहां से शुरु होता है। यानी कैमरा लय से शुरु करता है। कैमरे का ऑन होना लय है। यही उसकी आँख का सौन्दर्य है। लय ही सौन्दर्य है। गीत कन्टेन्ट है। लय या रिद्म, धुन है, ट्यून है। यह सुन्दर है तो गीत भी सुनाई देते हैं जैसे हिन्दी सिनेमा में सचिन देव बर्मन, जयदेव, सलिल चौधरी, मदन मोहन या राहुल देव बर्मन। ये नहीं होते तो न नीरज के गीत कर्णप्रिय होते, न साहिर के, न राजा मेंहदी अली खां के, न शैलेन्द्र के, न गुलजार के। एक शायर के रूप में साहिर प्रसिद्ध रहते। और कवि के रूप में नीरज और हसरत जयपुरी। सिर्फ धुन ने इन्हें और इनके गीतों को शोहरत दिलायी। आप धुनों के बिना शब्दों को पढ़कर देख सकते हैं जबकि ये सभी संगीतकार शब्दों में धुन या ट्यून देख पाने की कला में निष्णात थे। धुन के बिना इनके शब्द वह प्रभाव नहीं बना पाते जो धुन की वजह से बन गये।

फिल्म में भी लय की भूमिका इसीलिए सर्वोपरि है। यह लय कैमरे की फ्रेम में हो सकती है। ब्रेसां से मणि कौल तक में इसी लय को देखने का एक विचार यह भी था कि यदि कैमरे की फ्रेम में कोई अनावश्यक या अवांछित तत्व अपने-आप आ भी गया तो वे उसे स्वीकार कर लेते थे और इसे दैवी उपस्थिति Divine Presence की संज्ञा देते थे। यहां अज्ञात को महत्त्व देने की दृष्टि है। कैमरे की फ्रेम में लय देखने या ढूंढ़ने की चेष्टा के तहत ही फिल्मकार के जेहन में आ जाता है कि लांग शॉट लें या क्लोज अप। स्लो जूम इन करें या स्टिल रखें।

इस अदृश्य लय के बिना पैनिंग या कैमरा पोजिशनिंग या लेंस वैविध्य या कोण या जूम आउट आदि का प्रयोग निरर्थक है। अधिकतर व्यावसायिक सिनेमा या एक्सर्साइज फिल्म बनाने का बहुसंख्य रोमांच, लयदृष्टि के अभाव के उदाहरण है।

तपन सिन्हा की टेलीफिल्म 'आदमी और औरत' लय की कहानी है।

ब्रेसां की फिल्म 'ए मैन एस्केप्ड' लय की महानता का प्रयोग है।

तारकोव्स्की की फिल्म 'दी मिरर' लय का उत्कर्ष है।

बर्गमैन की फिल्म 'दी वाइल्ड स्ट्रॉबेरीज' लय का उत्तरण है।

बर्गमैन की श्वेत-श्याम फिल्म 'पर्सोना' प्रकाश के अद्भुत विन्यास की सौन्दर्य मुखरित उत्कृष्ट परिणति है।

प्रकाश सखा होकर कैमरा फ्रेम को प्रभावशाली बनाता है। इसके बारे में हम स्वेन निक्विस्ट से सुन सकते हैं।

मुख्यतः बर्गमैन की फिल्मों के सिनेमैटोग्राफर स्वेन निक्विस्ट से प्रकाश का क्लासिक भाव सीखा जा सकता है। 'विन्टर लाइट' (बर्गमैन कर चेम्बर फिल्मत्रयी

में से एक, 1963 में बनी) में धूप की कोई भूमिका ही नहीं रखी गयी थी, धूप को विदायी दे दी गयी थी। फिर भी दिन के शूट के दौरान यानी दिन के दृश्यों में प्रकाश का स्वाभाविक प्रयोग दर्शकों में दिलचस्पी पैदा कर देता है। हालांकि सत्यजीत रे कहते हैं कि उन्होंने बनारस में अपराजितो की शूटिंग के दौरान लाइट को बाउन्स कराया था क्योंकि खुले आंगन में इसका प्रयोग समुचित हो सके। जबकि उनके इस प्रयोग के बाद स्वेन ने यह किया और कहा कि उन्होंने यह प्रणाली पहली बार इजाद की है।

बर्गमैन की 'फैनी ऐंड ऐलेग्जेंडर' की क्रिसमस पार्टी के दृश्य में रात के एक बड़े कमरे का दृश्य है जहां खाना-पीना चल रहा है, आमोद-प्रमोद चल रहा है, वहां उपयुक्त प्रकाश व्यवस्था के साथ जलती मोमबत्तियां भी हैं और हैलोजन भी। कठपुतली बॉक्स के दृश्य में बॉक्स के आगे आठ मोमबत्तियां भी जल रही है और हैलोजन भी लेकिन लगता है कि ऐलेग्जेंडर के चेहरे पर सिर्फ मोमबत्तियों का प्रकाश है। बर्गमैन की ही 'आवर ऑफ द वूल्फ' (1968) के भोज दृश्य में डाइनिंग टेबल पर खाते हुए चरित्रों के परस्पर संवादों के शॉट लेने थे। स्वेन ने यह किया कि एक चरित्र से दूसरे चरित्र और फिर तीसरे से पहले की ओर कैमरा लगातार मूव किया, इस तरह कि फोकस न बदले। कभी यह बोल रहा है तो कभी वह बोल रहा है। यह मुश्किल था, वह भी बिना किसी पूर्वाभ्यास के।

तारकोव्स्की की अन्तिम दोनों फिल्मों के सिनेमैटोग्राफर स्वेन ही रहे। 'सैक्रिफाइस' के अन्तिम दृश्य जिसमें मकान में आग लगने पर कैमरे को आग के बिलकुल पास ले जाने का तारकोव्स्की का निर्देश था, उस अनुभव के बारे में स्वेन से सुनना काफी रोमांचक है। तारकोव्स्की 1986 में नहीं रहे। बर्गमैन 2007 में और स्वेन 2006 में। कजुओ मियागावा 1999 में नहीं रहे। कुरोसावा 1998 में। बर्गमैन और स्वेन। कुरोसावा और मियागावा। अजीब तालमेल प्रेम का जीवन में, जीवन भर।

फिल्मों में प्रकाश, जीवन में प्रकाश और प्रकाश का प्रभाव रचने के लिए अंधेरे की रचना करना। बांग्ला रंगमंच के जाने माने प्रकाश शिल्पी तापस सेन कहते थे, मैं प्रकाश नहीं रचता, अंधेरा रचता हूं। प्रकाश तो किसी ने हमेशा के लिए रच दिया है। भला मैं कैसे अब और रचूं। यही बात स्वेन भी कहते थे। वे कम से कम साधनों के जरिये अंधेरा रचते थे। प्रकाश में प्रभाव लाने के लिए।

हिन्दी व्यावसायिक फिल्मों में यदि बेडरूम का कोई दृश्य है तो कमरे की रोशनी बुझाने के बाद किरदार सो जाते हैं और उनका सोना या कमरे का पूरा दृश्य

अंधेरे में भी पूरा दिखता रहता है और दर्शक आसानी से समझ रहे होते हैं कि अलग से रोशनी की गयी है ताकि लाइट बुझने के बाद भी सब कुछ साफ दिखे। लाइट बुझने के बाद भी इतनी रोशनी होती है कि सोये किरदार पर लगभग उतनी ही रोशनी रह गयी होती है जितनी बुझने से पहले थी। ऐसी मूर्खता क्लासिक फिल्मों में नहीं दिखती। सीन्स फ्रॉम ए मैरेज, देवी, अपूर संसार, आगन्तुक, नॉस्टैल्जिया, सैक्रिफाइस, ए शॉर्ट फिल्म अबाउट लव आदि में बेडरूम सीन देखिए। पथेर पांचाली में ट्रेन को देखने का दृश्य या अपूर संसार में सौमित्र के कमरे और उसके बाहर का दृश्य बिलकुल वैसा ही लगता है जैसा हम अपने दैनिक जीवन में रोज देखने के अभ्यस्त हैं। प्राकृतिक प्रकाश व्यवस्था भी आकर्षित करती है और यथार्थ के प्रति विश्वास बनाती है पर्दे पर।

महत्त्वपूर्ण बात एकमात्र यह है कि फिल्म हमेशा अपनी समग्रता में फिल्म होती है। उसके अलग-अलग तत्वों के निर्वचन से हम फिल्म को नहीं अनुभूत कर सकते। पोएटिक सिनेमा का परिचय उसके रिद्म से है। क्लासिक सिनेमा का परिचय फिल्म की लय से है। लय कवि के व्यक्तित्व को प्रकट कर देती है, उसके अन्तस को उद्घाटित कर देती है। यह तारकोव्स्की होने का सारांश है। वे कहते थे कि फिल्म में लय की रचना कवि की प्रत्युत्पन्नमति है जो उसके बोध या Awareness से जन्मती है। सामान्य जीवन के चित्रण या स्थापित कलाशैली यानी जॉन्रा (Genra) के ध्वंस पर सिनेमाई बिम्ब यानी फिल्म इमेज का निर्माण होता है।

अब स्थिति बनती है कि कवि फिल्मकार की दृष्टि पर कथा और फिर पटकथा कैसे और कैसी लिखी जाती है या लिखी गयी है, इस पर हम केन्द्रित हों। चार्ली चैप्लीन और ऐल्फ्रेड हिच्कॉक किसी पटकथा पर निर्भर नहीं रहते थे। यद्यपि हिच्कॉक पटकथा एकाग्रता से लिखवाते भी थे और लिखने की नसीहत और तरकीबें भी देते थे, जैसे अपनी फिल्म 'रेबेका' के लिए उन्होंने दो स्क्रीन लेखकों से पटकथा लिखवाई थी, रॉबर्ट ई शेरवुड और जॉन हैरिसन। तारकोव्स्की कहते थे कि फिल्म के लिए अच्छा लेखक या साहित्यकार बिलकुल नहीं चाहिए। फिर वह साहित्य लिखेगा, फिल्म नहीं। ऐसी फिल्मों की पटकथा में कोई कहानी हो यह भी आवश्यक नहीं। किसी स्थिति पर भी फिल्म लिखी जा सकती है जिसमें फिल्मकार की दृष्टि सामने आये कि वह किन दार्शनिक प्रश्नों पर चिन्तित है और उन्हें वह कैसे और क्यों रखना चाहता है यह सामने आये, ऐसा लेखन भी क्लासिक फिल्मों के लेखन में हुआ है जैसे तारकोव्स्की की अन्तिम फिल्म 'सैक्रिफाइस।' किसी फिल्म में अपनी आन्तरिक चेतना के जरिये आप कहना क्या चाहते हैं, यह उल्लेखनीय

हो जाता है जो सिनेमा को क्लासिक गरिमा सौंप देता है। अपनी अन्तिम फिल्म 'आगन्तुक' (1991) में रे प्रथम बार अपनी बात रखते हैं।

थोड़ी देर विश्राम के लिए हम चार्ली चैप्लिन की फिल्म 'वन ए एम' (7 अगस्त 1916 में प्रदर्शित) देख सकते हैं। पूरी फिल्म दो रील में बनी है। यह कुल 34 मिनट की फिल्म है। कार ड्राइवर से सम्बन्धित एक संक्षिप्त दृश्य को हटा दें तो पहली बार हम नायक के रूप में पूरी फिल्म में चार्ली के एकल अभिनय को देखते हैं। इसमें अन्य कोई कलाकार नहीं है।

फिल्म के आरम्भ से ही हम नायक को शराब के नशे में देखते हैं और देखते हैं कि नशे में होने के कारण हम कैसे आसान चीजों को मुश्किल में बदल देते हैं। छोटे आकार की इस फिल्म में कदम-कदम पर मनुष्य के आडम्बर भरे जीवन पर व्यंग्य और जीवन दर्शन की ओर संकेत है। नशे में होने के कारण यह किरदार टेबल पर पड़े ग्लास और शराब की बोतल को पास होकर भी उठा नहीं पाता और उसके कोट के टेबल से अटक जाने के कारण वह घूमती मेज के साथ घूमने लगता है। उसे लगता है ग्लास उससे कितनी दूर है। जब वह समर्पित होकर छोड़ देता है और थक कर बैठ जाता है तो घूमता ग्लास उसके मुंह के बिलकुल पास आकर ठहरता है। समर्पण पर या ऐसे ही किसी जीवनमूल्य पर इतने सरल ढंग से अब तक सिनेमा में कुछ कहा नहीं जा सका है। उस वक्त तो मूक फिल्मों का दौर था। तीन साल पहले ही यानी 1913 में फाल्के अपनी पहली फिल्म लेकर भारत में चर्चित हो रहे थे।

वह किरदार शराब की एक घूंट पीता है और कालीन बिछी सीढ़ियों पर चढ़ता है। जितना चढ़ता है उतना नीचे आता है और उतनी बार पीता है। हम नाकामयाबी के कारण को न हटा कर उसी कारण के नशे में फिर कामयाब होना चाहते हैं। वह हमारे अहं का प्रेस्टीज इशू बन जाता है। बिलकुल ऊपर वाली पायदान पर चढ़कर वह बिलकुल नीचे आ जाता है। फिर शुरु होता है आधुनिक बिस्तर पर सोने का दृश्य। बेड खड़ा है और इलेक्ट्रिक बटन दबाने से वह बिछता है। नशे में होने के कारण वह गलत बटन दबा देता है और वह उस बेड के साथ घूमने लगता है। अब वह मुसीबत से बाहर आये तो उस घूमते बेड को रोके और बेड न रुके तो वह मुसीबत से बाहर नहीं आ सकता। घूमते हुए वह सही बटन को दबा नहीं पाता। मुसीबत में होकर हम मुसीबत से बाहर आने की कोशिश करते हैं। निकालेगा कौन?

रंगमंच अभिनेता का माध्यम है। भारतीय रंगकर्म में निर्देशक के लिए कोई स्थान नहीं है। सिनेमा निर्देशक का माध्यम है। इस माध्यम में अभिनय मुख्य तत्व

है, जैसे पटकथा, सिनेमैटोग्राफी, प्रकाश, ध्वनि, संगीत, सम्पादन आदि। 'निर्देशक का विचार' सिनेमा से पश्चिमी रंगमंच तक गया जहां से यह आजाद भारत में आया। 1960 के बाद। भरत के प्राचीन भारत से लेकर भारतेन्दु के आधुनिक भारत तक निर्देशक की कोई चर्चा नहीं मिलती, अभिनवगुप्त के मध्यकालीन भारत में भी नहीं। भारतीय रंगसिद्धान्त के अनुसार, रंगकर्म सभी कलाओं का समवाय है। कलाएं जो जानी जा चुकी हैं और कलाएं जो जानी जा सकती हैं। इसके ग्यारह तत्व हैं : रस, भाव, अभिनय, धर्मी, वृत्ति, प्रवृत्ति, सिद्धि, स्वर, आतोद्य, गान और रंग। विश्वकला वांग्मय और सिनेमा सिद्धान्त के अनुसार 'सातवीं कला' (Seventh Art. Six arts are sculpture, Painting, Music, Drama, Literature and Dance) सिनेमा के नौ तत्व हैं : दृष्टि, सिनेमैटोग्राफी, प्रकाश, रंग, ध्वनि, संगीत, परिवेष, अभिनय और सम्पादन।

ब्रेसां कें लिए सिनेमैटोग्राफी यानी सिनेमा कला में रंगकर्म कला का कोई स्थान नहीं है। बर्गमैन की फिल्मों में रंगमंचीय अभिनय का स्वाद सबसे उपर है। दोनों दो जॉन्रा हैं। ग्रोटोव्स्की के रंगकर्म में निर्देशक के लिए कोई जगह नहीं है। वे भरत नाट्याशास्त्र के अनुसार 'शकुन्तला' मंचस्थ करते थे।

कलाकार की उपस्थिति कैमरे के लिए प्रभाव है। इंगमार बर्गमैन ने कहा है, यदि विक्टर सोस्ट्रॉम न होते तो वे फिल्म 'वाइल्ड स्ट्रॉबेरीज' (1957) न बनाते।

सत्यजीत रे ने कहा है कि यदि छवि विश्वास राजी न होते तो वे फिल्म 'जलसाघर' (1958) नहीं बनाते।

छवि या विक्टर अच्छे अभिनेता थे, इससे बढ़कर बात यह है कि दोनों ही कैमरे की आँख में अधिक प्रभाव प्रकट करते थे। ऐसा ही बर्गमैन की फिल्मों के लगभग सभी कलाकार हैं। जैसे गुनर ब्योर्नस्ट्रन्ड, मैक्स वॉन सीडो, अर्लैन्ड जोसेफ्सन, बीबी आन्द्रेसां (2019 में देहान्त), लिव उल्मैन, हैरिएट ऐन्डर्सन, इन्ग्रिड थूलिन, गुलेन लिन्डब्लॉम (2021 में देहान्त) आदि। किस्लॉव्स्की यही कह रहे हैं कि पर्दे पर कलाकार की पर्सनैलिटी होनी चाहिए। सिर्फ फोटोजेनिक नहीं। उसे देखना और देखते रहना अच्छा लगे। उसके प्रति दर्शक को सहानुभूति हो जाये।

अपनी किताब 'चेन्जिंग' (1977 में प्रकाशित) में लिव उल्मैन ने कई पन्नों में फिल्म 'फेस टु फेस' के कुछ दृश्यों की शूटिंग का जिक्र भी किया है। इस फिल्म में उन्होंने मुख्य किरदार जेनी का रोल किया है। अधिकांश मनस्थितियों में लिव और जेनी एक हो गयी हैं, ऐसा उन्होंने लिखा है। लेकिन यहां इस किताब या किताब में उल्लिखित फिल्म का सन्दर्भ इसलिए नहीं लिया जा रहा।

किताब में एक जगह शूटिंग का जिक्र करती हुई लिव बताती हैं कि स्टूडियों में जेनी के दादा-दादी के घर और कमरों का दृश्य है। उस दिन होने वाली शूटिंग के लिए कमरे में हर चीजों का रंग हरा रखा गया है। दीवार का, पर्दों का, मेजपोश का, अन्य चीजों का। यह रंग इस तरह प्रस्तुत किया गया है कि पूरे कमरे में उदासी छायी हुई है ऐसा लग रहा है। यह वातावरण इसलिए बनाया गया है कि दादा की मृत्यु के ठीक पहले का दृश्य फिल्माया जाने वाला है।

हम प्रकाश और रंगों के प्रयोग पर चर्चा कर रहे थे। उसके लिए यह उदाहरण अमूल्य है। फिल्म के लिए लोकेशन एक अनिवार्य घटक या तत्व तो है ही लेकिन इन क्लासिक फिल्मों में लोकेशन से अधिक महत्त्वपूर्ण, वातावरण हो जाता है, परिवेश या परिप्रेक्ष्य हो जाता है। यह परिवेश किसी महंगे आलीशान नयनाभिराम लोकेशन की जगह स्टूडियों में भी रचा जा सकता है। इस तरफ ध्यान दिलाने के लिए ही लिव की किताब और 'फेस टु फेस' के इस दृश्य को फिल्माने की तैयारी और स्टूडियो में परिवेश रचने की सोच का उल्लेख किया गया।

कुरोसावा कहते हैं कि प्रॉपर्टी और सेट को ऑथेन्टिक होना चाहिए। भले शूट में विलम्ब हो, मैं सेट को ऑथेन्टिक बनाने में लगा रहता हूं। इससे जब कलाकार वहां होता है तो उसे सुविधा होती है। उसे पता होता है कि वह जिस कमरे में है वह मकान से कैसे सम्बन्धित है। सेट के उत्कृष्ट होने से कलाकार का प्रदर्शन उत्कृष्ट हो जाता है। ऑथेन्टिक सेट के स्तर पर वे मिजोगुची को जापान का पहला फिल्म निर्देशक मानते हैं, उन्हीं से उन्होंने यह सीखा।

इसी प्रकार, बर्गमैन की ही एक फिल्म 'क्राइज ऐंड विस्पर्स' में लाल रंग के प्रयोग पर ध्यान देने की जरूरत है। इस रंग की ओर दर्शकों का ध्यान अपने-आप चला जाता है। फिल्म में लाल रंग का प्रयोग जिस तरह किया गया है वैसा प्रयोग इससे पहले कभी किसी और फिल्म में नहीं मिलता। फिल्म में सभी विशाल कमरों के विशाल पर्दे लाल रंग के हैं। सारे कमरों के फर्श पर बिछी कालीन लाल रंग के हैं। चारों महिला चरित्र प्रायः सफेद रंग के कपड़ें पहने हुए हैं। पूरी फिल्म में सिर्फ एक दृश्य में सिर्फ एक कलाकार लिव उल्मैन ने लाल गाउन पहना है जब वह और डॉक्टर (अर्लैन्ड) डिनर के बाद दो गिलास में शराब उड़ेलते हैं और आइने की ओर यानी लेंस की ओर देख कर बातें करते हैं। अन्त के दृश्यों में तो तीनों महिला कलाकार काले कपड़ों में दिखती हैं। और सबसे दिलचस्प यह कि दृश्यों के बीच जब भी फेड आउट है, वह काले रंग की जगह लाल रंग से होता है। हर बार थोड़ा समय लेता हुआ। स्लो क्रॉस डिजॉल्व में।

लाल फेड आउट या लाल रंग से किसी दृश्य का अंत करना पहली बार था, फिल्मों के इतिहास में। निर्देशक बर्गमैन मानते थे कि आत्मा का रंग लाल होता है।

यह भी लिव ने अपनी उसी किताब में लिखा है। 'चेन्जिंग।' अपने पति इंगमार बर्गमैन से अलग हो जाने के दिनों में लिव ने यह किताब लिखी और पूरी की थी।

अपनी किताब 'इमेज-माइ लाइफ इन माइ फिल्म्स' में बर्गमैन लिखते हैं कि जैसा मेरा जीवन था वही प्रतिबिम्बित हुआ मेरी फिल्मों में।

कई प्रकार की घड़ियों के चलने की आवाज उनकी हर फिल्म में सुनाई देती है। फेस टु फेस, क्राइज ऐंड विस्पर्स, सभी में। क्राइज ऐंड विस्पर्स के आरम्भ में। फैनी ऐंड ऐलेग्जेंडर के अन्त में। फेस टु फेस के उस दृश्य में जब दादा जी को लगता है कि घड़ी ठीक से नहीं चल रही। अपने इन्टरव्यू में भी इसका उल्लेख बर्गमैन विशेष रूप से करते थे।

ध्वनि का होना सिनेमा के मुख्य तत्वों में से एक है। ध्वनि का प्रभावशाली और अर्थपूर्ण ढंग से फिल्म में होना फिल्म के क्लासिक बनने की आहट है। ध्वनि की ओर ध्यान जाये, बार-बार ध्यान जाये, ऐसा ब्रेसां की फिल्मों में सहज ही होता है। कुरोसावा कहते थे कि शूट के दौरान ही वे ध्वनियों पर सोच लेते थे। कई बार संगीत की जगह वे ध्वनि इस तरह लेते थे कि इमेज से भिन्न हो जाये। अक्सर तो शूट से पहले वे थीम म्यूजिक सोच लेते थे। 'सेवेन समुराइ' में उन्होंने अलग-अलग चरित्रों के लिए अलग-अलग थीम म्यूजिक तैयार किया था। अलग-अलग समूहों के चरित्रों के लिए भी। वे कहते हैं कि उदास स्थिति के लिए उदास संगीत आम बात हो गयी थी। मैंने बदला और अपनी फिल्म 'ड्रंकेन ऐन्जेल' में लाइट म्युजिक रखा। कुछ उदास सुर। ऐसा हयासाका फूमियो के साथ स्कोर पर काम करते हुए ही हो सका। इमेज और ध्वनि का काउन्टर पार्ट देखा।

हम क्लासिक सिनेमा के इस विमर्श में फिल्म भाषा को समझने की कोशिश कर रहे और इसके लिए हम फिल्मभाषा की मुख्य वर्णमाला अर्थात् कैमरा, प्रकाश, रंग, परिवेष, ध्वनि, संगीत और अभिनय को विस्तार से समझ रहे।

इस परिप्रेक्ष्य में विश्लेषण की दृष्टि से तीन फिल्मों का उल्लेख सामने दिख रहा है- 'पर्सोना' (बर्गमैन, 1966), 'उसकी रोटी' (मणि कौल, 1970) और 'नेमसेक' (मीरा नायर, 2007)। तीनों तीन दृष्टि की नरेटिव शैली में बनी फिल्में हैं। तीन स्तर के। तीन प्रकार के। कहानी कहने का ढंग नरेटिव कहलाता है। 'पर्सोना' की कहानी इंगमार ने लिखी है, 'उसकी रोटी' मोहन राकेश ने और 'नेमसेक' झुम्पा लाहिरी ने।

बीबी आन्द्रेसां और लिव उल्मैन द्वारा अभिनीत 'पर्सोना' के दोनों चरित्र एक ही स्त्रीमन के दो रूप हैं, ऐसा सोचा जा सकता है। इसे एक दृश्य में दिखाया भी गया है। जब हम एक चेहरे में दोनों कलाकारों के आधे-आधे चेहरे को इस तरह देखते हैं कि उनसे एक पूरा चेहरा बन जाता है। पूरी फिल्म में बीबी ही बोलती दिखती हैं। लिव ने सिर्फ एक ही शब्द बोला है- नथिंग। फिल्म श्वेत-श्याम है। फिल्म में अधिकतर संरचनाएं रंगमंचीय सी लगती हैं, या फिर रंगमंचीय प्रभाव सी दिखती हैं। समुद्र के किनारे एक द्वीप 'फॉरो' (स्कॉटलैंड) में पूरी शूटिंग हुई है। घर को इस तरह प्रयोग में लाया गया है कि प्रभावशाली फ्रेम बनाने में आसानी हो। ऐसे फ्रेम जो स्त्री मनोदशा को मनोवैज्ञानिक प्रभाव में सम्प्रेषित कर सके और आकर्षक भी हों। हिच्कॉक की फिल्म 'साइको' भी मुख्यतः एक स्त्री पर ही केन्द्रित है। वह जब अच्छा काम करती है तो उसके साथ सफेद पर्स या सफेद ब्रा दिखायी जाती है और जब वह बुरा काम करती है तो उसे काली ब्रा में दिखाया जाता है। 'पर्सोना' में सफेद पर्दे, सफेद गाउन, काली स्वीमिंग सूट आदि मन के चेतन और अवचेतन आवेगों को दर्शाने के लिए रखे गये हैं। एक स्त्री करती हुई और एक उसे देखती हुई। कर्ता और द्रष्टा। यानी अपने ही क्रियाकलापों की साक्षी बनती। अनासक्त साक्षी। स्वकल्पित ड्रामा को खुद ही देखती। या, एक स्त्रीमन के आवेगों, जटिलताओं, अपदस्थ प्रेम, सम्बन्ध के दंश, स्मृति की चिन्ताओं, इच्छाओं की लहरों, खामोशी की वाचाल भंगिमाओं को करीब से और बारीकी से देखने और उनका इस तरह निरीक्षण करने की कोशिश है 'पर्सोना', कि स्त्री को पूरी तरह समझा जा सके। या समझने की कोशिश की जा सके। इसकी पटकथा लिखना, संवाद सोचना, दृश्य सोचना, कम्पोजीशन बनाना, दिन-रात, घर के बाहर और भीतर को देह के बाहर और भीतर का प्रतीक बनाना, इसे क्लासिकी की ओर ले जाता है। एक घंटे बाइस मिनट और चैबीस सेकेंड की इस फिल्म में शूट के लिए बस इतना ही है। इसी में पूरा ड्रामा है, और कोई संगीत नहीं। 'साइको' जैसी कोई सनसनी और सस्पेंस नहीं। न हत्या, न सेक्स। गोदार कहते हैं कि एक फिल्म बनाने के लिए जरूरी है 'होना एक गन का और एक गर्ल का।' यहां ऐसा सिरे से नहीं है। है सिर्फ मन और मन। लेकिन फिल्म के सभी तत्वों का वयस्क प्रयोग करती यह फिल्म क्लासिक सिनेमा का उत्कृष्ट उदाहरण बन चुकी है।

एक स्त्री बोल रही है और एक स्त्री सुन रही है, सिर्फ यह स्थिति दर्शक सवा घंटे तक कैसे देख सकते हैं! लेकिन दर्शक 1966 से आज तक इसे बार-बार देखते चले आ रहे। अध्ययन करते आ रहे।

हमने बात शुरु की थी कि क्लासिक सिनेमा की वह है जिसमें दृष्टि या आइडिया के स्तर पर हम जीवन के दार्शनिक या आध्यात्मिक प्रश्नों पर फिल्मकार के विचार से अवगत होते हैं। कलामिति का स्तर साथ रहता है। या, क्लासिक सिनेमा की कलामिति दृष्टि निर्भर होती है। या, दृष्टि में ही कलामिति होती है। जैसे नाट्य के मूल विचार में ही रस होता है उसी तरह फिल्म कथानक के पीछे जो कवि की दृष्टि है वही होती है कलामिति या आर्टिस्ट्री।

ब्रेसां की दृष्टि और उनकी फिल्मों की कलामिति को देखें।

बर्गमैन की दृष्टि और उनकी कलामिति पर गौर करें।

तारकोव्स्की की दृष्टि और उनकी कलामिति को देखें।

किस्लोव्स्की की दृष्टि और उनकी कलामिति पर ध्यान दें।

ऋत्विक घटक, मणि कौल और कुमार शहानी की दृष्टि और उनकी कलामिति को देखें।

पिछले सौ साल में यानी ब्रेसां और बर्गमैन (दोनों की पहली फिल्में क्रमश: ऐन्जेल्स ऑफ सिन, 1943, और, टॉर्मेन्ट, 1944) से लेकर मणि कौल और कुमार शहानी (दोनों की अन्तिम फिल्में क्रमश: ए मंकीज रेनकोट 2005 के साथ सिग्नेचर फिल्म 2006, और, ऐज दी क्रो फ्लाइज 2004) तक दुनिया में क्लासिक सिनेमा की यात्रा किस उत्कर्ष तक पहुँची है, यह ध्यान से देखा जाना चाहिए। यह भी कि क्या बीसवीं शताब्दी के अन्तिम दौर से लेकर आज तक सिनेमा की दुनिया में नये प्रयोग लेकर प्रकट हुए सभी फिल्मकारों की फिल्में क्लासिक सिनेमा की कोटि में दर्ज की जा सकती हैं। क्या ये सभी सिनेमा के कवि हैं? क्या ये सभी विशाल समय में दर्ज होने जा रहे हैं?

क्लासिक सिनेमा की इस यात्रा में दो फिल्मकारों का उल्लेख और होना चाहिए। आन्द्रे ज्यागिंसेव (Andrey Zvyagintsev) और किम की-डुक (Kim Ki-Duk)। ये दोनों युवा फिल्मकार क्रमश: रूस और दक्षिण कोरिया से हैं। दोनों का जन्म क्रमश: 1964 और 1960 में हुआ। 2020 में किम का देहान्त हुआ। दी रिटर्न 2003, दी बैनिष्मेन्ट, एलेना, लवलेस 2017 आन्द्रे की मुख्य फिल्में हैं। इसी प्रकार की-डुक की मुख्य फिल्में हैं क्रोकोडाइल व वाइल्ड एनिमैल्स 1996, स्प्रिंग समर फॉल विन्टर ऐन्ड स्प्रिंग, 3-आयरन, ह्यूमन, स्पेस, टाइम ऐन्ड ह्यूमन 2018। दी बैनिष्मेन्ट' 2007 में प्रदर्शित हुई थी। यह 1953 में प्रकाशित अमेरिकी लेखक विलियम सारोयन के उपन्यास 'दी लाफिंग मैटर' का सिनेमैटिक अन्तरण है।

कथा चरित्र ऐलेक्स (कॉन्स्टैन्टिन लावरोनेन्को) अपनी पत्नी वेरा (मारिया बोनेवी) और अपने दो बच्चों के साथ खुश है। उसे वेरा से पता चलता है कि वह गर्भवती है। ऐलेक्स सुनिश्चित है कि यह उसका बच्चा नहीं है। उसे शंका होती है और एक सूचना से वह पाता है कि उसकी शंका निर्मूल नहीं है। वह वेरा को गर्भपात की सलाह देता है। वेरा आत्महत्या करती है। अन्तिम संस्कार के बाद, हत्या की नीयत से ऐलेक्स रॉबर्ट के घर जाता है जिसका सम्बन्ध वेरा से है। फ्लैशबैक में हम जान पाते हैं कि वेरा और रॉबर्ट के बीच यौन सम्बन्ध था और जब रॉबर्ट को पता चलता है कि वेरा गर्भवती है तो वेरा रॉबर्ट को बताती है कि यह बच्चा ऐलेक्स का है।

जरा हिन्दी फिल्म 'मासूम' को याद करें। शेखर कपूर निर्देशित उनकी यह पहली फिल्म 1983 में प्रदर्शित हुई थी। यह फिल्म 1980 में प्रकाशित एरिक सीगल के उपन्यास 'मैन, वूमन ऐन्ड चाइल्ड' का फिल्मी अन्तरण है। अपने पति और अपने दो बच्चों के साथ खुश पत्नी को एकाएक पता चलता है कि उसके पति का एक बेटा किसी दूसरी स्त्री से भी है। वह मासूम बच्चा इस परिवार के साथ रहने लगता है।

किस्लोव्स्की की फिल्म शृंखला डेकालॉग 'दो' की कथा नायिका डोरोटा गेलर (क्रिस्टीना जान्डा) अपनी फ्लैट-सोसायटी में ही रह रहे डॉक्टर से मिलकर यह जानने की कोशिश करती है कि उसका पति जीवित बच पायेगा या नहीं, जिसकी चिकित्सा ये डॉक्टर कर रहें हैं। वह यह एक विशेष कारण से जानना चाह रही है जो वह डॉक्टर को बताती है। वह बताती है कि वह गर्भवती है लेकिन उसके पेट में पल रहा बच्चा किसी और पुरुष का है। वह यह मानती है कि एक ही समय में दो पुरुषों से सच्चा प्रेम सम्भव है। अपने पति के जीवन के बारे में वह इसलिए जानना चाहती है कि यदि वह जीवित बच पायेगा तो वह गर्भपात कराएगी और यदि वह जीवित नहीं रहेगा तो वह इस बच्चे को जन्म देगी। वह जानती है कि इस बच्चे के बाद वह भविष्य में फिर कभी गर्भवती नहीं हो पायेगी। वह जानती है कि उसके पति के जीवन के बारे में डॉक्टर (ऐलेग्जेन्डर बार्डिनी) ही उसे सुनिश्चित कर सकता है।

बैनिश्मेन्ट, मासूम और 'डेकालॉग दो' (यह टेन कमान्डमेन्ट्स के भाषा या 'बोलने की पवित्रता' कमान्डमेन्ट पर आधारित है, यानी सैंक्टिटी ऑफ स्पीच) की तीनों स्थितियां पति, पत्नी और वैध-अवैध बच्चे के इर्द-गिर्द घूमने वाली स्थितियां हैं। डेकालॉग चूंकि बाइबिल पर आधारित है इसलिए इसकी कहानी में एक आध्यात्मिक मोड़ है। जीवन और मृत्यु के बीच संघर्ष करता डोरोटा का पति आन्द्रेज अचानक जी उठता है। मरता नहीं। उसे जीवनोत्तर चेतना का अहसास

होता है और फिर वह अपने-आप को अपनी पत्नी और अपने नवजात शिशु के साथ पाता है। आनन्द के क्षणों में वह डॉक्टर से पूछता है कि संसार से ऊपर उठना क्या है उसे पता चल गया है। ऐसी स्थिति में बच्चे को जन्म देना या बच्चे का जन्म लेना क्या है, क्या वह जानता है, ऐसा वह प्रश्न करता है डॉक्टर से। डॉक्टर जवाब में सिर्फ कहता है, हां (I do)।

ऐसी स्थितियों पर विश्व सिनेमा में कई फिल्में बनी हैं। बनती रहती हैं। तपन सिन्हा की टेलीफिल्म 'आदमी और औरत' में तो बिलकुल भिन्न स्थिति देखने को मिलती है जब गर्भवती महुआ रॉयचौधरी बस के अन्य यात्रियों के साथ किसी जगह उतरती है और उसके साथ बच्चे को जनने की स्थिति बन जाती है। उसकी तकलीफ और अत्यधिक कराहने की असह्य वेदना एवं उसे इस हालात में अकेला देखकर साथी लेकिन बिलकुल अपरिचित यात्री अमोल पालेकर उसे अस्पताल तक ले जाता है। भर्ती कराकर उसे एक बिस्तर पर सुलाकर चिकित्सकों के हवाले सुनिश्चित कर कमरे से लौटता है। कमरे से बाहर निकलने के ठीक पल आश्वस्त गर्भवती औरत उसे पीछे से पुकारती है 'ऐ आदमी।' दरवाजे के पास जाकर आदमी पलट कर उसे देखता है। दर्शक महसूस कर लेता है कि इस दौरान दोनों में एक अनजान भावनात्मक सम्बन्ध बनता चला गया है। भावनात्मक और संवेदनशील , जिसमें मनुष्य होने का आत्मिक या वास्तविक परिचय है।

छप्पन मिनट की हिन्दी में बनी यह टेलीफिल्म दूरदर्शन के पर्दे पर 1984 में दिखाई गयी थी। कहानी प्रफुल्ल रॉय ने लिखी है।

क्लासिक सिनेमा के परिप्रेक्ष्य में हम बैनिश्मेन्ट और डेकालॉग दो की बात कर रहे थे कि कहानी कैसे कही गयी है। दोनों कहानियों मे बाहरी यथार्थ है। काँवे के आन्तरिक जगत का उद्घाटन और उस उद्घाटन का सिनेमैटोग्राफिक मैटेरियल में रूपान्तरण नहीं है। सिर्फ डेकालॉग में वह अंश इसे क्लासिक सिनेमा की कोटि में ले जाता है जब डोरोटा का पति आन्द्रेज हरकत में आता है। इस स्थिति को दिखाने के लिए किस्लोव्स्की ने सिनेमैटोग्राफिक तरीके क्या अपनाये है, यह दिलचस्प है। इस तरह हम बैनिष्मेन्ट के फ्रेम, लेन्स और मोन्टाज की चर्चा करेंगे और डेकालॉग की क्लासिकी की।

'मासूम' के फ्रेम और कम्पोजिशन ऑर्सन वेल्स की फिल्म 'सिटिजेन केन' को सामने रख कर सोचे गये थे जैसे महाश्वेता देवी ने अपना उपन्यास 'हजार चौरासी की मां' (बांग्ला में हाजार चुराशीर मां) सिटिजेन केन के मूल विचार पर विकसित किया था। ऐसा ही एक साम्य कुरोसावा की 'रैप्सोडी इन ॲगस्ट' और गीतांजली

श्री के 'रेतसमाधि' में हम देख सकते हैं। लेकिन बैनिष्मेन्ट में ऐसा कोई प्रभाव नहीं है। जिस तरह खामोशी और कथामयता का प्रभाव निर्देशक आन्द्रे ने फिल्म में रचने की कोशिश की है उससे पूरी दुनिया का ध्यान उन्होंने आकर्षित किया है। फिल्म के शुरुआती दृश्य को देखकर लग जाता है कि वे तारकोव्स्की का सम्मान करते हैं। वे उन्हें अपने हृदय में जगह दे चुके हैं और उन्हीं की परम्परा को आगे बढ़ाना चाहते हैं। फिल्म का नाम बैनिष्मेन्ट यानी निर्वासन भी तारकोव्स्की की याद दिलाता है क्योंकि पूरी दुनिया जानती है कि रूस, और रूस में अपने बेटे को छोड़कर तारकोव्स्की इटली, फ्रांस आदि जगहों पर आत्म निर्वासित जीवन जी रहे थे। रुसी निर्वासन को हम लेखक ऐलेग्जेन्डर सोल्जेनित्सिन के सन्दर्भ में समझते ही आ रहे हैं।

'बैनिश्मेन्ट' में एक दृश्य है जब पति ऐलेक्स को यह विश्वास हो गया है कि उसकी पत्नी वेरा किसी अन्य के बच्चे को गर्भ में पाल रही है। एक लगभग अंधेरे कमरे में ऐलेक्स आकर खिड़की के शीशे से बाहर घास पर खेलते अपने दोनों बच्चों को देख रहा है। यह दृश्य दरवाजे से यानी ऐलेक्स की पीठ की ओर से है। कैमरे से दूर जाता यानी कमरे में प्रवेश करता ऐलेक्स। खिड़की कैमरे से थोड़ी दूर बिलकुल सामने, और यहीं से बन्द खिड़की के शीशे से बिलकुल दर्शक देख रहे होते हैं कि बच्चे बाहर खेल रहे हैं। ऐलेक्स खिड़की के पास जाकर खड़ा होता है। हम उसकी पीठ और खिड़की के बाहर के दृश्य को देखते हैं। उसी फ्रेम में उसकी पत्नी वेरा बायीं ओर से प्रवेश करती है और उसके पास खड़ी होकर बाहर देखने लगती है जिधर ऐलेक्स देख रहा है। अब एक मिडक्लोज शॉट ऐलेक्स की दायीं ओर से वेरा के चेहरे की ओर है। फ्रेम में अब सिर्फ वेरा रह जाती है। ऐलेक्स उसे यह कह कर गया है कि अब वह उन तीनों बच्चों का पिता है और वह उन तीनों बच्चों की मां। ऐसा ही जीवन अब हम जियेंगे। सुनकर वेरा खिड़की के बन्द पारदर्शी शीशे की ओर बढ़ती है। बाहर खेल रहे दोनों बच्चों में से एक, बिटिया दौड़ कर शीशे के पास आती है। अब दोनों शीशे के इधर और उधर हैं। बेटी उधर से अपनी उंगलियां शीशे पर फेरती है। मां इधर से अपनी उंगलियों से उसकी 'शीशे के पार उंगलियों' को छूने की कोशिश कर रही। लगभग खेलती उंगलियां दोनों की। मुस्कुराते चेहरे दोनों के। लेकिन स्पर्श नहीं हो पा रहा कि पीछे से दौड़ते हुए बेटा भी बहन के पास आकर कहता है कि उसे वह दे दो।

फिल्म में ऐसे दृश्यों की बहुतायत है। फोन की घंटी बजती है। बाहर से सुनता है ऐलेक्स। वेरा का पता नहीं। शक से दौड़कर वह फोन का रिसीवर उठाता है। फोन

दूर से आया है। शायद रॉबर्ट का। हम देखते हैं कि बेटी अपनी सहेली को फोन के रिसीवर के जरिये टेपरेकॉर्डर से बजते गाने को सुना रही है। वह रिकॉर्डर पर रिसीवर को इस तरह लिये हुए है कि दूसरी ओर सुनने वाले को दिक्कत न आये।

'एलेना' में भी इसी निर्देशक ने कमाल के सीन सोचे हैं।

थीम का स्पष्ट होना। फिर थीम को स्पष्ट करती कहानी का होना। फिर इस कहानी को कहने यानी फिल्म के लिए सीन सोचना। फिर उसमें संवाद लिखना। शूटिंग से पहले की यह पटकथा किसी भी फिल्म की पटकथा हो सकती है। कमर्शियल हो या क्लासिक। लेकिन उस थीम के जरिये हम क्या कहने जा रहे हैं, यह महत्त्वपूर्ण है। यानी 'कैसे' (How) से पहले 'क्या' (What)। जैसे हम जब जीवन का कोई अंश मशगूल होकर चैन से जी रहे होते हैं तो उसमें व्यवधान आता है। जो हमें अच्छा लग रहा होता है वह कायम नहीं रह पाता। किसी भी काम में पड़ने वाले व्यवधान या विघ्न से अलग बात कही जा रही है। इस व्यवधान को समझा जाये यदि मन से यानी सोच-विचार से, वह हमें हमेशा प्रतिकूल अनुभव होगा। प्रतिकूल है तभी तो हम उसे व्यवधान या विघ्न कहते हैं। अनुकूल तो पहले था ही। और यदि सोच की भूमिका न रहे, तो वही प्रतिकूल अनुकूल और अधिक अर्थपूर्ण लगता है। पवित्र और ईश्वरीय यह थीम है। कहानी का नाम है 'अनुबंध।' फिल्म हिन्दी में बनी है। अंग्रेजी में इसका नाम है एग्रीमेन्ट या 'ग्रीन रूम।' इस थीम के जरिये फिल्म का कवि लोगों का ध्यान इस ओर दिलाना चाहता है कि व्यवधान कोई असीमित सत्ता डाल रही होती है कि हम उस सत्ता से जुड़ें। उससे नहीं जिसके प्रति हम आसक्त हैं। फिर हम यह नहीं कह सकेंगे कि संसार में दुख है। विरह या वियोग या मृत्यु को हम दुख कहते हैं। यह विचार है। दृष्टि है। आठवीं, सातवीं, छठी शताब्दी ईसा पूर्व में यूनान यानी ग्रीस में कुछ लोग ईश्वर के सन्देश का प्रचार-प्रसार इसी तरह किया करते थे। उन्हें देवदूत या हर्मेन्यूटिक्स कहते थे। कवि फिल्मकला के जरिये यही काम 2018 में यह फिल्म 'अनुबंध' बना कर कर रहा है। जरूरी नहीं कि ऐसा करना ही क्लासिक सिनेमा की रचना करना है। लेकिन कोई मौलिक दृष्टि होनी चाहिए जो अपने निजी जीवन अनुभव से उपजा हो, उद्घाटित हुआ हो। 'अमर अकबर ऐन्थनी' में परिस्थितिवश भाइयों का बिछुड़ना और फिर मिलना, क्या निर्देशक मनमोहन देसाई के निजी जीवन अनुभव का उद्घाटन है, यदि है तो यह समाज या मनुष्य के किस काम का, सिवाय मनोरंजने के। बी. आर. चोपड़ा की फिल्म 'वक्त' की थीम भी यही है। अल्बेयर कामू के नाटक 'क्रॉस पर्पज' की कहानी भी ऐसी ही है लेकिन थीम

या दृष्टि विराट है। उन्हें नोबेल सम्मान मिला था। इस थीम में नौकर की भूमिका पर कोई गौर नहीं करता। उन्हें यह भूमिका सिर्फ दिलचस्प लगती है। हो सकता है कामू ईश्वर के प्रति अपनी धारणा को उस नौकर के द्वारा रूपायित कर रहे हों, कह रहे हों कि इस नौकर की तरह ईश्वर भी खामोश रहता है और मनुष्य की तुच्छ बातों में दखलन्दाजी नहीं करता।

रूप की दखलन्दाजी और अरूप की दखलन्दाजी दो अलग-अलग थीम हैं, क्रमश: क्रॉस पर्पज और अनुबन्ध की तरह। यह हुआ 'क्या।'

फिल्म कला का एकमात्र अर्थ 'कैसे' (How) है तो, लेकिन 'क्या' (What) के बिना यह कला सम्पूर्ण नहीं हो पाती, एकांगी रह जाती है। आखिर आप किस बात को फिल्मकला या सिनेमैटोग्राफी के द्वारा कहने की कोशिश कर रहे हैं? भाइयों का मिलना और बिछुड़ना? या, जो अखबार में पढ़ा जा चुका है उसे फिर से दोहराना? वक्त और अमर, अकबर, ऐन्थनी या साइको और गंगाजल ऐसे ही उदाहरण हैं। जो फिल्म से पहले समाज में नहीं हुआ है, उस पर बनी फिल्म पर चर्चा न्यूनतम होती है, या फिर थोड़े से लोगों के बीच ही होकर रह जाती है।

परिवेश और ध्वनि की बात हम करते आ रहे हैं। संगीत और अभिनय की बात भी हम साथ करते आ रहे हैं।

कला को एक दूसरा नाम दिया जा सकता है 'दी वे।' यानी कहने का तरीका। अन्दाजे बयां। नरेटिव। नाट्यशास्त्र में इसे ही अभिनय कहा गया है। टु कैरी टुवड्स। दृष्टि या विचार को दर्शक तक ले जाना। साझा करना। कनेक्ट करना। योग होने देना। साधारणीकरण सम्भव करना। मुख्यार्थ का निर्णय करना। इतना ही इरादा होता है सिनेमा का, नाटक का, किसी भी कला का। ताओ दर्शन में ईश्वर को ईश्वर न कह कर 'दी वे' यानी मार्ग कहा गया है। ऋषि भरत ने नाट्याशास्त्र में मार्ग संगीत, मार्ग गान, मार्ग ताल का उल्लेख किया है। मार्ग संगीत वही है जो हमें ईश्वर का मार्ग दिखाता है। सिनेमा का क्लासिक सिनेमा में अन्तरण मार्ग के द्वारा ही होता है। यही स्प्रिचुअल आर्ट है। इसी को रूसी चित्रकार कैन्डिंस्की आध्यात्मिक कला कहते थे। क्लासिक सिनेमा की एकमात्र सम्भावना यही है। सिनेमा में अध्यात्म को ही ब्रेसां, बर्गमैन, तारकोव्स्की और किस्लोव्स्की और फिर यहां तक कि मणि व कुमार अपनी कृतियों में डिस्कस करते दिखते हैं। अपने-अपने ढंग से।

आइए देखें विश्व क्लासिक सिनेमा में उन दिनों बैकग्राउंड स्कोर का रूप क्या था।

बर्गमैन की फिल्म है 'समर विथ मोनिका।' एक दृश्य में मोनिका अपने प्रियतम के बिलकुल पास बैठी सिगरेट पी रही है। प्रियतम उसके गाल पर चुम्बन दे रहा है। दोनों प्रेम क्षणों में हैं। हम पार्श्व संगीत की कोई धुन सुनते हैं वॉयलिन पर किसी स्वप्न से एक विजुअल के साथ। अगले शॉट में दूर हैरी यानी मोनिका का प्रियतम है और कैमरे के बिलकुल पास खड़ी मोनिका उसे पुकारती है। फिर सारे दृश्य दोनों के प्रकृति में प्रकृति के साथ खेलने के दृश्य हैं समुद्र के पास। पहले हम आसमान में तीन चीलों को उड़ते देखते हैं। फिर पानी पर मोनिका किसी टहनी से कुछ लिखती है। दोनों चट्टानों पर दौड़ते हैं। बहुत कुछ के दौरान मोनिका कपड़े उतार कर नहाने भी लगती है उस तेज धूप में। प्रेम के ही भाव के साथ। हैरी उसे छूता है। देखता है। इस दौरान बैकग्राउंड स्कोर बहुत ही मुख्य और प्रभावशाली है। खुशी से दौड़ने, छाती पीटने, मुंह से आवाज निकालने, पार्श्व संगीत आदि के साथ मुख्य है देर तक परिवेश की आवाज। समुद्र की लहरों के साथ वहां के पूरे वातावरण यानी ऐम्बिएंस की आवाज, देर तक। जिसकी बात हम देवदास और पथेर पांचाली के लिए कर रहे थे। देवदास में ऐम्बिएंस साउंड क्रियेट की गयी थी। पथेर पांचाली में वास्तविक साउंड रेकॉर्ड की गयी थी। समर विथ मोनिका में यह सुन्दर और प्रभावशाली है। फिल्म में दोनों युवा जिस तरह प्रकृति और समुद्र के आसपास के वातावरण के सौन्दर्य को बच्चों की तरह अचरज से छूते, निहारते हैं। हम पथेर पांचाली के उस दृश्य को याद कर सकते हैं जब अपू और दुर्गा भी यही कर रहे दिखते हैं। मोनिका में यह बैकग्राउंड स्कोर देर तक है। बिना व्यवधान पहुँचाए दृश्य को। जबकि यह बहुत खुला और रिस्की था। समुद्र की लहरों की तेज आवाज और वहां चल रही हवा की तेज आवाज दृश्य को अकलात्मक बना सकती थी। यह फिल्म 1953 में प्रदर्शित हुई थी।

ऐसी चर्चा को विराम देने से पहले क्लासिक फिल्मों के अभिनय पर भी थोड़ी विशेष चर्चा होनी चाहिए।

पथेर पांचाली में सर्वजया यानी करुणा बन्दोपाध्याय का चेहरा हमें याद है। यह चेहरा अपराजितो तक जाता है। और देखने का ढंग यानी लुक 'देवी' तक। मेघे ढ़ाका तारा में हमें नीता यानी सुप्रिया चैधुरी (देवी) का चेहरा याद है। इसी तरह हम इससे पहले समर विथ मोनिका और ए लेसन इन लव में हैरियेट ऐन्डर्सन का चेहरा याद रख सकते हैं। ये दोनों फिल्में क्रमश: 1953 और 1954 में प्रदर्शित हुई थीं। हम लिव उल्मैन का चेहरा याद कर सकते हैं पर्सोना, आवर ऑफ द वूल्फ, सीन्स फ्रॉम ए मैरेज, फेस टू फेस और ऑटम सोनाटा जैसी फिल्मों को याद कर। करूणा

बन्दोपाध्याय, माधवी मुखोपाध्याय (फिल्म 'चारुलता'), सुप्रिया चैधुरी, इन्ग्रिड थूलिन (फिल्में 'क्राइज ऐंड विस्पसर्', 'वाइल्ड स्ट्रॉबेरीज', 'सायलेन्स' और 'विन्टर लाइट'), विक्टर सोस्ट्रॉम (वाइल्ड स्ट्रॉबेरीज), लिव उल्मैन, हैरियेट ऐन्डर्सन ('थ्रू ए ग्लास डार्कली' और 'क्राइज ऐंड विस्पर्स' भी) और बीबी आन्द्रेसाँ ('पर्सोना', 'दी टच', 'वाइल्ड स्ट्रॉबेरीज', 'दी सेवेन्थ सील', 'दी मैजीशियन', 'सीन्स फ्रॉम ए मैरेज', 'दी नाइट टेम्पलर' 2007) अपनी अभिनय प्रतिभा का प्रभाव निर्देशक की उपस्थिति के बावजूद अमिट कर गयी हैं। इनमें बीबी, लिव, हैरियेट और इन्ग्रिड थूलिन का अभिनय क्लासिक सिनेमा का अभिनय है, जबकि इन्ग्रिड बर्गमैन का अभिनय श्रेष्ठ होने के बावजूद कमर्शियल सिनेमा-सा है। वे हॉलीवुड की अभिनेत्री थीं। बर्गमैन की फिल्म 'ऑटम सोनाटा' में लिव के साथ वे ही थीं लेकिन हॉलीवुड अभिनय से बिलकुल अलग आस्वाद का अभिनय।

तो फिर क्या फर्क है कमर्शियल और क्लासिक सिनेमा की ऐक्टिंग में?

एक, कमर्शियल सिनेमा में अभिनय का स्तर रंगमंचीय होता है। उदाहरण, यदि आपने कुलभूषण खरबन्दा को नाटक 'सखाराम बाइन्डर' में अभिनय करते देखा है तो बिना किसी वैकल्पिक विचार को आप मान लेंगे कि वे एक अप्रतिम या बेजोड़ अभिनेता हैं। दूसरा कोई उस किरदार को निभा नहीं सकता। उनसे बेहतर कोई कर नहीं सकता। और यह सच है कि उनसे बेहतर अभी तक कोई उस किरदार को कर भी नहीं सका है। अब आप फिल्म 'शान' में शाकाल के किरदार को निभाते कुलभूषण खरबन्दा को याद कीजिए। लगता है उन्हीं के कारण फिल्म को, दर्शकों ने अस्वीकार कर दिया। जबकि फिल्म 'एक चादर मैली सी' में उनका अभिनय प्रभावशाली था लेकिन यह फिल्म ज्यादा देखी नहीं गयी। इसी प्रकार 'शोले' में अमजद खां का अभिनय रंगमंचीय था। रंगमंच कलाकार अमजद की पहली फिल्म 'नाजनीन' थी जो 1951 में प्रदर्शित हुई थी। उस वक्त वे 11 साल के थे। बड़े होकर उन्होंने 'हिन्दुस्तान की कसम' में अभिनय किया। युवा अमजद की यही पहली फिल्म हुई। यह 1973 में प्रदर्शित हुई थी। फिर 'शोले' आयी।

दो, क्लासिक सिनेमा में अभिनय सिनेमैटोग्राफी कला यानी फिल्म माध्यम और कवि की अन्तर्दृष्टि के परस्पर सम्बन्ध का रूपायन होता है। अभिनेता निर्देशक यानी कवि के मन को पढ़ लेता है । उदाहरण, बर्गमैन की सभी फिल्मों में लिव उल्मैन का अभिनय बर्गमैन की चेतना है, उनके मन के सभी स्तरों का रूपायन है। या बर्गमैन के मन का लिव में रूपान्तरण है। 'फेस टु फेस', 'ऐन आवर ऑफ वूल्फ' और 'ऑटम सोनाटा।' 'ऑटम सोनाटा' में सिचुएशन रंगमंचीय लगता है बल्कि

उनकी सभी फिल्मों में सिचुएशन और अभिनय का स्तर रंगमंचीय लगता है। कई फिल्मों में तो रंगमंच के दृश्य भी हैं। थ्रू ए ग्लास डार्कली और फैनी ऐंड ऐलेग्जेंडर में नाटक के दृश्य बाकायदे रखे गये हैं। बर्गमैन फिल्मों से पहले रंगकर्म से जुड़े थे। ऑगस्ट स्ट्रिंडबर्ग उनके प्रिय नाटककार रहे हैं और उनका नाटक 'ड्रीम प्ले' बर्गमैन का प्रिय नाटक है। फिल्मों में वे अपने कलाकारों से रंगमंच-सा अभिनय करने को नहीं कहते थे। फिल्मों में नाटकों के दृश्य के ऐसे दृश्य प्रायः होते थे जिन्हें उस फिल्म के किरदार देख रहे हों या स्वयं कर रहे हों। थ्रू ए ग्लास डार्कली में तीन किरदार मिलकर एक छोटा-सा नाटक खेलते हैं जिस द्वीप में वे आकर ठहरे होते हैं। चौथा किरदार इस दृश्य को देखता है जिसे उसकी बेटी, बेटा और दामाद कर रहे होते हैं। नाटक का नाम वे रखते हैं दी आर्टिस्टिक हंटिंग या दी टॉम्ब ऑफ इल्यूशन। चौथा किरदार (गुनर ब्योर्नस्ट्रैंड) इस परिवार का मुखिया हैं। पिता हैं। इस नाट्यप्रस्तुति से पहले वे चारों उस द्वीप की रात खुली आकाश के नीचे खाना-खाने बैठते हैं। दोनों बच्चे कहते हैं कि पिता ने वादा किया था कि वे उनके पास लौट आयेंगे। खाने के बीच गुनर तम्बाखू लेने उठते हैं। अन्दर कमरे में जाते हैं। रोते हैं। खिड़की से रात के समुद्र को देखते हैं। फिर लौटते हैं। यह रंगमंचीय अभिनय नहीं है।

'फैनी ऐंड ऐलेग्जेंडर' में हैमलेट का रंगमंचीय दृश्य दिखाया जाता है जिसे फैनी गुनर के साथ देख रहा होता है। उसी दौरान एक किरदार को दिल का दौरा पड़ता है। फिल्म के अन्तिम दृश्य में फैनी 'ड्रीम प्ले' का अंश सुन रहा होता है। फेड आउट होता है।

लेव कुलेशोव, आन्द्रे बजान, रेनुआं, आइजेन्स्टाइन, पूडोवकिन आदि ने सिनेमा की भाषा पर काफी कुछ लिखा है। रूसी फिल्मकार कुलेशोव ने 1910 से 1920 के बीच मोन्टाज पर काफी कुछ लिखा। बाद में इन पांच फिल्म सचेतकों और चिन्तकों के अलावा अन्य फिल्मकारों ने भी क्लासिक सिनेमा से दर्शकों को परिचित कराने के उद्देश्य से काफी कुछ लिखा। कुछ ने आत्मकथा के रूप में तो कुछ ने सिनेमा पर अपने फिल्म अनुभव के रूप में। ब्रेसां, फेलिनी, गोदार, कुरोसावा, सत्यजीत रे, ऋत्विक घटक, बुनुएल, बर्गमैन, तारकोव्स्की, सिडनी लूमे, चिदानन्द दासगुप्ता, मृणाल सेन ने अपना श्रेष्ठ लिखा और हमसे साझा किया। फिल्म पर कई अन्य लेखकों ने भी काफी कुछ लिखा है जैसे इर्विन सिंगर, निर्मल वर्मा, कुंवर नारायण, सतीश बहादुर, आशीष राजाध्यक्ष आदि।

मेरा प्रस्ताव है कि ऊपर जिन फिल्मकारों का जिक्र हुआ उनके लेखन को आन्द्रे बजान के लेखन के साथ जोड़कर फिल्मभाषा के इतिहास और इसके

सर्वांगीण विकास पर हम एक फिल्मशास्त्र का विचार रच सकते हैं। यही फिल्मों का काव्यशास्त्र होगा जो क्लासिक सिनेमा का सौन्दर्यशास्त्र कहलायेगा। और तब हम पायेंगे कि अपने-अपने ढंग से ये सभी फिल्मकार हमें क्लासिक सिनेमा के सौन्दर्यशास्त्र की समझ सौंप गये हैं। बस इन्हें एक स्थान पर रखने की जरूरत भर है। फ्रेंच फिल्म पत्रिकाओं जैसे 'फिल्म' में छपी फिल्म समीक्षाएं भी हमारी मदद करती हैं जैसे त्रूफो की समीक्षाएं या फिर ब्रेसां के साथ त्रूफो की बातचीत। फिल्म तकनीक के विकास और फिल्म उत्कृष्टता को समझने के लिए हमें दूसरे ढंग से भी सोचना चाहिए कि क्या तकनीक के विकास के साथ फिल्मकला में भी उन्नति हुई है। जैसे दो फिल्मों को देखें। अल्फ्रेड हिच्कॉक के दिनों में हॉलीवुड की फिल्मों के बीच 1944 में फ्रिट्ज लैंग की फिल्म आयी थी 'दी वूमन इन दी विन्डो।' जाहिर है, श्वेत-श्याम थी। 2021 में इसी नाम से नेटफ्लिक्स ने बनायी 'दी वूमन इन दी विन्डो।' रंगीन। दोनों फिल्में दो अलग-अलग उपन्यासों पर आधारित हैं। दोनों अपने-अपने ढंग से प्रभावित करती हैं। लेकिन क्या प्रभाव की कोटि एक जैसी है? 1944 की फिल्म में आप जब एडवर्ड जी. रॉबिन्सन को अभिनय करते देखेंगे तो आपको अशोक कुमार की स्टाइल याद आने लगेगी जो उन्होंने अछूत कन्या, जीवननैया, जनमभूमि, इज्जत, सावित्री, प्रेम कहानी, वचन, निर्मला, कंगन, बंधन, झूला आदि फिल्मों से अलग बनायी थी। 1943 में ज्ञान मुखर्जी की फिल्म 'किस्मत' में पहली बार प्रतिनायक की भूमिका निभाने के बाद उनका गेटअप, लांगकोट, हैट और सिगरेट, सिगार या पाइप जलाने की खूबसूरत स्टाइल यहां तक कि लुक, एडवर्ड रॉबिन्सन सी दिखने लगी। उन्हीं दिनों दिलीप कुमार पॉल म्यूनी और देव आनन्द ग्रेगरी पेक की फिल्में देखकर प्रशंसा करने लगे थे, विशेषकर 1944 में प्रदर्शित दी कीज ऑफ दी किंगडम, दी वैली ऑफ डिसीजन और 1945 में आयी हिच्कॉक की स्पेलबाउंड, जिनके जरिये ग्रेगरी पेक पहली बार मशहूर हुए थे। 1944 की दी वूमन इन द विन्डो में कला अपनी उत्कृष्टता में है। इन्डोर और आउटडोर की प्रकाश व्यवस्था को हम 1957 में प्रदर्शित विस्कोन्ती की फिल्म 'ह्वाइट नाइट्स' को साथ देखते हुए सराह सकते हैं। और इन दोनों फिल्मों को देखकर 2021 की दी वूमन इन दी विन्डो में पा सकते हैं कि कला के स्तर पर क्या मिसिंग है जो एक फिल्म को क्लासिक का दर्जा देती है।

साक्षात्कार - एक

मिकेलेंजेलो ऐन्टोनियोनी (इटली, 1912-2007)

क्लासिक सिनेमा के बीस विश्व स्तरीय फिल्मकारों में से एक हैं ऐन्टोनियोनी। 29 सितम्बर, 1912 को फेरारा, इटली में जन्में ऐन्टोनियोनी ने जीवन का लम्बा समय अपनी सिनेभाषा ढूंढ़ने में गुजारा और वह उन्हें मिला। उसी भाषा में बनायी अपनी त्रयी 'ला ऐवेन्चुरा, ला नोट्टे और ला एक्लिसे' (क्रमश: 1960, 61 और 62 में बनी) के कारण उनकी ओर पूरी दुनिया का ध्यान गया और उन्हें मास्टर फिल्ममेकर कहा गया। रेड डेजर्ट (1964), ब्लोअप (1966) और आइडेन्टिफिकेशन ऑफ ए वूमन (1982) उनकी बहु उल्लेखित फिल्में हैं। 'बियॉन्ड दी क्लाउड्स' 1995 में प्रदर्शित हुई। यही उनकी अन्तिम फीचर फिल्म बनी। वे कहते थे, मैं दुनिया की कविता को दिखाना चाहता हूं जिसमें कारखाने भी सुन्दर दिख सकें। स्पेस ही मनुष्य का शाश्वत परिप्रेक्ष्य है। अस्तित्ववाद को नैतिकता के सन्दर्भ में एक नया अर्थ देना और लैंडस्केप में विजुअल आख्यान उनकी सारी फिल्मों की शैली रही है। बर्गमैन के वे अभिन्न मित्र थे। बर्गमैन को उनकी 'ला नोट्टे' और 'ला ऐवेन्चुरा' विशेष पसन्द थीं जिनका उल्लेख वे अपने साक्षात्कार में ऐन्टोनियोनी का जिक्र आते ही बार-बार करते थे। उन्होंने भी इसी समय यानी 1961, 62 और 63 में त्रयी बनायी थी- 'थ्रू ए ग्लास डार्कली, विन्टर लाइट और दी सायलेन्स।' इन्हें चेम्बर फिल्म्स कहा गया। 2007 में ऐन्टोनियोनी नहीं रहे। इसी वर्ष बर्गमैन भी नहीं रहे।

फिल्म में आप अपनी बात कह सकते हैं

भारत के अन्तर्राष्ट्रीय फिल्म समारोह में शामिल होना पहले इसलिए भी अर्थपूर्ण होता था कि वहां फिल्म विधा के गुणी लोगों से मिलने और संवाद करने का अवसर मिल जाता था। जैसे दिल्ली में 1987 में हुए इस समारोह में ब्रिटिश फिल्म निर्देशक लिंडसे ऐन्डर्सन से मुलाकात हो सकी थी। उसी तरह 1994 में जब सरकार के फिल्मोत्सव भी अन्तर्राष्ट्रीय फिल्म समारोह में बदल गये थे तो कोलकाता के नन्दन संकुल परिसर में मिकेलेंजेलो ऐन्टोनियोनी से मुलाकात हो गयी। यह पच्चीसवां अन्तर्राष्ट्रीय फिल्म समारोह था और वे पहिये वाली कुर्सी पर बैठे थे। वे रोम से नयी दिल्ली और फिर वहां से कोलकाता आये थे। इटली के इस महान फिल्म निर्देशक की उस समारोह में कोई नयी फिल्म शामिल नहीं थी। न उन्होंने उस वक्त कोई फिल्म बनायी थी। उन्हें शौक हुआ था भारत आने का और सरकारी समारोह से जुड़े कुछ गुणी लोगों जैसे अदूर गोपालकृष्णन आदि के परामर्श पर उन्हें अतिथि के तौर पर विशेष रूप से इस समारोह में आमन्त्रित किया गया था।

अचरज भरा था मेरे लिए उन्हें अचानक अपने सामने पाना, अपने बिलकुल पास पाना और अजीब था मेरे लिए उसी पल यह देखना कि परिसर में इतने लोग इधर से उधर गुजर रहे लेकिन उनकी ओर कोई मुखातिब नहीं। न फिल्म से जुड़े कलाकार, न समीक्षक, विद्यार्थी न फिल्म के गम्भीर दर्शक। या तो कोई उन्हें पहचानता नहीं था या फिर उनके वहां होने की कोई उम्मीद न थी। जनवरी की शाम थी और तारीख थी ग्यारह। उनकी कुर्सी रबीन्द्र भवन के पीछे वाले दरवाजे से नन्दन के मुख्य प्रेक्षागार की ओर बढ़ रही थी और मैं नन्दन से रबीन्द्र भवन की ओर बढ़ रहा था कि मैं उनके आगे आ गया। कुर्सी ठहर गयी। वे बैठे थे। उनकी पीठ पर एक महिला की हथेलियां थीं जो उस कुर्सी को पहिये के जरिये आगे बढ़ा रही थीं। एक कशमकश की स्थिति में हम तीनों ने एक दूसरे को एक साथ देखा। इससे पहले कि मैं आगे बढ़ता, दोनों के चेहरे पर एक आत्मीय मुस्कान फैल चुकी थी। स्वाभाविक था कि अब मैं सहज हो सकूं कि मैंने देखा अरे ये तो ऐन्टोनियोनी हैं ! एक साथ मेरे जेहन में मेरी देखी उनकी फिल्में गुजर गयीं - स्टोरी ऑफ ए लव अफेयर (1950), दी वैंक्विश्ड (1952), दी ऐड्वेन्चर (1960), दी नाइट

(1961), रेड डेजर्ट (1964), ब्लो अप (1966) और आइडेन्टिफिकेशन ऑफ ए वूमन (1982)। उन्हीं दिनों मैंने बर्गमैन का ऐन्टिोनियोनी के बारे में वक्तव्य पढ़ रखा था कि दी नाइट और ब्लो अप दुनिया की क्लासिक फिल्मों में से हैं। रेड डेजर्ट की वह किरदार भी तुरन्त दिख गयी जो पूरी फिल्म में प्रायः हरा कोट पहनी रहती है यानी मोनिका विट्टी जिसने इस किरदार को निभाया था, जिस हरे कोट के कारण फिल्म का नाम पहले रखा गया था 'स्काइब्लू ऐंड ग्रीन।'

उस पल मुझे कुछ नहीं सूझा कि मैं क्या करूं। माफी मांगू या अभिवादन करूं। मेरी हथेली में एक डायरी थी। एक सफेद पन्ना खोलकर मैंने उनकी ओर कलम के साथ बढ़ा दिया। उन दिनों मैं लखनऊ में 'स्वतंत्र भारत' अखबार के फीचर डेस्क पर काम करता था और उसी अखबार की ओर से इस समारोह में आया था। उन्होंने डायरी और कलम ली और उस सफेद पन्ने पर कुछ लिखने लगे। फिर उन्होंने डायरी मुझे वापस की तो देखा उन्होंने उस पन्ने पर अंग्रेजी के छोटे अक्षर का छोटे आकार में 'एम' लिख कर उसके बिलकुल पास बड़े अक्षर के बड़े आकार में 'ए' लिखा है। पहले मुझे यह उनका संक्षिप्त हस्ताक्षर लगा क्योंकि इतना संक्षिप्त यही देखने की आँखों को आदत थी। पढ़ा तो पाया कि नाम लिखने की यह उनकी यूनीक स्टाइल थी। वे नन्दन हॉल के अन्दर जा रहे ही थे मैं उन्हें वहीं हम समीक्षकों के लिए सामयिक तौर पर बने मीडिया सेन्टर के अन्दर ले आया जो एक कार्यालय को पन्द्रह दिनों के लिए अस्थाई तौर पर बनाया गया था। उन्हें यह अच्छा लगा। उस वक्त कोई फिल्म दिखाई नहीं जा रही थी। वे किसी एकान्त किनारे पर रहना चाह रहे थे कि उनकी उस कुर्सी की वजह से वहां की भीड़ को असुविधा न हो। और मेरा पूरा समय नन्दन के भीतर बायीं ओर बने इस मीडिया सेन्टर में ही बीतता था। साथ की महिला ने मुझे इस बीच बता दिया था कि वे सिनेमा पर बात करना चाहते हैं और बहुत पसन्द करते हैं और कि, वे अंग्रेजी समझ सकते हैं।

मैंने उनसे अपने शुरु के शब्दों में वही कहा जिसे वे अच्छी जगहों पर अच्छे लोगों के मुंह से असंख्य बार सुन चुके थे। मैंने कहा कि आपने निओरीयलिज्म और नरेटिव को रीडिफाइन (नवयथार्थवाद और कहानी कहने की शैली को पुनर्परिभाषित) किया है जिसके लिए विश्व का पूरा फिल्म जगत आपका आभारी है। वे मुस्कुरा रहे थे। फिर कुछ कहा। महिला ने बताया कि वे कह रहे कि उन्हें यह सब सुन कर बहुत अच्छा लग रहा है। उस वक्त बयासी साल के ऐन्टोनियोनी को अपने साथ बिलकुल अकेला पाना, यानी अन्य फिल्म पत्रकारों या उनके प्रशंसकों से घिरा न पाना मुझे भी बहुत अच्छा लग रहा था। हम सभी जानते हैं कि इटली

के डी सिका की फिल्मों के जरिये अन्तर्राष्ट्रीय फिल्मों की क्लासिक दुनिया में नवयथार्थवाद की तकनीकी शब्दावली प्रस्तुत की गयी थी और उसी इटली के इस बयासी वर्षीय कला पुरुष के जरिये उस विचार का पुनर्नवा प्रतिष्ठित किया जा चुका था। तो उस महिला माध्यम के जरिये हम दोनों की डेढ़ घंटे तक जो बातें हुई, उन्हीं में से मुख्य कुछ बातें यहां पर हैं, यह बताते हुए कि वे लगातार मेरा संकोच कम करते गये थे और मुझे दोस्त बनाते चले गये थे -

मैंने आपकी अद्यतन फिल्म 'आइडेन्टिफिकेशन ऑफ ए वूमन' फिल्म समारोह में ही देखी है। और यह अद्यतन भी अब पुराना पड़ चुका है क्योंकि यह 1982 की बात है और फिल्म 1983 के दिल्ली फिल्म समारोह में मुख्य सिनेमा खण्ड के अन्तर्गत दिखायी गयी थी। तो क्या अब आपने सचमुच फिल्म बनाना बन्द कर दिया है या हमें इसकी खबर नहीं?

फिल्म शूट कर रहा हूं नयी। यह उसके बाद है। बारह साल के अन्तराल के बाद। फिल्म का नाम सोचा जा चुका है 'बियॉन्ड दी क्लाउड्स।' अगर आप सुनना चाहें तो उसकी थीम बता सकता हूं।

क्यों नहीं, यही तो सुनना चाहता हूं, बल्कि सिर्फ आपको ही तो सुनते रहना चाहता हूं। मेरे लिए सौभाग्य की बात है...

एक फिल्म निर्देशक अपनी यात्रा के दौरान चार प्रेम कहानियों से गुजरता है। अलग-अलग चार प्रेम घटनाओं से। और नरेट करता है। यही थीम है। उसकी दृष्टि से इन रोमान्टिक प्रेम कहानियों को देखा गया है। शूट पूरी हो चुकी है। अगले साल तक हम देख सकेंगे।

मुझे 1971 में प्रदर्शित ब्रेसां की 'फोर नाइट्स ऑफ ए ड्रीमर' फिल्म की याद आ गयी। इससे पहले कि मैं कुछ कहता, ...

आप ब्रेसां के बारे में कुछ सोच रहे?

मैं हैरान था। मैंने कहा,

नहीं, मैं पूछने जा रहा था कि फिल्म निर्देशक की भूमिका किसने निभायी है ...

जॉन माल्कोविच ने। आपको मेरे कलाकार कैसे लगते हैं?

मैं अचानक सभी कलाकारों के नाम भूल गया। फिर टटोल के कह सका,

ब्लोअप के डेविड हेमिंग्स (2003 में वे गुजर गये) और रेड डेजर्ट की मोनिका विट्टी अभि ताक याद है। क्या रेड डेजर्ट आपकी कहानी है?

नहीं। मैंने और टोनिनो गुएरा ने मिलकर लिखी है पूरी पटकथा।

टोनिनो को जानता था तारकोव्स्की के सन्दर्भ में क्योंकि वे दोनों दोस्त थे, तारकोव्स्की रूस छोड़ने के बाद टोनिनो के पास ही आकर इटली में ठहरे थे और दोनों ने मिलकर 1983 में प्रदर्शित फिल्म 'नॉस्टैल्जिया' लिखी थी। इटली में ही शूट हुई थी। बर्गमैन के सिनेमैटोग्राफर स्वेन निक्विस्ट और कलाकार अर्लैन्ड जोसेफसन के साथ। मुझे खामोश देख वे बोले,

बियॉन्ड दी क्लाउड्स के लैन्डस्केप आपको अच्छे लगेंगे। मैंने और विम वेन्डर्स ने मिलकर फिल्म बनायी है।

आपने ला ऐवेन्चुरा यानी दी ऐड्वेन्चर ऐसी स्थिति में बनायी थी जब फिल्म बनाने के लिए आपके पास कुछ नहीं था यानी मुख्य रूप से आर्थिक ...

अगर आपके पास कहने के लिए कुछ है तो आप अपना वह सब कुछ फिल्म के जरिये ही कह सकते हैं। बशर्ते कि कहने के लिए आपके पास अपना कुछ हो। फिल्म के जरिये ही अपनी बात कही जा सकती है। और तब और कुछ भी भौतिक सुविधा या संसाधन मायने नहीं रखती। सचमुच ऐसी स्थिति थी कि मैं फिल्म न बना सकूं। लेकिन कहने की तीव्रता बहुत तीव्र थी। यह 1959, 60 की बात है। कन्टेन्ट में ही प्रभाव भी होता है और उस सब कुछ की सम्भावना भी जिसे आप अपने लिए जीवन में ढूंढ़ते हैं, यानी जिसे आप आध्यात्मिक तलाश कहते हैं। वह बात ही रास्ता होती है। वही बात रास्ता बनाती है।

साक्षात्कार - दो

क्रिस्टॅफ किस्लोव्स्की (पोलैंड, 1941-1996)

27 जून, 1941 को वारसॉ में जन्में क्रिस्टॅफ किस्लोव्स्की ने शुरु में तथ्यचित्र बनाये। वर्कर्स' 71, स्टेशन और टॉकिंग हेड्स आज भी बार-बार देखे जाते हैं। आप कौन हैं और आप सबसे ज्यादा क्या चाहते हैं? 'टॉकिंग हेड्स' में सिर्फ ये दो प्रश्न चार साल के बच्चे से लेकर नब्बे साल तक के वृद्ध तक से पूछे जाते हैं। पोलैंड जैसे कम्युनिस्ट देश में इन दो प्रश्नों के उत्तर इतने रोचक ढंग से आते हैं कि वृत्तचित्र दर्शक को बार-बार नये सिरे से सोचने पर मजबूर कर देता है। 1975 से 1988 के बीच उन्होंने कैमरा बफ, ब्लाइंड चांस और नो एंड बनाकर दुनिया में अपनी उपस्थिति दर्ज करायी लेकिन उन्हें महान फिल्मकार का दर्जा मिला, जब उन्होंने पोलिश टेलीविजन के लिए दो छोटी फिल्में बनायीं। ये थीं ए शॉर्ट फिल्म अबाउट लव और ए शॉर्ट फिल्म अबाउट किलिंग। पोलैंड के दर्शकों ने इन्हें इतना सराहा कि उन्हें इसी श्रृंखला में आठ फिल्में और बनानी पड़ीं। ये दसों फिल्में बाइबिल के टेन कमान्डमेन्ट्स पर आधारित हैं। इस श्रृंखला को नाम दिया गया 'डेकालॉग।' इसी से वे प्रसिद्ध हुए। किस्लोव्स्की ने एक और बनायी 'थ्री कलर्स-ब्लू, वह्इट और रेड। ये उनके अन्तिम दिनों की फिल्में हैं। 1994 के कोलकाता फिल्म समारोह में थ्री कलर्स ब्लू उद्घाटन फिल्म के रूप में दिखाई गयी। मेरी मुलाकात उनसे टोरन्टो में 1991 में हुई। थ्री कलर्स से पहले उन्होंने एक और महत्त्व की फिल्म बनायी थी 'दी डबल लाइफ ऑफ वेरोनीका।' इसे उनकी सभी फिल्मों के साथ अध्ययन के लिए देखा जा सकता है। यह फिल्म 1990 में बनी थी और 1991 के टोरन्टो फिल्म समारोह में दिखायी जा रही थी। 2002 में हिन्दी में बनी फिल्म 'एक छोटी सी लव स्टोरी' ए शॉर्ट फिल्म अबाउट लव की ही आद्यन्त नकल है।

13 मार्च 1996 को वे नहीं रहे। जनवरी 1997 के त्रिवेन्द्रम फिल्म समारोह में स्मृति खंड के अन्तर्गत उनकी फिल्में दिखाई गयीं। इसमें उन पर बनी फिल्म 'आय ऐम सो ऐंड सो' भी दिखायी गयी।

दुःख दृश्य से अधिक गहरा होता है

इन दिनो आप कैसा महसूस कर रहे?

स्वास्थ्य के स्तर पर थोड़ा बेहतर हूं और अपने निराशावादी विचारों पर भी कायम हूं। लोग न जाने कब मुझे आशावादी मानना बन्द करेंगे। जानुसी (उन्हीं के समकालीन पोलिश फिल्मकार क्रिस्टॅफ जानुसी) भी मुझे आशावादी ही समझते हैं। आपने कल मेरी नयी फिल्म 'डबल लाइफ ऑफ वेरोनीक' देखी। क्या कहेंगे?

जीवन को लेकर बहुत आशान्वित (वे परेशान हो उठते हैं। सर्द मौसम में भी चेहरे पर पसीने की बूंदे झलक उठती हैं) मैं सिर्फ आपके डेकालॉग पर अभी बात करने के योग्य हो सका हूं ...

कैमरा बफ या ब्लाइंड चान्स को लेकर नहीं? डेकालॉग पर काफी कुछ लिखा या कहा जा चुका है। थ्री कलर्स पर काम कर रहा हूँ अभी।

आपने बर्गमैन और तारकोव्स्की से अलग जॉन्रा प्रतिष्ठित किया है अपनी दसो फिल्मों में, डेकालॉग में। तो उन पर इस दृष्टि से बात हो सकती है जो अभी तक नहीं हुई, यदि आप चाहें तो

कल आप देखेंगे हम बर्गमैन के स्क्रीनप्ले पर ऐक्टर्स को मास्टर क्लास में एक्सप्रेशन और ऐटिट्यूड बताएंगे।

यानी तारकोव्स्की की तरह आप भी बर्गमैन से प्रेरित हैं?

कौन नहीं होगा? वे ग्रेट मास्टर थे। हमें सिखाते हैं। उनकी शैली बस नहीं है डेकालॉग में। अगर आप गौर करें तो देख सकते हैं कि दसों स्क्रीनप्ले में उनकी लेखन शैली की गरिमा है। उनके लेखन को आदर्श मानकर मेरे मित्र ने डेकालॉग की पटकथाएं लिखीं। बस शॉट लेने का ढंग और बात कहने का ढंग अलग-अलग हो सकता है।

बिलकुल है। कहीं भी बर्गमैन का प्रभाव नहीं।

क्यों हो? यदि आपको अपनी बात कहनी हो या आप के पास कहने के लिए अपना कुछ हो तभी तो फिल्म बना रहे? एक और बर्गमैन सी फिल्म तो बना नहीं सकते !

यही बात तारकोव्स्की भी कहते थे। क्या आप फिल्म रचना के हर स्तर पर ऑस्टैरिटी निभाते हैं?

बिलकुल। छोटी से छोटी बातों को लेकर भी। यदि चरित्र गहरे दुःख में डूबी हुई है और उसके आगे सामने घट रहे सारे दृश्यों का कोई मतलब नहीं, उनका अस्तित्व ही नहीं और वह कॉफी पी रही तो उसकी कप में एक शुगरक्यूब का घुलना भी इतना धीरे होगा कि दर्शक सफेद शुगरक्यूब को कॉफी के रंग में बदलता देख सकेंगे और यह महसूस कर सकेंगे कि दुःख ने चरित्र को कहीं एक जगह पर ला कर केन्द्रित कर दिया है। इस छोटे से दृश्य को भी फिल्माने के लिए कई दिन तक शॉट सोचे जा सकते हैं क्योंकि दुःख दृश्य से अधिक गहरा है। दुःख हमें गहरा बनाता है। ज्ञान नहीं। प्रेम नहीं।

(यह दृश्य बाद में हम सभी ने उनकी फिल्म थ्री कलर्स ब्लू में देखा और दर्शकों को आज तक यह दृश्य सबसे अधिक महत्त्व और गहराई से याद है। बातचीत अलग-अलग ढंग से कई विषयों पर हुई विशेषकर जीवन पर लेकिन विषय से अधिक वे सिगरेट पीते रहे थे।)

थियो ऐन्जेलोपॉलोस (ग्रीस, 1935-2012)

27 अप्रैल, 1935 को एथेन्स में जन्में थियोडोर ऐन्जेलोपॉलोस से मिलना 2009 में मुम्बई में हुआ जब वे गोवा के फिल्म समारोह में आये। यह 25 नवम्बर की बात है। इससे पहले भी वे भारत आये थे जब उनसे कोलकाता के फिल्म समारोह के लिए सत्यजीत रे ने जूरी बनने की पेशकश की थी। हालांकि वे आ नहीं पाये जिसका उन्हें जीवन भर अफसोस रहा। यह बात 1990 की है। 1990 के कोलकाता फिल्म समारोह की उद्घाटन फिल्म उन्हीं की थी 'लैंडस्केप इन द मिस्टा।' इस फिल्म से प्रभावित होकर बाद में मैंने उनकी पांच और फिल्में देखी थी, 'दी बीकीपर (1986), दी सस्पेन्डेड स्टेप ऑफ दी स्टॉर्क (1991), यूलिसिस गेज (1995, जो त्रिवेन्द्रम फिल्म समारोह में 1996 में दिखाई गयी), ईटर्निटी ऐंड ए डे (1998) और दी वीपिंग मीडो (2004)। दी वीपिंग मीडो उनकी त्रयी की पहली फिल्म है। अन्य दो फिल्में हैं- दी डस्ट ऑफ टाइम और दी अदर सी। गोवा में दी डस्ट ऑफ टाइम दिखायी गयी और बातचीत में 'दी अदर सी' पर विस्तृत चर्चा हुई। उस समय तक इस फिल्म का पोस्ट प्रोडक्शन हो रहा था। 2012 में वे नहीं रहे। लांग टेक उनकी विशेष शैली रही है। लांग टेक यानी देर तक लिया गया कोई शॉट। या फिल्म में देर तक चले एक ही शॉट के बाद आया कट। ऐसा हम पहली बार तारकोव्स्की की फिल्मों में देखते हैं जैसे उनकी दूसरी फिल्म आन्द्रे रूब्लेव। उनके इस प्रयोग से ही देर तक लिये गये टेक यानी लांग टेक ने दुनिया में अपनी ओर ध्यान खींचा था। जैसे अधिक क्लोज अप का प्रयोग पहली बार इंगमार बर्गमैन ने किया था जो उनकी पहचान बनी। उसी तरह तारकोव्स्की ने लांग टेक और लांग शॉट को अपनी फिल्मों का हस्ताक्षर बनाया। इसे ही ऑत्योर थियोरी के अन्तर्गत पढ़ाया जाता है। फिल्मकार का ऑथर होना यही है। 1962 में बनी मिखाइल कैकोयानिस की फिल्म 'इलेक्ट्रा' इसी शैली में बनी एक और उदाहरण है। थियो ने इसे अपनी मुख्य शैली बनाया। उनकी फिल्म प्रविधि को सुगमता से समझने के लिए इन दो फिल्मों 'आन्द्रे रूब्लेव' और 'इलेक्ट्रा' को पहले देख लेना जरूरी है।

फिल्मकला में उपन्यास के अर्थ बदलते हैं

क्या निर्देशन के दौरान निर्देशक एक अभिनेता भी होता है?

बिलकुल। मैं यह पसन्द नहीं करता कि अभिनेता मेरी अनुकृति करे। इसीलिए मैं गैर पेशेवर कलाकार लेना पसन्द करता हूं। स्वयं अभिनय कर मैं अभिनेता को सिर्फ सुझाव देता हूं कि वह चरित्र की स्थिति और मूड को समझे। मास्ट्रोआनी ने एक बार मुझसे कहा था कि मैं एक बच्चा हूं और आप मेरे अभिभावक। आप मुझे कहानियां सुनाते हैं। यदि आप जानते हैं कि कहानी कैसे सुनायें तो मैं आपके खेल को खेलूंगा। सत्यजीत रे स्वयं अभिनय करके दिखाते थे, आपने देखा ही है।

लैंडस्केप इन द मिस्ट से मैं आपकी ओर आकर्षित हुआ। इस फिल्म की थीम है खोज। खोज और यात्रा विश्व साहित्य के प्रधान तत्व हैं। क्या आपने साहित्य के स्वभाव को ही नहीं दोहराया जिस कारण फिल्म को दूसरा साहित्य कहते हैं?

हां, लेकिन फिल्मकला में इनके अर्थ बदल जाते हैं। उपन्यास में खोज और यात्रा ये दो तत्व अनिवार्य रूप में आते ही रहे हैं। लेखक की कल्पना वहां पर यात्रा है। फिल्म में इमेज की यात्रा है। एक इमेज से दूसरी इमेज तक की यात्रा। फिल्मकार इमेज में ही सोचता है। उसकी कल्पना यदि फिल्मइमेज के पास नहीं है, शब्द के पास है तो फिर स्क्रीनप्ले उपन्यास है। उपन्यास के फिल्म में अन्तरण के समय भी हमें इसी का ध्यान रखना पड़ता है।

फिल्म में समुद्र से उठती विशाल हथेली की इमेज बुनुएल की सररियल इमेज की याद दिलाती है यद्यपि यह बिलकुल अलग इमेज है। क्या पटकथा लेखन के दौरान ही यह इमेज थी?

हां। लेनिन को मुझे इसी ढंग से दिखाना था, लेनिन के जरिये साम्यवाद के विघटन को। अब तक फिल्मों में इस घटना को जिस तरह चित्रित करने की परम्परा रही है, यह उससे भिन्न है। मैं एक भिन्न इमेज चाहता

था जो उसी बात को बिलकुल नये रूप में प्रस्तुत कर सके। आप ग्रीस की राजनीतिक व्यवस्था और मेरे राजनैतिक विचार से अच्छी तरह परिचित हैं। आपने मेरी फिल्मों में कई राजनैतिक प्रवृत्तियों को नोटिस किया है।

ईटर्निटी ऐंड ए डे मेरी दूसरी प्रिय फिल्म है और उसके बाद दी सस्पेंडेड स्टेप। लोकेशन और एक्शन की दृष्टि से यह फिल्म इलेक्ट्रा से काफी आगे है। आपकी राजनीतिक दृष्टि को उपयुक्त इमेज मिले हैं। नदी के पास प्रतिकूल परिस्थिति में हुई शादी के लांग टेक और रेलवे लाइन पर आम आदमी को लटकाये जाने की इमेज प्रशंसनीय हैं। शादी में दोनों तरफ से आये लोगों को नदी की दो ओर पर दिखाना और एक दूसरे की ओर बढ़ना, बीच में नदी को विभाजन के प्रतीक के रूप में दिखाते हुए आम जनता को असहाय दिखाना अद्भुत है। यहां कई लांग टेक हैं। क्या आपने शूट पर ही कलाकारों को निर्देश दिये थे? इन्हें फिल्माने में सिनेमैटोग्राफर जॉर्जस अर्वानितिस को दिक्कत हुई होगी ...

हां, काफी दिक्कत थी। प्रोडक्शन ने पहले दोनों समुदायों को नदी की दोनों ओर रखा और सभी कलाकार मेरे सुझाव को सुनते जा रहे थे और वैसा ही करते जा रहे थे लेकिन बाद में यह प्लास्टिक लगने लगा तो फिर हमने इसे स्वाभाविक बनाने के लिए कई रीटेक लिये। शूट को जब हमने बाद में मॉनिटर पर देखा तो यह और अस्वाभाविक लगा। अगली सुबह हम फिर पहले की तरह शूट पर गये तो कोहरे ने हमें घेर लिया। दो हफ्ते इंतजार के बाद हमें वांछित परिणाम मिला। जॉर्जस को हमसे अधिक परेशानी का सामना करना पड़ता था। 1990-91 में आज जैसे कैमरे नहीं होते थे। कई घंटे लग जाते थे कैमरा को इस पार से उस पार करने में, और साम्यवादी कारणों से हम दो कैमरा ले नहीं सकते थे। साम्यवाद हमें सिखाता है कि कितनी चीजों के बगैर हम रह सकते हैं।

अमेरिकी और यूरोपीय सिनेमा का कितना प्रभाव आपके युवा दिनों में ग्रीस पर पड़ा था और आप किनसे प्रेरित हो रहे थे?

1944 के बाद का अमेरिकी सिनेमा ग्रीस में सिनेमा का प्रथम परिचय था। हमने उन दिनों यूरोपीय सिनेमा में सिर्फ ऐन्टोनियोनी, फेलिनी और विस्कोन्ती की फ़िल्में देखी थी और इनका सिनेमा फ्रेंच सिनेमा से प्रभावित है। फ्रेंच सिनेमा और अमेरिकी सिनेमा पूरी दुनिया को अपनी आगोश में लेता जा रहा था। यह 40, 50 और 60 का दशक था। हर

कोई इन्हीं जैसा फिल्म प्रभाव चाहता था विशेषकर प्रोड्यूसर। जबकि छोटे देश, और बड़े देश भी, अपनी पहचान और अपने अस्तित्व को लेकर चिन्तित थे जैसे आपके सत्यजीत रे। जैसे ईरान के फिल्मकार, या पोलैन्ड के फिल्मकार। और तभी नयी सेन्सेबिलिटी आयी भी। ग्रीस की कहानी भी यही है। यहां सिनेमा अपनी पहचान बनाने चला लेकिन साम्यवादी विचारधारा के साथ, जैसे किस्लोव्स्की की फिल्मों में हम देखते हैं। मुझे ऐन्टोनियोनी, फेलिनी और विस्कोन्ती अधिक प्रभावित करते थे। फिर मैं सत्यजीत रे की ओर मुड़ा। धीरे-धीरे हॉलीवुड की फिल्में छूटती चली गयीं।

आपकी फिल्मों में मुख्य रूप से कोहरा, बारिश, ठंड, बर्फ और मद्धिम रोशनी दिखती है। क्या ग्रीस का सूरज आपको पसन्द नहीं?

ग्रीस के सूरज में यानी इतनी रोशनी में मैंने कुछ ही फिल्में बनायी हैं जैसे 1983 में बनायी वृत्तचित्र दी डेज ऑफ '36, दरअसल मुझे अधिक उपलब्ध रोशनी पसन्द नहीं।

'ईटर्निटी ऐंण्ड ए डे' (1998), आपने कल रात इसके बारे में बताया था, इसकी कहानी, थीम, विचार और इसको प्रस्तुत करने की आपकी शैली के बारे में। लेकिन मुझे बहुत कुछ रिजेम्बल करता सा दिखा। जैसे कवि ऐलेग्जेन्डर एक छोटे बच्चे को एक दूसरे कवि के बारे में बता रहा है (सैक्रिफाइस का प्रथम दृश्य), एक कवि एक दूसरे देश से आ रहा है और अपने देश लौट जाना चाह रहा है (नॉस्टैल्जिया की मुख्य थीम, उल्लेखनीय है कि ईटर्निटी और नॉस्टैल्जिया दोनों की स्क्रीन राइटिंग इटली में तब रह रहे कवि टोनिनो गुयेरा ने की है), कवि अपनी मां से अस्पताल में मिलने जाता है (डेकालॉग टू), कवि अपनी बेटी को उसकी मृत मां की चिट्ठी पढ़ने को देता है (डेकालॉग फोर), अस्पताल में मां से मिलने वाले दृश्य के बाद बाहर समुद्र की ओर तेज आंधी चलती है, सभी बच्चे बुजुर्ग को बचाने भागते हैं (रैप्सोडी इन अगस्त, 1991) आदि। क्या आपको नहीं लगता कि अस्पताल के कमरे में मां बेटे से मिलने के दृश्य की खामोशी अचानक बाहर डिनर की पुकार, तेज धूप, तेज चली आंधी और मृत पत्नी को चूमने के दृश्यों से नष्ट हो जाती है?

रिजेम्बल होना संयोग है क्योंकि हम सभी एक दूसरे से लेते हैं। ऐसा बर्गमैन ने भी एक इंटव्र्यू में कहा है। जहां तक खामोशी की बात है, वह तूफान से पहले की खामोशी है जिसे उस रूप में यानी अस्पताल के

कमरे में दिखाया गया है। हां, आप इसके कलात्मक प्रभाव के नष्ट हो जाने पर सोच सकते हैं, सोच भी रहे हैं लेकिन वहां उस दृश्य में मुख्य बात थी तूफान के दृश्य को दिखाना और उसके पहले की खामोशी को उस रूप में दिखाना। कोई और निर्देशक इसे किसी और शैली में दिखाने की स्वतंत्रता रखता है। गोवा में मुझे सम्मानित करने से पहले हम दोनों ने जो फिल्म साथ देखी थी, तब भी मैं यही बात कह रहा था। आप सहमत हुए थे। मेरी यूलिसिस में आपको खामोशी दूसरे ढंग से दिखायी मिलेगी। सिर्फ खामोश होना महत्त्वपूर्ण नहीं है।

साक्षात्कार - चार

लिव उल्मैन (नॉर्वे, 1938)

83 वर्षीया लिव उल्मैन का जन्म 16 दिसम्बर, 1938 को टोकियो में हुआ था। लेकिन माता-पिता के साथ उनकी नागरिकता नॉर्वे की है। 26 साल की थी जब वे अपनी मित्र बीबी आन्द्रेसा के साथ इंगमार बर्गमैन से स्वीडन के एक रास्ते में मिलीं और फिर उनके साथ फिल्म करने का सिलसिला शुरु हो गया। उन्होंने बर्गमैन के साथ कुल 11 फिल्में कीं। 1966 में उन्होंने बर्गमैन के साथ पहली फिल्म की 'पर्सोना' और 2003 में उनके साथ अन्तिम फिल्म की 'साराबैंड।' शूटिंग के दौरान 2003 में उनकी उम्र 64 थी। लिव की ख्याति बर्गमैन की फिल्मों में उनके अविस्मरणीय अभिनय के कारण ही दुनिया भर में हुई और उन्हें उनके समय की उत्कृष्ट कलाकार माना गया। वे बर्गमैन की पत्नी भी रही हैं। उनकी पहली फिल्म 'फूल्स इन द माउन्टेन्स' 1957 में प्रदर्शित हुई थी, जिसमें उन्हें क्रेडिट नहीं दिया गया था। नॉर्वे की इस फिल्म के आरम्भिक दृश्य में वे कुछ देर के लिए दिखती हैं। 2012 में उन्होंने अन्तिम फिल्म की 'टू लाइव्जा।' 1992 से 2014 तक उन्होंने पांच फिल्मों का निर्देशन भी किया। इनमें फेथलेस (2000) की विशेष चर्चा हुई। अनूठे ढंग से अभिनीत उनकी फिल्मों में प्रमुख हैं, पर्सोना, आवर ऑफ दी वूल्फ, शेम, क्राइज एंड विस्पर्स, ऑटम सोनाटा, फेस टू फेस और सीन्स फ्रॉम ए मैरेज। लिव की बेटी लिन लेखिका हैं। लिव ने तीन किताबें भी लिखीं हैं, चेन्जिंग, चैएसेस और वांडलुंगेन।

सम्प्रति गोवा में होने वाला भारत का अन्तर्राष्ट्रीय फिल्म समारोह 2003 तक नयी दिल्ली में 10 से 19 अक्टूबर तक हुआ करता था। और उससे पहले 10 से 20 जनवरी तक। यह सुखद संयोग है कि नयी दिल्ली में हुए इस अन्तिम (34वें) फिल्म समारोह में 14 अक्टूबर की शाम सिरीफोर्ट ऑडिटोरियम में लाइफ टाइम अचीवमेन्ट अवार्ड लिव को दिया गया। बुद्धदेव दासगुप्ता, मणि रत्नम और शेखर कपूर की जूरी ने यह अवार्ड उन्हें शत्रुघ्न सिन्हा के हाथों से प्रदान किया। शबाना आजमी ने कहा कि जैसे रील के बिना फिल्म की कल्पना नहीं की जा सकती

वैसे ही लिव के बिना सिनेमा की कल्पना नहीं की जा सकती। 17 अक्टूबर को वे आगरा ताजमहल देखने गयीं। वे इससे पहले भी भारत आ चुकी हैं, एक सामाजिक कार्यकत्री की तरह। 16 अक्टूबर को एक संगोष्ठी होटल ताज में शाम 6:30 से रखी गयी थी जिसमें वे मुख्य वक्ता थीं। हमारी बातचीत देर तक इसी संगोष्ठी से पहले और डिनर के बाद हुई। पिछली शाम 1997 में उन पर बनी फिल्म 'लिव उल्मैन : सीन्स फ्रॉम ए लाइफ' दिखायी गयी जिसका निर्देशन एडवर्ड हैम्ब्रो ने किया है। 2003 में मैं राष्ट्रीय सहारा में कार्यरत था। संगोष्ठी से पहले दो घंटे के लिए हम होटल ताज में साथ थे। बातचीत में साथ-साथ...

'इन्ट्यूशन ही मेरी शक्ति है'

मुझे खुशी है कि आप निश्चिन्त हैं कि मैं यह बातचीत अखबार के उन फिल्म पत्रकारों की तरह नहीं करने जा रहा जिनसे आप पिछले दो दिनों से मिल रहीं ...

बिलकुल नहीं। पहली बात तो यह कि कल आपसे परिचय कराते हुए कुमार शहानी ने आपके बारे में बता दिया था, वे अभी इस संगोष्ठी में आने वाले हैं, और फिर इन्ट्यूशन से लग गया कि आप फिल्मों में उसी तरह गहन रूप से हैं जैसे कि मैं।

अपनी कार्यशैली का मुख्य श्रेय बर्गमैन भी इन्ट्यूशन को देते थे ...

उसी के बूते वे फिल्में बनाते गये। वही उनकी शक्ति है। मुझे भी लगा है कि थॉट की तुलना में इन्ट्यूशन मनुष्य की प्रथम, अन्तिम और आश्वस्त शक्ति है। उनके सम्पर्क में रहकर ही मेरा ध्यान अपनी इस गिफ्ट की ओर गया। सोचने में जो समय निहित है, वह असुरक्षित करता है जबकि इन्ट्यूशन या अन्तर्दृष्टि हमें सुरक्षित रखती है, रचना और जीवन दोनों स्तरों पर। यूनेस्को की ओर से सामाजिक काम के सिलसिले में एक बार मैं कोलकाता से गुजर रही थी। एक रात मैं और एक श्रमजीवी गरीब महिला एक ही कम्बल में सोयी थीं। कोलकाता की रात थी। उस रात ही मैं एक कम्बल में सोयी दो औरतों को थर्ड पर्सन की ओर से देख पाने में समर्थ हो सकी थी। यह अन्तर्दृष्टि के कारण ही था।

और यह उस वक्त सबसे ज्यादा काम आता होगा जब आप अकेले कैमरे के आगे होती हैं और लेंस को देखती हैं...

मैं समझ गयी आप 'आवर ऑफ द वूल्फ' के प्रथम दृश्य की बात कर रहे हैं। यह मेरी दूसरी फिल्म थी इंगमार के साथ। मैं गर्भवती थी और इंगमार

से अलग हो गयी थी। अलग होने के बावजूद उनकी शिक्षा मेरे साथ थी। या कहें, वे किसी न किसी रूप में हमेशा मेरे साथ रहे हैं। उन्होंने कहा था, हम कलाकार के रूप में तो फिल्म साथ कर ही सकते हैं। उन्होंने कहा था, आपको स्टोरी नरेट करती है लेंस को। बस, पहली फिल्म में मैंने सिर्फ एक शब्द कहा था। और यह दूसरी फिल्म मेरे बहुत सारे शब्दों से ही शुरु होती थी। तो मैं नर्वस हो सकती थी। शॉट देने के बाद ध्यान गया कि मैं नर्वस क्यों नहीं हुई। क्या बहुत सारी फिल्में और रंगमंच कर लेने के कारण, क्या डॉल्स हाउस के कारण जिसमें मैं काफी कॉन्फिडेन्ट मानी गयी थी या इंगमार के कारण? इंगमार ने ही बताया इन्ट्यूशन के कारण यह हमें शक्ति भी देता है और सेफ भी रखता है। सिर्फ इसी की बात सुननी चाहिए। हालांकि पर्सोना के दिनों में मैं, बीबी और इंगमार अक्सर ही इस विषय पर देर तक बातें किया करते थे। अक्सर ही इसी विषय पर मौन रहा करते थे।

अभी-अभी आपने स्वीडन के टेलीविजन के लिए 'साराबैंड' पूरी की। यह भी इंगमार के साथ है। यह 'सीन्स फ्रॉम ए मैरेज' के आगे की कहानी है?

जी। यह 1973 में बनी 'सीन्स फ्रॉम ए मैरेज' का सीक्वेल है। इसमें तीस साल बाद मारिआने अपने बीते दिनों को याद करती है और अपने पूर्व पति जोहान के घर जाती है। यह इंगमार की अन्तिम फिल्म है जिसे उन्होंने ब्रूनो प्रियानी के साथ मिलकर लिखा है। इंगमार एक लम्बे समय से फॉरो द्वीप में रह रहे हैं जहां मैं एक बार उनसे मिलने गयी थी। शूटिंग के सिलसिले में जैसे पर्सोना के समय, मैं वहां कई बार जा चुकी हूं। शादी के बाद तो मैं साथ ही वहां रही हूं। लेकिन अलग होने के बाद मैं वहां एक बार गयी और उस घर को करीब से फिर से देखा, जहां अब उनकी पत्नी रह रहीं थीं। उन्होंने घर का वह सब कुछ भी नहीं बदला था जिसे मैंने डिजाइन किया था जैसे दरवाजे और खिड़कियों के पर्दे। मुझे खुशी हुई थी। लौटकर मैंने अपनी किताब लिखी 'चेन्जिंग।' फिल्म में भी मारिआने जोहान के घर जाती है तीस साल बाद। 1973 में मैंने और अर्लैन्ड जोसेफ्सन ने फिल्म 'सीन्स फ्रॉम ए मैरेज' में पति-पत्नी की भूमिका निभाई थी। और अब इस फिल्म में हम दोनों दोबारा मिल रहे हैं। जीवन में तो मिलते ही रहते हैं हम दोनों। हम बहुत अच्छे मित्र हैं। लेकिन इस सीक्वेल में हम बहुत सालों बाद मिल रहे हैं, जब मैं उनके घर जाती हूं, तब तक दोनों वृद्ध हो चुके हैं। 109 मिनट की यह फिल्म स्वीडन

सहित कई देशों के कोलाबोरेशन से बनी है स्वीडन के टेलीविजन के लिए लेकिन अब यह दो घंटे की फिल्म के रूप में कई देशों के सिनेमा में दिखाई जा रही है। फिल्म में मैं कुछ अधिक उम्र की दिखूंगी आपको।

अभी-अभी आपकी निर्देशित फिल्म हमने देखी 'फेथलेस' जो आपने तीन साल पहले बनायी है। इसे इंगमार ने लिखा है और इसकी नायिका का नाम भी मारिआने वोग्लर है जो एक फिल्म अभिनेत्री का चरित्र निभा रही हैं, जैसे आपने पर्सोना में ऐलिजाबेथ वोग्लर का चरित्र निभाया था जो एक रंगमंच अभिनेत्री है। इस फिल्म में भी अर्लैन्ड जोसेफ्सन मुख्य भूमिका में हैं।

फिल्म में एक चरित्र है वृद्ध फिल्म निर्देशक का जो कल्पना में अपनी युवा फिल्म नायिका को इन्टरव्यू करता है। यह है फिल्म की इनीशियल लाइन। फिल्म देखते ही लोग समझ जाते हैं कि यह निर्देशक और कोई नहीं स्वयं इंगमार हैं। चरित्र का नाम भी बर्गमैन है। हालांकि मैने इंगमार से कह रखा था कि वे शूट पर कभी नहीं आयेंगे फिर भी एक दिन आ ही गये।

लीना एन्द्रे ने नायिका की भूमिका निभाई है जिसे इन्टरव्यू करते हैं अर्लैन्ड। फिल्म को देखते हुए बर्गमैन की फिल्मों-सी फील आती है, चाहे वह आउटडोर लोकेशन हो या फिर इन्डोर के रंग और कॉस्ट्यूम जैसे क्राइज ऐंन्ड विस्पर्स के लाल, सफेद और काला। अर्लैन्ड युवा नायिका से बात करते हुए एकदम 'आफ्टर दी रिहर्सल' की तरह दिखते हैं। एक दृश्य में तो लगता है मानो सचमुच इंगमार बैठ कर बात कर रहे हैं जब अर्लैन्ड घर की खिड़की की मुंडेर पर आराम से पैर फैलाकर नायिका से बात कर रहे हैं। फॉरो में उनके घर की खिड़की का चित्र उभर आता है।

बिलकुल सही कह रहे हैं आप। दरअसल मुझे देखते ही या मेरे काम को देखते ही लोगों की चेतना में इंगमार स्वाभाविक रूप से आ जाते हैं। फिल्म की पटकथा में ही वे हैं इसलिए उनकी अदृश्य उपस्थिति अनिवार्य रूप से फील हो जाती है। हालांकि मैंने कोशिश की है कि फिल्म में उनसे अलग मेरी उपस्थिति दिखे जैसे पति-पत्नी के अंतरंग दृश्यों में।

यहां तक कि मां-बेटी के दृश्य के साथ जब फ्रॉक पहनी बच्ची को दिखाया जाता है तो ऑटम सोनाटा के आपके बचपन का दृश्य दिख जाता है।

इसलिए कि सभी की तरह आपकी चेतना में भी उनके फिल्मों के दृश्य अमिट रूप से अंकित हो चुके हैं। आप सभी मेरी तरह इंगमार को प्यार करते हैं। अब मैं आपको ऐसे दृश्यों की पूरी एक लिस्ट दे सकती हूं जिनमें मेरी मौलिकता है। जैसे आँखें बन्द किये पति के कंधे पर सिर रखकर

आँखें खोलकर पत्नी का देर तक सोचना, चिन्तित होना। फॉरो के जिस दृश्य का आपने जिक्र किया, उससे जुड़ा एक मजेदार वाकया है, लेकिन उससे पहले बता दें कि 1996 में जब मैं अपनी फिल्म प्राइवेट कन्फेशन की एडिटिंग कर रही थी उसी समय इंगमार ने 'फेथलेस' डायरेक्ट करने का प्रस्ताव रखा था और मैंने कहा था कि आप बीच में नहीं आयेंगे, यह मेरी फिल्म होगी। फॉरो में अक्सर ही इंगमार अपनी खिड़की के पास बैठ कर समुद्र के किनारे को देखते हैं और वहां यानी बीच पर टहलते हैं। मैंने यह दृश्य अर्लैन्ड से कराया था। क्योंकि वे बर्गमैन का रोल कर रहे थे। इंगमार ने देखा तो कहा यह दृश्य हटा दो। यह मेरी व्यक्तिगत जीवनशैली है। मैंने कहा, यह मेरी फिल्म है, दृश्य रहेगा। उन्होंने कहा तो फिर मै कान्स (जहां फिल्म समारोह होता है) को फोन करके कह दूंगा कि वे तुम्हारी फिल्म स्वीकार न करे। मैंने वह दृश्य हटा दिया। मजेदार बात यह है कि बाद में इंगमार ने खुद बीबीसी से अपने उपर एक वृत्तचित्र बनवायी जिसमें उन्होंने वो दृश्य रखा।

पर्सोना का अनुभव कैसे था?

अद्भुत।

क्राइज ऐंड विस्पर्स का?

जैसे किसी बाग में पिकनिक मना रहे हैं।

ऑटम सोनाटा?

चैलेंजिंग और अनुभव लेने के इन्ग्रिड से।

दी सर्पेन्ट्स एग?

दिलचस्प।

शेम?

बेस्ट।

बीबी, इन्ग्रिड थूलिन, हैरियेट ऐन्डर्सन में किसका साथ सबसे अच्छा लगा, एक सह कलाकार के रूप में?

बीबी, भले ही मुझसे काफी सीनियर हैं। (बीबी आन्द्रेसां का देहान्त 2019 में हुआ)

भारत में यदि आपको किसी फिल्म में काम करना हो तो क्या आप करेंगी? भरतीय या गैर-भारतीय ...

करुंगी यदि एक मिनट में दस कट न हो (देर तक हंसती हैं)।

हीरालाल सेन से सार्थक सिनेमा होते हुए

उन्नीसवीं शताब्दी के अन्तिम दशक में मूविंग पिक्चर या मोशन पिक्चर के लिए निर्मित कैमरे की कला का आविष्कार हुआ था। उसी समय पूरी दुनिया ने फिल्म नामक कला माध्यम का जादू देखा था। भारत ने भी देखा। बीसवीं शताब्दी के आरम्भिक पचास साल ये बताते हैं कि इस कला माध्यम का रचनात्मक प्रयोग करने में कई प्रतिभाओं ने अपना पूरा जीवन समर्पित किया और भारतीय सिनेमा की साख पूरी दुनिया में अपनी मौलिकता के साथ बनाई। इनमें से कुछ नाम हैं हीरालाल सेन, ढुंढ़िराज गोविन्द फाल्के, वी. शान्ताराम, विष्णुपंत दामले, एस. फत्तेलाल, हिमांशु रॉय, प्रमथेश चन्द्र बरुआ, बिमल रॉय और चेतन आनन्द। हीरालाल सेन 1900 और 1901 में और उसके बाद भी कोलकाता में किसी नाटक की फिल्म रेकार्डिंग करते थे और जगह-जगह जाकर तम्बू लगाकार उसे पर्दे पर लोगों को दिखाते थे। इस प्रकार वे फिल्म प्रदर्शन करते थे। 1903 में उन्होंने अपनी पहली फुल लेन्थ फिल्म बनायी 'अलिबाबा ऐंड फॉर्टी थीव्ज।' यह भारत की पहली फुल लेन्थ फिल्म है। हीरालाल सेन (1868-1917) 1917 तक फिल्म बनाते रहे। विज्ञापन फिल्म और राजनैतिक फिल्म बनाने वाले वे प्रथम पुरुष हैं। लेकिन, 1917 में आग लगने से उनकी सभी फिल्में जल गयी, यह फिल्म आर्काइव के लिए त्रासदी है। प्रथमतः वे एक छायाकार थे। भ्रमर, हरिराज, बुद्धदेव और एन्टी पार्टीशन उनकी अन्य फिल्में हैं। अरुण रॉय ने 2021 में उन पर एक बायोपिक बनायी जो कोलकाता के एक फिल्म समारोह में देखी गयी।

प्रभात फिल्म्स, बॉम्बे टॉकीज और न्यू थियेटर्स सशक्त भारतीय सिनेमा के लिए नींव के पत्थर सिद्ध हुए। दादा साहेब फाल्के ने यदि 1912-13 से फिल्में बनाने की शुरुआत की तो वी. शान्ताराम ने 1929 में प्रभात फिल्म्स की नींव कोल्हापुर में रखी। 1 जून, 1929 को वी. शान्ताराम, वी. जी. दामले, केशवराव धायबर, एस. फतेलाल और एस. वी. कुलकर्णी ने मिलकर प्रभात फिल्म कम्पनी बनायी। 1933 में यह स्टूडियो पुणे में आ गया, कम्पनी ने मराठी और हिन्दी

में कुल मिलाकर 45 फिल्में बनायी। मुम्बई में शान्ताराम ने इससे अलग होकर राजकमल स्टूडियो बना लिया। पुणे में कम्पनी 1949 तक क्रियाशील रही। 1960 में यह फिल्म संस्थान के रूप में परिणत हो गया। 1931 से आरम्भ हुए सवाक फिल्मों के दौर में दामले और फत्तेलाल ने ही मिलकर 1936 में मराठी भाषा में 'सन्त तुकाराम' नाम की महत्त्वपूर्ण फिल्म बनाई। इसी प्रभात फिल्म्स की ओर से। 1925 में निरंजन पाल 'दी लाइट ऑफ एशिया' बना चुके थे। कलकत्ता में 1926 में प्रमथेश चन्द्र बरुआ ब्रिटिश डोमिनियन फिल्म्स लिमिटेड के सदस्य हो चुके थे। 1933 में वे न्यू थियेटर्स से जुड़े और 1935 में उनकी फिल्म 'देवदास' प्रदर्शित हुई। 1937 में उनकी एक और उल्लेखनीय फिल्म 'मुक्ति' प्रदर्शित हुई। ये दोनों फिल्में बांग्ला में थीं। तब की बम्बई में 1934 में हिमांशु रॉय और देविका रानी ने मिलकर बॉम्बे टॉकीज बनाई। इस टीम ने फ्रैन्ज ऑस्टेन के निर्देशन में फिल्म बनाई 'अछूत कन्या।' हिमांशु रॉय के निधन के बाद 1943 में अशोक कुमार ने शशधर मुखर्जी के साथ मिलकर फिल्मिस्तान स्टूडियो बनाई और देविका रानी के फिल्म संन्यास के बाद दोनों ने बॉम्बे टॉकीज को भी सम्भाल लिया। इस बीच मुम्बई में अन्य कई स्टूडियो सक्रिय हुए जैसे इम्पीरियल फिल्म कम्पनी, कृष्णा सिनेटोन, ईस्ट इंडिया फिल्म कम्पनी, मदन थियेटर, रंजीत वाडिया मूवीटोन आदि।

जिस दौर में ढुंढीराज गोविन्द फाल्के, राजा हरिश्चन्द्र (53 मिनट) या कृष्णावतार या लंकादहन (1917) या कालियामर्दन (1919) बना कर लिखी किताब को पर्दे पर चलता, फिरता दिखा रहे थे या कहें, दृश्य रूप में स्टोरी नरेट कर रहे थे। उसी दौर में यानी 1914 से 1920 के बीच उन्हीं संसाधनों में चार्ली चैप्लीन ने पूरी दुनिया में अपनी प्रतिभा की साख जमा ली थी। 1913 में डी डब्लू ग्रिफिथ ने दी ऐडॉप्टेड ब्रदर बनायी थी। 1914 में पहली बार चार्ली चैप्लीन फिल्म पर्दे पर दिखे। डो ऐन्ड डायनामाइट (1914), टैंगो टैंगल (1914), दी गुड फॉर नथिंग (1914), दी ट्रैम्प (1915), दी वैगाबॉन्ड और 1 ए एम (दोनों 1916), ये फिल्में दूसरी फिल्म कम्पनियों की थीं। 1921 में चार्ली ने पहली फिल्म निर्देशित की 'दी किड।' 1931 में आलमआरा के बाद से कई कलाकारों को लोगों ने पहचानना शुरु किया जैसे प्रमथेश चन्द्र बरुआ, अशोक कुमार और कुन्दनलाल सहगल। हिच्कॉक 30 के दशक में दी मैन हू निउ टू मच (1934), दी 39 स्टेप्स (1935), सीक्रेट एजेन्ट (1936) जैसी फिल्में बनाकार लोकप्रिय हो रहे थे, इन्ग्रिड बर्गमैन 1932 में इन्टरनेशनल मैच, 1935 में दी काउन्ट ऑफ दी ओल्ड टाउन, 1935 में ही ओशन बेकर्स, 1936 में इन्टरमेजो आदि फिल्मों में अभिनय कर अपनी जगह बना चुकी

थीं। पी सी बरुआ ने 1932 से ही फिल्म निर्देशित करनी शुरु कर दी थी, बेंगॉल 1933, 'रूपलेखा' (1934), 'देवदास' (1935) और 'माया', 'मंजिल', 'गृहदाह', दोबारा 'देवदास' (सभी 1936) और फिर 'मुक्ति' (1937) से भारत के दर्शक और फिल्मकार उन्हें सम्मान देने लगे थे।

यह वह दौर था जब भविष्य की हिन्दी फिल्मों में महान नायक होने वाले कलाकार अपना करियर शुरु कर रहे थे। प्राण 1942 में किशोरवय की नूरजहां के साथ उर्दू फिल्म 'खानदान' में नायक बने। निर्देशक थे शौकत हुसैन रिजवी। दिलीप कुमार 1944 में 'ज्वार भाटा' में रूमा गुहाठाकुर्ता के नायक अमिय चक्रवर्ती के निर्देशन में नयक बने। लेकिन पसन्द किये गये 'जुगनू' में जो बनी थी 1947 में और नायिका थीं नूरजहां। निर्देशक रिजवी साहब ही थे। देव आनन्द नायक बने 1946 में बनी फिल्म 'हम एक हैं' में। निर्देशक थे पी. एल. संतोषी और नायिका थी कमला कोटनिस। राज कपूर को पहली बार देखा गया 1935 में बनी फिल्म 'इंकिलाब' में। वे ग्यारह साल के थे और पृथ्वीराज कपूर के साथ नायिका थी दुर्गा खोटे। राज पहली बार देखे गये नायक के रूप में फिल्म 'नील कमल' में। 1947 में किदार शर्मा के निर्देशन में बनी इस फिल्म में नायिका थी मधुबाला।

प्रमथेश चन्द्र बरुआ के साथ कलकत्ता में रहते हुए बिमल रॉय न्यू थियेटर्स प्राइवेट लिमिटेड में बरुआ के सहायक निर्देशक और प्रचार छायाकार थे। 1944 में बिमल रॉय ने न्यू थियेटर्स के लिए फिल्म 'उदयेर पॅथे' बनाई जो भारत की प्रथम राजनीतिक फिल्म कहलाई। बम्बई में 1952 में आकर वे बॉम्बे टॉकीज से जुड़े। उनके अनुसार, इटली के फिल्मकार डी सिका की फिल्म 'बाइसिकिल थीव्ज' (1948) से प्रेरित होकर उन्होंने 1953 में 'दो बीघा जमीन' बनाई। इस फिल्म को कान्स के अन्तर्राष्ट्रीय फिल्म समारोह के लिए चयनित किया गया। वे अवार्ड से सम्मानित हुए। 1951 में डी सिका ने एक और महत्त्वपूर्ण फिल्म 'मिरेकिल इन मिलान' बनाई। 1951 में ही गुरुदत्त ने देव आनन्द की कम्पनी 'नवकेतन' के लिए 'बाजी' निर्देशित की थी। 1944 में वे प्रभात फिल्म कम्पनी (तब पूना) से जुड़े थे। 1947 में बम्बई आकर उन्होंने अमिय चक्रवर्ती और ज्ञान मुखर्जी (बॉम्बे टॉकीज) के साथ काम किया था। 1952 में ही बम्बई में भारत का प्रथम अन्तर्राष्ट्रीय फिल्म समारोह आयोजित किया गया था। 1946 में चेतन आनन्द ने फिल्म बनाई 'नीचा नगर' जो कान्स फिल्म समारोह में अवार्ड पाने वाली प्रथम भारतीय फिल्म है। अन्तर्राष्ट्रीय फिल्म संसार में भारतीय सिनेमा की पहचान इसी फिल्म से पहली बार बनी। अभिनय के स्तर पर यह कामिनी कौशल की पहली और फिल्म संगीत

के स्तर पर पंडित रविशंकर की पहली फिल्म थी। 1950 में उन्होंने देव आनन्द के साथ मिलकर नवकेतन फिल्म्स बनाई। बाद में वे इससे अलग होकर अपनी फिल्म कम्पनी 'हिमालय फिल्म्स' बनायी। 40 के दशक के अन्तिम दिनों में ऋषिकेश मुखर्जी कलकत्ता में बी. एन. सरकार के न्यू थियेटर्स से जुड़े और सुबोध मित्तर से सम्पादन की बारीकियां सीखीं। बम्बई में 1951 में आकर वे बिमल रॉय के सहायक बने। 1957 में उन्होंने फिल्म बनायी 'मुसाफिर।' लेकिन 1959 में उनकी फिल्म 'अनाड़ी' पसन्द की गई। 'मुसाफिर' तक हिन्दी फिल्मों में कहानी को प्रथम महत्त्व मिलता था, स्टार सिस्टम नहीं था। फिल्म में दिलीप कुमार अन्त में दिखते हैं।

छोटा सा सन्दर्भ और रख लें। ताराशंकर बन्दोपाध्याय ने 1937 में कहानी लिखी थी 'जलसाघर' जिस के आधार पर 1958 में सत्यजीत रे इसी नाम से फिल्म बनायी। 1953 में बिमल मित्र ने उपन्यास लिखा 'साहब बीबी और गुलाम' जिस पर अबरार अल्वी के निर्देशन में गुरुदत्त ने इसी नाम से 1962 में फिल्म बनायी। 1964 में केदार शर्मा ने भगवतीचरण वर्मा के उपन्यास पर फिल्म बनायी थी 'चित्रलेखा।' 1966 में बनी थी फिल्म 'नील कमल।' और 1947 में केदार शर्मा ने अपनी ही पटकथा पर राज कपूर, मधुबाला और बेगम पारा को लेकर फिल्म बनायी थी 'नील कमल', जैसा कि पहले भी बताया गया। इस फिल्म का वितरक था बॉम्बे टॉकीज। इन कहानियों से करीब सौ साल पहले, शायद 1830 में, फ्रांस के कथापुरुष ऑनर डी बाल्जाक (Honore De Balzac) ने कहानी लिखी थी 'पुरानी हवेली।' अपनी उत्तरवर्ती युवा पीढ़ी के फिल्मकारों को फिल्म लिखने के लिए प्रेरित करते हुए जापान में फिल्मकार अकिरा कुरोसावा अक्सर बाल्जाक का उदाहरण देते थे। लिखने के लिए बाल्जाक कई लेखकों और फिल्मकारों के मानक उदाहरण रहे हैं। फ्रांस में ही बाल्जाक से प्रेरित कथाकार हुए गुस्ताव फ्लॉबेयर। फ्लॉबेयर के समकालीन थे अनातोले फ्रांस। फ्लॉबेयर के शिष्य कथाकार हुए गाइ डी मोपासां। यह उन्नीसवीं शताब्दी थी। जिस साल मोपासां अपनी अन्तिम सांसें ले रहे थे यानी 1893, उसी साल ऑगस्टे और लुइस लुमियर बन्धु फ्रांस में ही चलचित्र यानी मूविंग पिक्चर के लिए कैमरे और प्रोजेक्टर को अन्तिम रूप दे रहे थे। इसमें वे 1892 से लगे थे। एमिली रेनां ने एक फिल्म कैमरा बनाया था फिल्म परफॉर्मेंस। लुमियर बन्धु ने इसके अपने रूप को पेटेन्ट कराया। 1892 में वास्तविक सिनेमैटोग्राफ को पेटेन्ट करा लिया था लिऑन गुइलॉम बॉली ने लेकिन बन्धु ने 13 फरवरी 1895 को इस कैमरे का अपना रूप पेटेन्ट कराया। 19 मार्च 1895 को इस कैमरे से पहली फूटेज यानी पहला दृश्य फिल्मांकित किया गया और इसे

लोगों को फिल्म के रूप में दिखाया भी। 22 मार्च 1895 में पेरिस में इनकी पहली फिल्म दिखाई गयी। उन्हें आश्चर्य था कि रंगीन स्थिर चित्रों की अपेक्षा इस श्वेत-श्याम चलचित्र को देखना अधिक आकर्षक था। उनकी दस लघु फिल्मों में पहली फिल्म थी 'वर्कर्स लीविंग दी लुमियर फैक्ट्री। हर फिल्म 17 मीटर लम्बी थी। तब की बम्बई में लुमियर बन्धु की तीन फिल्में आयीं 7 जुलाई, 1896 को। इसी दिन ये फिल्में वाटसन होटेल में दिखाई गयीं। इनमें प्रमुख फिल्म थी 'अराइवल ऑफ द ट्रेन।' बम्बई में उस समय के स्थानीय छायाकार हरिश्चन्द्र सखाराम भाटावाडेकर ने इंग्लैण्ड से कैमरा लाकर 1899 में और तब की राजधानी कलकत्ता में हीरालाल सेन ने 1900 में पहली बार मूवी को कैमरे से रिकॉर्ड या फिल्मांकन किया था। इस प्रकार 1899 से 1930 तक भारत में मूक फिल्मों का युग कौतूहल, आकर्षण और प्रभाव के साथ बीता। पर्दे पर मनोरंजन का यह खामोश दौर था।

कमर्शियल सिनेमा का स्वरूप भारत में विदेशी फिल्मों से थोड़ा अलग है इसे ध्यान रखना भी जरूरी है। पूरी दुनिया में व्यावसायिक या कमर्शियल सिनेमा एक सा ही है ऐसा नहीं है। यह तय है कि व्यवसाय के लिए ही ये फिल्में बनायी जाती हैं भले ही वह कितनी ही कलात्मक हो। दो उदाहरणों से स्पष्ट हो जायेगा। लोकप्रिय सिनेमा का दौर भारत में पचास, साठ और सत्तर के दशकों में रहा है। संगीतमय फिल्मों की शुरुआत गुरुदत्त ने की थी। 1956 में गुरुदत्त ने एक फिल्म बनायी थी 'सी आई डी' जिसके निर्देशक राज खोसला थे। गुरुदत्त के सहायक के रूप में करियर शुरु करने वाले राज की यह दूसरी फिल्म थी। फिल्म बहुत पसन्द की गयी थी। वहीदा रहमान की यह पहली फिल्म थी। फिल्म के एक शुरुआती दृश्य में सी.आई.डी. देव आनन्द शकीला की कार से हत्यारे महमूद का पीछा कर रहे हैं। बम्बई की सड़क पर बारिश की रात में शाकीला गाड़ी की चाभी कार से बाहर फेक देती है और वह ढूंढ़ नहीं पाती। सुबह तक दोनों कार में सामने और पीछे की सीटों पर सोये रहते हैं। दोनों लगभग सुबह एक ही समय जागते हैं और कार की खिड़की से बाहर देखते हैं। रात में शकीला को जल्दी घर पहुँचना होता है और सुबह चाभी खोज कर देव आनन्द शकीला को उनके घर तक पहुँचाना होता है। सुबह जब वे दोनो कार की खिड़की से बाहर देखते हैं तो दर्शक बम्बई की सड़क की जगह जलाशय और पहाड़ की पृष्ठभूमि में युवतियों को नृत्य करते हुए गाते देखते हैं - बूझ मेरा क्या नाम रे ... (शमशाद बेगम)। गाना खत्म होने पर शकीला चाभी को आसानी से पा जाती है और देव आनन्द को वहीं छोड़कर कार लेकर चली जाती है। उसे घर जाने की चिन्ता नहीं थी। उसे गाना देखना अच्छा लग रहा था। दर्शकों को भी।

दर्शको को आज भी अच्छा लगता है। इसी फिल्म के एक दूसरे दृश्य में देव आनन्द को वहीदा रहमान का पीछा करना होता है और शकीला उन्हें रोकती है। देव शकीला की नाराजगी की परवाह किये बिना आगे बढ़ जाते हैं और शकीला बेतरह नाराज हो जाती हैं। वह देव जिधर जाते हैं उसकी दूसरी ओर नाराजगी से मुड़ जाती हैं। हम सोचते हैं कि अब हम देख पायेंगे कि देव वहीदा को, जो खलनायक से जुड़ी हुई हैं, पकड़ पाते हैं या नहीं, लेकिन हम उन्हीं पलों में देखते हैं कि देव और शकीला एक पार्क में आते हैं और एक जलाशय के पास पेड़ के साथ दोनों गा रहे हैं 'आँखों ही आँखों में इशारा हो गया...।' दर्शक खुशी से झूम उठते हैं और ओ पी नैयर के संगीत की प्रशंसा करने लगते हैं। बिना गाने की हिन्दी या भारतीय व्यावसायिक फिल्मों की बात सोची नहीं जा सकती। ऐसा सिर्फ यहीं है दूसरा उदाहरण।

1951 में ब्रिटिश कहानी पर एक ब्रिटिश फिल्म बनी थी 'हैपी गो लवली' (निर्देशक डेविड निवेन)। फिल्म में एक नृत्य कम्पनी कहानी के केन्द्र में है। मंच पर हम उतना ही नृत्य-संगीत देखते हैं जितना कहानी की थीम में है। भारत में यही फिल्म 1969 में हिन्दी में बनी 'साजन' (निर्देशक मोहन सहगल)। दोनों फिल्मों में सिर्फ भाषा और कलाकारों का अन्तर भर नहीं था। इस अन्तरण में समय-समय पर लक्ष्मीकांत प्यारेलाल के संगीत में सुमधुर गाने भी थे। जैसे 'रेशम की डोरी', 'कहां जइयो निंदिया चुरा के', 'चोरी-चोरी।' फिल्म खूब चली थी। ब्रिटिश फिल्म में अलग से गाने इस तरह जोड़े नहीं गये थे। हिन्दी कमर्शियल में जरूरी है। इसी ब्रिटिश फिल्म का एक और रीमेक बना 1983 में जब बासू चटर्जी ने बनायी 'पसन्द अपनी अपनी।' मनोज कुमार और आशा पारीख की जगह इस बार थे मिथुन चक्रवर्ती और रति अग्निहोत्री। तीनों फिल्मों की कहानी और घटनाक्रम एक है सिर्फ मुख्य फर्क गानों से है। ऐसे गानों के बिना भी भारत के बाहर व्यावसायिक फिल्में बन सकती हैं, लेकिन भारत में कतई नहीं। इसी कारण हमारे देश में ऋत्विक घटक को 1952 में 'नागरिक', सत्यजीत रे को 1955 में 'पथेर पांचाली' और मृणाल सेन को 1955 में ही 'रातभर' बनानी पड़ी। और बनाते ही रहनी पड़ी। इन फिल्मों में संगीत की या फिर कथामयता की स्थिति हिन्दी कमर्शियल फिल्मों जैसी नहीं मिलेगी।

राज कपूर की फिल्म 'राम तेरी गंगा मैली' (1985) के जिस दृश्य में हम मन्दाकिनी को पहली बार नगरवधू के रूप में गाना गाते देखते हैं तो सुनायी देती है लता मंगेशकर की आवाज बिना किसी वाद्ययंत्र के, लेकिन हम देख रहे होते हैं कि मन्दाकिनी तानपुरा बजा रही है, पास में कोई सारंगी बजा रहा है। गाने में न तानपुरे की आवाज है, न सारंगी की। ऐसा सिर्फ भारतीय व्यावसायिक फिल्मों में

ही सम्भव है, जिसे अर्थहीन कहकर पचास के दशक में सत्यजीत रे ने कोलकाता फिल्म सोसाइटी की प्रतिष्ठा की थी।

फिल्म 'कोहिनूर' (निर्देशक एस.यू. सनी, 1960, संगीत नौशाद) के लिए मोहम्मद रफी का गाया गाना 'मधुबन में राधिका नाचे रे' आज भी पसन्द किया जाता है। शास्त्रीय संगीत पर आधारित इस गाने को फिल्माते समय दिलीप कुमार के पास सितार और आसपास तबला, जलतरंग, सरोद आदि भी बजाये जाते दिखाया गया है। शास्त्रीय संगीत की समझ रखने वालों को देखकर आश्चर्य होता है कि ऊंचे और नीचे सुरों को दिखाते समय दिलीप कुमार की उंगलियां सितार पर अक्सर उलटी दिशाओं में क्यों जा रहीं हैं! ऊपर के सुर के समय उंगलियां कहीं और, नीचे के सुरों के समय उंगलियां कहीं और। दर्शकों पर इसका कोई फर्क या प्रभाव नहीं पड़ता। दिलीप कुमार की अभिव्यक्ति लाजवाब है। स्क्रीन पर मौजूदगी ही अप्रतिम। 'लाल पत्थर' (निर्देशक सुशील मजुमदार, 1971, संगीत शंकर जयकिशन) में भी शास्त्रीय संगीत पर आधारित गाने हैं। स्क्रीन पर राज कुमार की मौजूदगी ही नायाब है। एक बहुत खूबसूरत गीत आशा भोसले की आवाज में है 'सूनी सूनी सांस की सितार पर।' मंच पर राखी गा रहीं हैं। उनके आगे तानपुरा है। पीछे साजिन्दे हैं। सितार पर उंगलियां वैसे ही चल रहीं हैं। जहां होना चाहिए वहां नहीं। शास्त्रीय संगीत वालों को यह समझ नहीं आता। व्यावसायिक सिनेमा में इसे समझने की जरूरत ही नहीं है। यही क्या कम है कि राखी जब गाना सीख रहीं 'रे मन सुर में गा' तो उनके आगे तानपुरा रख दिया गया है और उनकी उंगलियां चारों तार पर सहज फिर रहीं है? सितार का झमेला ही नहीं। सत्यजीत रे की शास्त्रीय संगीत आधारित फिल्म 'जलसाघर' (1958) में ऐसी हास्यास्पद चीजें सिरे से नहीं हैं। फिल्म में उस्ताद वहीद खां गा रहे, रोशन कुमारी नृत्यरत हैं और बेगम अख्तर ठुमरी सुना रहीं हैं। सितार पर उंगलियां इधर की उधर नहीं हैं। फिल्म का संगीत निर्देशन सितारशिल्पी उस्ताद विलायत खां साहब का है। दर्शकों पर प्रभाव पड़ता है। गहरा, देर तक, आज तक।

अपनी बात को कहने का यह एक ढंग भर है, फिल्म भाषा में अपनी बात को कहने की शब्दावली जो बहुत कलात्मक है और बहुत प्रभावी। व्यावसायिक सिनेमा पर जाहिर है इसका प्रभाव पड़ना ही था और इस पूरे आइडिया को फिल्म 'मौसम' में गुलजार ने दोहरा भर दिया जब बुजुर्ग संजीव कुमार देखते हैं कि युवा संजीव कुमार शार्मिला ठाकुर के साथ खुशी-खुशी मिर्जा गालिब की बहुचर्चित लाइन को गा रहे, 'दिल ढूंढ़ता है फिर वही फुर्सत के रात-दिन...।' फिल्म की परिचय सरणि में

कहीं भी मिर्जा गालिब का उल्लेख नहीं है। हिन्दी व्यावसायिक फिल्मों में ऐसा होता ही रहता है। चन्द्रप्रकाश द्विवेदी की अप्रदर्शित फिल्म 'मोहल्ला अस्सी' में लोग पंडित छन्नूलाल मिश्र को बनारस के जगदीप मिश्र की ठुमरी गाते सुनते हैं और पर्दे पर उभरता है गीतकार गुलजार।

बहुत कम लोग जानते हैं कि देव आनन्द अभिनीत और गुरुदत्त निर्देशित फिल्म 'बाजी' की पटकथा बलराज साहनी ने लिखी थी। तारकोव्स्की कहते हैं कि सीन सोचना और संवाद लिखना ही एक फिल्म निर्देशक के लिए रचनात्मक होता है।

किसी सामाजिक यथार्थ पर अपने विचार के अनुसार कहानी गढ़ना और फिर फिल्मकला की भाषा में लिखना व्यावसायिक सिनेमा की पटकथा लिखना है। दर्शकों को खुश करना व्यावसायिक फिल्म निर्देशक का प्रथम ध्येय होता है। जैसे कभी भागलपुर जेल में कैदियों की आँख फोड़ी गयी घटना के आधार पर पटकथा तैयार कर फिल्म 'गंगाजल' बनाना व्यावसायिक सोच है। इस फिल्म के फिल्मकार प्रकाश झा ने 'दामुल' (1985) भी गांव के सामाजिक जीवन में होने वाले अन्याय, यातना और संघर्ष को केन्द्र में रखकर बनायी थी। श्याम बेनेगल ने 'अंकुर' (1974) और गोविन्द निहलानी ने 'आक्रोश' (1980) ऐसे ही विषय पर बनायी थी। सामाजिक सन्दर्भ के अन्य मूल्यों को लेकर ऐसे ही उद्देश्य से गुलजार ने 'मेरे अपने' (1971) और शेखर कपूर ने 'मासूम' (1983) बनायी। ये सारी फिल्में सत्तर और अस्सी के दशक में कलाफिल्में कही गयीं। लेकिन जैसा कि पहले ही चर्चा की गयी है, कलाफिल्म जैसी संज्ञा सम्भव नहीं। फिल्म कला है और यह व्यवसाय की प्रणाली के तहत ही बनायी जाती है भले ही व्यवसाय उद्देश्य न हो। अंकुर, आक्रोश, दामुल, चक्र, चोख, पार, बाघ बहादुर, भवनी भवई आदि फिल्में भले ही व्यावसायिक महत्त्वाकांक्षा से न लिखी गयी हों, तथा मुगल-ए-आजम और शोले लिखी गयी हों लेकिन कलाफिल्म की संज्ञा नहीं बनती। ये सभी फिल्में बाहरी यथार्थ के आधार पर लिखी फिल्में हैं। विधु विनोद चोपड़ा की 'खामोश'(1985), संजय लीला भंसाली की 'खामोशी'(1996) और अनिरुद्ध रॉयचौधुरी की 'पिंक' (2016) इसी कतार की अगली फिल्में हैं। और दूसरे प्रकार की यानी क्लासिक सिनेमा के लिए लिखी गयी पटकथा में कथा हो यह भी जरूरी नहीं, लेकिन कविता, दृष्टि और आन्तरिक चेतना की परिणति या सत्य का अनुसंधान और दार्शनिक प्रश्नों पर विमर्श प्रायः देखा गया है। यह चर्चा या सिनेमा का ऐसा परिचय हम भूमिका में स्पष्ट कर चुके हैं।

भारत में निर्वाक फिल्मों के दौर के बाद 1948 में एक फिल्म बनी थी 'कल्पना।' यह फिल्म अप्रतिम नर्तक उदयशंकर ने बनायी थी। उन्होंने इसमें अभिनय और नृत्य ही नहीं किया था बल्कि पटकथा भी उन्होंने लिखी थी और निर्देशित भी उन्होंने ही किया था। फिल्म में उनके साथ उनकी पत्नी अमला शंकर ने नृत्य किया था। 1977 में वे नहीं रहे।

भारतीय संगीत में ध्वनि को सांगीतिकलय के रूप में देखा गया है। ऐसी ध्वनियां जिससे संगीत की रचना हो सके सांगीतिक ध्वनि कहलाती है। भारतीय दृष्टि में नाद अव्यक्त और बिन्दु व्यक्त ध्वनि है। जिसे हम सुन पाते हैं वह आहत ध्वनि कहलाती है। इस आहत ध्वनि को संगीत में रूपान्तरित करने से या सुरों में कर देने से वह सांगीतिक ध्वनि हो जाती है। इस ध्वनि को ही सात सुरों में बांटा गया है। षड्ज, ऋषभ, गांधार, मध्यम, पंचम, धैवत और निषाद। हर दो स्वरों के बीच बाइस श्रुतियां होती हैं। श्रुतियों के आधार पर पांच स्वरों ऋषभ, गांधार, मध्यम, धैवत और निषाद के कोमल और तीव्र स्वर ढूंढ़े गये हैं जैसे कोमल ऋषभ, कोमल गांधार, तीव्र मध्यम, कोमल धैवत और कोमल निषाद। इन पांच स्वरों के और प्रकट हो जाने से अब स्वरों की कुल संख्या हो गयी बारह। सांगीतिक ध्वनि के तीन स्केल या समूह बनाये गये हैं मन्द्र, मध्य और तार। हर स्केल पर ये बारह स्वर होने से अब स्वरों की कुल संख्या हो गयी छत्तीस। इस तरह भारतीय संगीत में छत्तीस स्वर होते हैं। इन्हें गाया और सुना जा सकता है। इन्हें प्रभाव के तौर पर भी प्रयोग में लाया जा सकता है। कण्ठ में भी और वाद्ययन्त्र पर भी।

भारतीय साहित्य में भी शब्द ध्वनि है। शब्द एक अन्य अर्थ गें ध्वनि है जो संगीत से भिन्न है। यह दो प्रकार की होती है प्राकृत ध्वनि और व्याकृत ध्वनि। इनका प्रयोग सिर्फ भाषाविज्ञान में है। ध्वनि का तीसरा यानी एक और अर्थ भारतीय अलंकारशास्त्र में है। इसका प्रयोग साहित्य और कला में रस निष्पत्ति के लिए किया जाता है। रस का अर्थ प्रभाव से है। ध्वनि के वैविध्यपूर्ण प्रयोग से रस सृष्टि के लिए अभिनेता को या कवि को एक और प्रभावशाली उपादान मिल जाता है। भरत ने जैसे रस की दृष्टि हमें दी है उसी प्रकार आनन्दवर्धन ने हमारा ध्यान ध्वनि की ओर दिलाया। अभिनेता के बोलने के ढंग से कैसा अर्थ ध्वनित हो रहा, यह आशय है ध्वनि दृष्टि का। अलग-अलग ध्वनित होने से जो रसनिष्पत्ति होती है उसे नाट्यशास्त्र में काकू कहा गया है। इसकी दो श्रेणियां और छह प्रकार बताये गये हैं। एक अभिनेता के लिए यह बहुत काम की चीज है। ध्वनि और संगीत का बहुविध

प्रयोग ध्वनि के विराट आकाश की रसवर्षा है। इस प्रकार भारतीय कलाजगत में ध्वनि का प्रयोग तीन प्रकार से समृद्ध है। इसका प्रयोग रंगकर्म और साहित्य में प्राचीन और मध्यकालीन भारत में होता रहा है।

नर्तक उदयशंकर ने ध्वनि का यह बहुविध रूप, प्रयोग के तौर पर अपनी फिल्म 'कल्पना' में आद्यन्त किया। फिल्म में देश की सभी आंचलिक, क्षेत्रीय और पारम्परिक कलाशैलियों को एक ही पटकथा में पिरोने का काम उदयशंकर ने किया था। इसी दृष्टि से उन्होंने फिल्म की पटकथा लिखी थी। शास्त्र आधारित भारतीय कलाकर्म को शास्त्रीय कला कहने की परम्परा है जैसे शास्त्रीय नृत्य या शास्त्रीय संगीत आदि। यह लोककला से शास्त्र के स्तर पर भिन्न है। हालांकि उदयशंकर ने भारतीय लोककलाओं का भी फिल्म में प्रयोग किया था। यदि हम यहां भारत के बाहर बनी फिल्मों के आधार पर क्लासिक सिनेमा की चर्चा कर रहे हैं तो उसी प्रसंग में 'कल्पना' को शास्त्रीय सिनेमा कह सकते हैं और शास्त्रीय सिनेमा के भारतीय रूप के कारण शास्त्रीय सिनेमा परम्परा की इसे पहली फिल्म कह सकते हैं। इसी परम्परा का निर्वाह उस समय और फिर बाद के दशकों में 'बैजू बावरा' (विजय भट्ट, 1952), 'अनारकली' (नन्दलाल जसवन्तलाल, 1953), 'बसन्त बहार' (राजा नवाठे, 1956), 'जलसाघर' (सत्यजीत रे, 1958), 'नवरंग' (वी शान्ताराम, 1959), 'मुगल-ए-आजम' (के. आसिफ, 1960), 'आम्रपाली' (लेख टंडन, 1966) आदि फिल्मों में होता चला गया। कहीं हम पंडित रविशंकर को सितारवादन करते तो कहीं संगीत निर्देशन (नीचा नगर, धरती के लाल, पथेर पांचाली, अपराजितो, काबुलीवाला, परसपॉथोर, अपूर संसार, अनुराधा, गोदान, मीरा, गांधी और जेनेसिस) करते, कहीं बड़े गुलाम अली खां को गाते, अली अकबर खां या विलायत खां को संगीत निर्देशन करते, रईस खां को सितार बजाते, सामता प्रसाद को तबलावादन करते, गोपीकिशन को नृत्य करते या फिर बेगम अख्तर को ठुमरी गाते देखते हैं कैमरे के आगे। वहीद खां और रोशन आरा को भी फिल्म 'जलसाघर' में।

इस धारा को हम क्लासिक सिनेमा के भारतीय अन्तरण या धारा के रूप में देख सकते हैं। भारतीय दृष्टि में संगीत का अर्थ सिर्फ गायन और वादन नहीं बल्कि गायन, वादन और नृत्य है। लोकनाट्य में इसीलिए यहां ये तीन विधाएं देखने को मिलती रही हैं। इसीलिए कुमार शहानी जिन्होंने फिल्म बनाने की दृष्टि ब्रेसां से ली है, ओडिसी नर्तक गुरु केलूचरण मोहापात्र पर पूरी एक फिल्म (भावान्तरण, 1991) बनाते हैं। जब्बार पटेल ने गायक कुमार गन्धर्व पर (हंस अकेला, 2005) और अमोल पालेकर ने गायिका किशोरी अमोनकर पर (भिन्न षड्ज, 2011)

फिल्म बनायी है। गुलजार ने सरोदशिल्पी अमजद अली खां (1990) और गायक भीमसेन जोशी पर (1992) तथा अरुणा पाटिल ने मल्लिका साराभाई पर (1999) फिल्म बनायी। शास्त्रीय गायन, वादन और नृत्य के कारण यह क्लासिक सिनेमा की भारतीय परम्परा है। यानी भारतीय सिनेमा में क्लासिक फिल्म की अवधारणा शास्त्रीय या क्लासिकल संगीत से भी बन सकती है, उस अर्थ में नहीं जिस अर्थ में हम क्लासिक सिनेमा पर शुरु से चर्चा करते चले आ रहे हैं।

भारत में दार्शनिक या आध्यात्मिक प्रश्नों पर फिल्म कभी बनी नहीं। भारत में शास्त्रीय संगीत पर फिल्में बनीं। इसलिए 'पूरब और पश्चिम' में क्लासिक सिनेमा के ये ही अर्थ सुनिश्चित किये जा सकते हैं और उदाहरण के तौर पर हम मणि कौल की फिल्म 'सिद्धेश्वरी' का नाम गर्व से ले सकते हैं। उनके गुरु ऋत्विक घटक ने अपनी एक फिल्म का नाम ही रखा 'कोमल गांधार'(1961)। इसमें गीत के बोल रबीन्द्रनाथ ठाकुर के और संगीत ज्योतिरीन्द्र मोइत्रा का है। इसी तरह उन्होंने फिल्म बनायी 'सुबर्न रेखा' (1962), इसमें संगीत था उस्ताद बहादुर खां का। 1960 में बनी उनकी फिल्म 'मेघे ढाका तारा' का संगीत भी ज्योतिरीन्द्र मोइत्रा और बहादुर खां साहब का था। बहादुर खां साहब को फिर हमने सुना एम.एस. सथ्यू की पहली फिल्म 'गर्म हवा' में जो 1973 में बनी थी।

ध्वनि और संगीत का एक प्रयोग या भारतीय प्रयोग क्लासिक सिनेमा में इस तरह भी रहा है जिसका उपयोग हम क्लासिक या पोएटिक सिनेमा की समग्र समझ बनाने में सुरीले ढंग से कर सकते हैं। उदयशंकर की 'कल्पना' से 'भिन्न 'षड्ज' तक बनी परम्परा इस समग्र समझ का आधार है।

फिल्मों में शास्त्रीय संगीत को उसकी गरिमा में प्रस्तुत करने का एक उदाहरण सइ परांजपे की फिल्म 'स्पर्श' (1980, निर्माता बासू भट्टाचार्य, अभिनेता-संगीत निर्देशक कानू रॉय की अन्तिम फिल्म) भी है जब हम देखते हैं कि नसीर के कमरे में चाय बनाते हुए मोहन गोखले एक रिकॉर्ड लगाते हैं सितार का, जो दोनों की बातचीत के दौरान बहुत धीमे-धीमे बजता रहता है। बाद में एक अन्य दृश्य में हम देखते हैं कि नसीर, शबाना और सुधा चोपड़ा मंच पर अमजद अली खां को सरोदवादन करते सुन रहे हैं। इस दृश्य से पहले ही यह स्थापित कर दिया गया था कि चरित्र नसीर को शास्त्रीय संगीत में रुचि है। प्रथम दृश्य को बैकग्राउंड स्कोर में सिन्क्रोनस संगीत कहते हैं जो संवाद के दौरान चलता रहता है। मणि कौल की फिल्म 'दुविधा' में यह सिन्क्रोनस संगीत बहुत लाउड या लगभग वाचाल है जबकि सइ ने इसे शिष्ट ढंग से प्रयोग में लाने की तमीज सिखायी है।

बासू भट्टाचार्य की चौथी फिल्म 'गृह प्रवेश' में आरम्भ से ही एक के बाद एक संगीत है। फिल्म का रिद्म तय करने के लिए यह शायद जरुरी था। फिल्म के एक दृश्य में गुलजार दिनेश ठाकुर को गाने से पहले सुझाते हैं कि 'तर्ज कुछ भी हो गाने का, फिल्म का थीम जानना बहुत जरूरी है। और जब तक तुम थीम को ध्यान में नहीं रखोगे, गाने को वह एक्सप्रेशन कभी नहीं मिल पायेगा।'

हिन्दी फिल्मों में संगीत का प्रयोग शुरु से ही थीम के मुताबिक रहा है। 1950 में एक फिल्म आयी थी 'मशाल।' अशोक कुमार, सुमित्रा देवी, रूमा गुहाठाकुर्ता, नाना पल्सीकर और कानू रॉय मुख्य कलाकार थे। हिमांशु रॉय की बॉम्बे टॉकीज की ओर से बनी इस श्वेत-श्याम फिल्म में संगीत सचिन देव बर्मन और निर्देशन नितिन बोस का था। यह फिल्म बंकिम चन्द्र चटर्जी के उपन्यास 'रजनी' पर बनी थी। यह वह दौर था जब पर्दे पर कुमार सचिन देव बर्मन और बंकिम बाबू लिखा जाता था। गायक Manna Dey को Munna Dey लिखा गया था। फिल्म में मन्ना डे के अलावा लता मंगेशकर और शमशाद बेगम ने भी अपनी आवाजें दी हैं। गीत प्रदीप के हैं।

'उसकी रोटी' मणि की पहली फीचर फिल्म है। इसका अंग्रेजी में अनुवाद किया गया है 'अवर्स डेली ब्रेड।' कहीं-कहीं 'वन्स ब्रेड।' मुख्यतः यह एक स्त्री और एक पुरुष की कहानी है। अपनी कहानी के लिए मोहन राकेश ने फिल्म में संवाद भी लिखे हैं। पटकथा मणि ने तैयार की है। अन्तिम दृश्य में अकेली स्त्री को कई फ्रेम में दिखाया गया है। पति सुच्चा सिंह के बस लेकर चले जाने के बाद अकेली रात उसकी पत्नी वहीं खड़ी नहीं रह जाती। बस चली जाने की आवाज के बाद बचे रिक्त फ्रेम में एक बार फ्रेम के बाहर से आकर दायीं ओर चली जाती है, फिर वहीं से लौट कर बायीं ओर फ्रेम के बाहर चली जाती है। कभी फ्रेम में बिलकुल दायीं ओर से बायीं ओर देखती, चेहरे का एक्स्ट्रीम क्लोजअप, तो कभी फ्रेम में बिलकुल बायीं ओर से दायीं ओर देखती, तो कभी दोनों एक दूसरे को देखती तो कभी चेहरा एक्स्ट्रीम क्लोज में लेंस को देखती। बीच के दरम्यान फ्रेम पूरी तरह खाली, करीब दस सेकेंड तक। इस दौरान कोई आवाज नहीं। यह पूरा सेग्मेंट देर तक देखते हैं दर्शक। फिर पर्दे पर लिखा आता है 'इति।'

केन्द्रीय स्त्री चरित्र बालो की इस कहानी से हिन्दी के पाठक अच्छी तरह परिचित हैं।

कहानी पढ़ने के बाद एक प्रकार का जो अच्छा प्रभाव पाठक के पास बच जाता है, फिल्म देखने से एक-दूसरे प्रकार का अच्छा प्रभाव बनता है कि नहीं, वह आप

तय करेंगे। अपनी किताब 'अवर फिल्म्स देयर फिल्म्स' के एक अध्याय 'फोर ऐंड ए क्वार्टर' में मणि कौल, कुमार शाहनी, एम एस सथ्यू और श्याम बेनेगल की उनकी सिर्फ एक-एक फिल्म के आधार पर चर्चा करते हुए सत्यजीत रे लिखते हैं कि मणि फॉर्म तो नरेटिव शैली की संरचना में ही रखते हैं लेकिन फिल्म की एक नयी सौन्दर्य चेतना यानी एस्थेंटिक्स ढूंढ़ने की कोशिश करते दिखते हैं। यहां उस चीज के लिए कोई जगह नहीं है जिसे अभिनय कहते हैं।

उन्होंने उनकी दो फिल्में देखी थीं 'उसकी रोटी' और 'दुविधा।' ये बातें उन्होंने 1973 में बनी फिल्म 'दुविधा' को देखकर 1973 में ही लिखी थी।

मणि कहते थे कि वे फिल्म की परिचित और सुप्रतिष्ठित नरेटिव शैली को बिलकुल समाप्त कर देना चाहते हैं और फिल्म बनाते हुए पेन्टिंग बनाना चाहते हैं। 'दुविधा', 'ध्रुपद' और 'सिद्धेश्वरी' फिल्मों को देखकर साफ लगता है कि फ्रेम दर फ्रेम वे पेन्टिंग बनाना चाहते हैं। सत्यजीत रे चित्रकार थे। वे फिल्म बनाना चाहते थे। 'नोट्स ऑन दी सिनेमैटोग्राफ' में ब्रेसां लिखते हैं कि फिल्म तभी असफल हो जाती है जब हम फिल्म कला को दूसरी कला की तरह सोचने लगते हैं या, उसमें दूसरी कला को देखने का प्रयत्न करते हैं। जैसे संगीत के ढंग से फिल्म को सोचना या पेन्टिंग की भाषा में फिल्म बनाना। सिनेमैटोग्राफी दरअसल लिखने का नया और अलग अन्दाज है।

रॉबर्ट ब्रेसां की स्थापना थी कि फिल्मकला सिनेमैटोग्राफी की कला है जो उसे दूसरी अन्य सारी कलाओं से भिन्न करती है। सिनेमैटोग्राफी कला के जरिये पहले से प्रतिष्ठित अन्य सारी कलाओं से भिन्न सिनेमा कला की नयी भाषा ढूंढ़ी जाने की जरूरत है। पहला प्रयास उन्होंने स्वयं किया था जिसमें वे सफल हुए थे, उनकी शैली को प्रशंसित स्वीकार मिला और मणि एवं कुमार ने उन्हीं की शैली के स्कूल को अपनी फिल्मशैली का आधार बनाया। ब्रेसां ने अभिनेताओं की जगह अभिनय के लिए मॉडल लिये और उन्हें अपनी दूसरी फिल्म में दोहराया नहीं। उनसे भावरिक्त संवाद बुलवाया एवं भावरहित चेहरा कैमरे के सामने रखने को कहा। यह एक नयी शैली थी। वे सिनेमैटोग्राफी कला में रंगमंच कला के किसी भी तत्व जैसे भावपूर्ण चेहरा या भावपूर्ण संवाद शैली का निषेध देखना चाहते थे। वे सफल हुए और यह नयी फिल्मभाषा सामने आयी। क्लासिक सिनेमा का एक चेहरा बना।

मणि और कुमार ने यह भाषा भारतीय हिन्दी सिनेमा में स्थापित करने की शुरूआत की। उन्होंने इसके लिए आधुनिक हिन्दी कथाकारों की कहानियां लीं

और उन्हें सिनेमैटोग्राफिक रूप में अन्तरित किया। ब्रेसां के कलाकारों की संवाद अदायगी या चेहरे को देखकर कुछ अजीब नहीं लगता, या ऊब नहीं होती, या प्रभावहीन नहीं लगता लेकिन जब लोगों ने 'उसकी रोटी' देखी तो सबसे पहले ध्यान इसी पर गया। उन्हें यह अजीब, अटपटा और निष्प्रभावी लगा। ऐसा नहीं कि ये दर्शक नये का स्वागत करना नहीं जानते थे या नहीं चाहते थे। या ऐसा नहीं कि ये दर्शक कमर्शियल हिन्दी सिनेमा की तरह गीत-संगीत आदि की मांग लेकर फिल्म देख रहे थे। ये दर्शक इस फिल्म से पहले, पिछले बीस सालों में सत्यजीत रे, ऋत्विक घटक और मृणाल सेन द्वारा बनायी और तब तक सुप्रतिष्ठित हो चुकी फिल्मों से अच्छी तरह परिचित हो चुके थे और उन्हें सराह चुके थे। अब हिन्दी कमर्शियल और इन तीनों फिल्मकारों की फिल्मों के बीच बन रहे इस नये तरह के समानान्तर सिनेमा जैसे 'उसकी रोटी' देखकर वे असमंजस की स्थिति में थे कि यह किस तरह का सिनेमा है। आज भी लोग यह पूछते हैं कि ये कलाकार ऐसे क्यों संवाद बोल रहे हैं।

कुमार ने ब्रेसां के साथ सहायक के तौर पर काम भी किया जब ब्रेसां 'ए जेन्टिल वूमन' की शूटिंग कर रहे थे। पुणे के फिल्म संस्थान में कुमार और मणि के शिक्षक थे ऋत्विक घटक।

मोहन राकेश, निर्मल वर्मा आदि को आधुनिक लेखक की प्रतिष्ठा मिली है। हिन्दी में नयी कहानी की शुरुआत इन्हीं से हुई। आधुनिक हिन्दी कथाकारों की कहानियों पर इस ढंग से फिल्म बनाने का सिलसिला 1969 से शुरु हुआ था। बासु चटर्जी ने राजेन्द्र यादव की कहानी पर फिल्म 'सारा आकाश' (राजेन्द्र यादव ने 1951 में इसे 'प्रेत बोलते हैं' शीर्षक से लिखा था। 1960 में रामधारी सिंह दिनकर की कविता 'सारा आकाश' से प्रेरित होकर उन्होंने इसी कहानी का नाम 'सारा आकाश' कर दिया) 1969 में बनायी, मणि कौल ने मोहन राकेश की दो कहानियों पर फिल्में 'उसकी रोटी' और 'आषाढ़ का एक दिन' क्रमश: 1970 और 1971 में बनायी। और फिर 'दुविधा' 73 में, फिर 'सतह से उठता आदमी' 1980 में बनायी। कुमार शाहनी ने निर्मल वर्मा की कहानी पर 'माया दर्पण' 1972 में बनायी। 1973 में गुलजार ने बांग्ला कहानी पर बांग्ला में ही बनी तपन सिन्हा की फिल्म 'आपोन जोन' के हिन्दी रीमेक 'मेरे अपने' से अपने करियर की शुरुआत की। 1973 में ही एम एस सथ्यू ने इस्मत चुगताई की कहानी 'गर्म हवा' पर अपनी फिल्म बनायी तो 1974 में श्याम बेनेगल अपनी पहली फिल्म 'अंकुर' लेकर दर्शकों की बीच उपस्थित हो गये।

1969 से 1971-72 का यह वही दौर था जब हिन्दी कमर्शियल सिनेमा में राजेश खन्ना ने सत्रह हिट फिल्में पेश की थी और सुपर स्टार हुए थे। अमिताभ बच्चन 1973 में जंजीर, 1974 में रोटी, कपड़ा और मकान और 1975 में क्रमश: दीवार और शोले से अपनी जगह बना रहे थे। सत्तर के इसी दशक में पुणे के फिल्म संस्थान से कई युवा, फिल्मों में अपना स्थान बनाने की कोशिश में लगे थे। तो एक ओर अशोक कुमार, दिलीप कुमार, देव आनन्द, राज कपूर, राज कुमार, गुरुदत्त, बलराज साहनी से लेकर राजेश खन्ना तक कमर्शियल फिल्मों की एक कहानी बनती चली गयी थी तो दूसरी ओर सत्यजीत रे, ऋत्विक घटक और मृणाल सेन एक दूसरे तरह के सिनेमा से भारतीय दर्शकों को परिचित करा चुके थे। इन दोनों के बीच तपन सिन्हा और बिमल रॉय से चलकर ऋशिकेश मुखर्जी तक भी एक लकीर बनती चली गयी थी। ऐसे में मणि कौल, बासु चटर्जी, कुमार शाहनी, बासु भट्टाचार्य, गुलजार, एम एस सथ्यू, श्याम बेनेगल, गोविन्द निहलाणी, उपलेन्दु चक्रवर्ती, गौतम घोष, बुद्धदेव दासगुप्ता और राजा मित्र अपनी समानान्तर कोशिश में जुटे हुए थे। बासु भट्टाचार्य ने कमर्शियल स्टार राज कपूर, राजेश खन्ना, संजीव कुमार, शर्मिला ठाकुर और तनुजा को लेकर प्रयोग किये और अनुभव व आविष्कार जैसी खूबसूरत फिल्में बनायीं। उन्होंने रूढ़ हो चुके स्टार छवि को नयी इमेज और पहचान देने की सफल कोशिश की। राजेश खन्ना को फिल्म 'आविष्कार' में बेमिसाल अभिनय के लिए सम्मानित किया गया। 'बावर्ची' (1972, ऋशिकेश मुखर्जी) और 'आविष्कार' (1974, बासु भट्टाचार्य) में राजेश खन्ना के अद्भुत कलाकार को नये ढंग से पहचाना गया था। 'अनुभव' (1971) और 'आविष्कार' में नन्दो भट्टाचार्य की सिनेमैटोग्राफी और कानू रॉय का संगीत अविस्मरणीय है। बासु चटर्जी 'सारा आकाश' से शायद संतष्ट नहीं हुए तो उन्होंने रजनी गन्धा (1974) और छोटी सी बात (1976) जैसी भाषा की फिल्में बना डाली और फिर बनाते चले गये। कुमार शाहनी 1984 तक 'तरंग' बना चुके थे। श्याम बेनेगल ने अपनी एक अच्छी टीम बनाकर अंकुर, निशान्त, मंथन, भूमिका और जुनून (क्रमश: 1974, 75, 76, 77 और 79) के जरिये कलाकारों की एक नयी दुनिया प्रतिष्ठित की जिनमें नसीरुद्दीन शाह, ओमपुरी, अमरीश पुरी, शबाना आजमी, स्मिता पाटिल मुख्य थे।

ऐसा नहीं कि इस दौरान यानी सत्तर के दशक में सत्यजीत रे, ऋत्विक घटक और मृणाल सेन सक्रिय नहीं थे। 1964 में 'चारुलता' बनाने के बाद रे 1969 में 'अरण्येर दिन रात्रि', 1970 में 'प्रतिद्वन्दी', 1971 में सीमाबद्ध और 1972 में 'इनर

आई' बना रहे थे। घटक ने 1966 में पुणे फिल्म संस्थान में प्रिन्सिपल का पद स्वीकार किया था। 1973 में उन्होंने फिल्म बनायी 'तितास एकटी नोदीर नाम' और 1974 में 'जुक्ती, तक्को आर गप्पो।' सेन ने 1969 में बनायी 'भुवनशोम' और फिर 1972 में 'कैल्कटा 71' बनाकर फिर 'अन्तरीन' तक फिल्म बनाते चले गये।

तो प्रश्न है कि सौन्दर्य चेतना की जो नयी फिल्मभाषा मणि और कुमार लेकर आये, उस भाषा का क्या हुआ, वह कितनी दूर तक गयी, अन्य किसी फिल्मकार ने इसे आगे बढ़ाया भी या नहीं, या इनके साथ ही यह आयात की गयी प्रवृत्ति समाप्त हो गयी, यह विचारणीय है। इस फिल्मभाषा की प्रशंसा कई दृश्यों का उल्लेख कर की जा सकती है। जैसे मणि की फिल्म 'ध्रुपद' का अन्तिम दृश्य। एक ऊंचाई से कैमरा पैन करता है वृत्ताकार, 360 डिग्री, और हम देखते हैं शहर की इमारत, इमारतों की छतें, सड़क, गलियां ... और कैमरा घूमता ही रहता है, दृश्य बदलता रहता है, कभी ऊपर की ओर तो कभी नीचे झांकता लेकिन इमारतें या अन्य चीजें दोहराई नहीं जातीं। दूसरी इमारतें और सड़कें दिखने लगती हैं। देर तक चलने वाला यह दृश्य फिल्म का अन्तिम दृश्य है। इस दृश्य से फिल्म को विराम मिलता है और दर्शक के जेहन में यह दृश्य प्रभाव डालता है। एक आनन्ददायक प्रभाव। ध्रुपद के चार अंग होते हैं। चौथा अंग है आभोग। ध्रुपद गायकी इसी अंग पर विराम लेती है। आभोग यानी आनन्द। न पद, न व्याकरण, न तान। कुछ नहीं सिर्फ आनन्द। यह भी इस दृश्य की एक व्याख्या हो सकती है, कि फिल्म में अन्ततः एक आनन्द बचा रह जाता है। ऐसी फिल्मों की या ऐसी भाषा में बनी फिल्मों में यही स्वतन्त्रता दर्शक को दी गयी होती है कि वह अपने मन के अनुसार व्याख्या करे। शास्त्रीयता का एक अभिप्राय यह भी है।

कैमरे की ऐसी पैनिंग मणि को बहुत प्रिय है। 1982 में 'ध्रुपद' बनाने के बाद जब उन्होंने 1984 में 'माटी मानस' बनायी तो अन्तिम दृश्यों में हम कैमरे की यही पैनिंग बार-बार देखते हैं और यह अच्छा लगने लगता है। शुरु के एक दृश्य में एक अंधेरे कमरे में मिट्टी के बड़े घड़े को वलयाकार ढंग से घूम कर दिखा दिया गया होता है। अन्तिम दृश्य में 360 डिग्री पैनिंग के साथ एक लम्बा ट्रैक शॉट भी है जब कैमरा आगे की ओर बढ़ता ही रहता है। कैमरे का ऐसा, अपारम्परिक प्रयोग नयी भाषा रचने में उत्प्रेरक बनता है।

ऐसा ही 'माया दर्पण' में हम देखते हैं। ट्रैक शॉट और बहुतेरे कैमरा कोण में लेटी, देखती, चलती और खड़ी होती केन्द्रीय चरित्र तरन (अदिति) की ओर से देखी गयी कहानी है माया दर्पण। अपनी कहानी के लिए इसमें संवाद निर्मल वर्मा ने

लिखे हैं और पटकथा कुमार शाहनी ने लिखी है। शुरु में घर और इसके हिस्सों से परिचित कराते ट्रैक शॉट के साथ वाणी जयराम की आवाज में गाया जा रहा पार्श्व गीत बंसी चन्द्रगुप्त की कला के कारण भी सुन्दर लगता है। इन दो पहली फिल्मों 'उसकी रोटी' और 'माया दर्पण' की पटकथाओं की शुरुआत में बस एक ही फर्क है। 'उसकी रोटी' में कहानी मोहन राकेश की पठनीय कहानी के बीच से शुरु होती है जब बालो (गरिमा) की बहन (ऋचा व्यास) को जंगी (जॉन अब्राहम) के साथ दिखाया जाता है, जिसका हाथ वह पकड़ता है और यह बात उसे बुरी लगती है। इस कारण ही बहन को उपले लाने में देर हुई और बालो को अपने पति सुच्चा सिंह (बस ड्राइवर) के लिए रोटी (मणि की भाषा में वन्स डेली ब्रेड) बनाकर पहुँचाने में देर हुई। इसी एक शाम की यह कहानी है। पाठ्य कहानी में बहन की मुंह से जंगी के कृत्य का वर्णन भर है। उसे फिर दिखाया नहीं जाता न उसके अन्य दृश्य हैं लेकिन जिस बहन को बालो कह कर जाती है कि उसके आने तक वह दरवाजा बन्द रखे और सड़क के पास आकर सुच्चा सिंह का इंतजार करते हुए वह बहन के बारे में चिन्तित होती रहती है, उसी बहन को जंगी के साथ एकाधिक दृश्यों में मणि दिखाते हैं। वह उससे फिर कैसे देर तक खड़ी रहकर बात कर सकती है भला, भले ही वह उससे मिलने घर आने का दुस्साहस करे ! इससे वह कहानी नहीं रह जाती, न लेखक जो कहना चाहता है या जैसा माहौल तैयार करना चाहता है, वह माहौल फिल्म में बना रह पाता है। पढ़ते समय एक मौलिकता की सुगन्ध आती है। पाठ्य कहानी की शुरुआत रोटी लेकर देर हो गयी बालो के बस आने वाली सड़क तक जाने और चिन्तित होने से होती है और बहन की प्रतीक्षा और फिर देर के कारण के आधार पर हुई देर को सुच्चा सिंह को बताने की तैयारी से होती है। फिल्म, लिखी कहानी के किसी भी हिस्से से शुरु की जा सकती है। लेकिन उस हिस्से से शुरु करने से जहाँ से शुरु हुई है, क्या कहानी का मर्म प्रकट हो पाता है, मणि कहते हैं कि कहानी कहने की जितनी भी बनी-बनायी शैलियां हैं मैं उन्हें तोड़ देना चाहता था और एक चित्रकार की तरह फिल्म बनाना चाहता था।

कुमार 'माया दर्पण' की शुरुआत बिलकुल उसी जगह से करते हैं जहां से अपनी पाठ्य कहानी की शुरुआत निर्मल करते हैं। यहां तक कि संवाद की जगहों, दृश्यावलियों को भी उसी क्रम से रखा गया है। दृश्यक्रम का लगभव वही क्रम रखने से दीवान जी (अनिल पंड्या) और उनकी बेटी तरन (अदिति) हमें परिचित लगते हैं, और हमें पिता-पुत्री पर 'डेकालॉग' (क्रिस्टॅफ किस्लोव्स्की) का चौथा भाग याद आ जाता है। बाइबिल के टेन कमान्डमेन्ट्स के आधार पर बनी दस फिल्मों का यह

दशक किस्लोव्स्की की फिल्म 'डेकालॉग' है। डेकालॉग चार में मां की अनुपस्थिति है। माया दर्पण में भी मां नहीं हैं। तरन के पास बुआ है। और डेकालॉग चार में अंका (ऐडरियाना बीडजिन्स्का) के पास मां की लिखी चिट्ठी। उसके जन्म लेते ही मां मर गयी थी। मां की चिट्ठी में पहला सम्बोधन है 'मेरी प्रिय अंका।' यह चिट्ठी अंका को तब मिलती है जब उसके पिता (जानस गाजोस) किसी काम से दूसरे देश जाते हैं। यह छठे कमान्डमेन्ट पर आधारित है। ये दसों भाग टेलीविजन के लिए बने थे।

चिट्ठी एक बन्द लिफाफे में रखी है। लिफाफे पर उसके पिता के हस्ताक्षर में लिखा है 'ओपेन आफ्टर माइ डेथ।' वह उसे खोलती है। उसके अन्दर एक और लिफाफा है जिसमें उसकी मां की चिट्ठी है, बेटी को सम्बोधित।

पिता ने एक बार गुस्से में आकर बुआ से कहा था कि मां की शादी के गहने की पोटली लेकर तरन चली जाये। जैसे उसका भाई चला गया है। भाई भी तो जिन्दा ही है। कुमार शाहनी दिखाते हैं कि पिता सो रहे हैं और तरन उन्हें चादर ओढ़ा रही है, बहुत हौले से कि कहीं जग न जायें। फिर आती है बरामदे में उन कुर्सियों के पास जहां रोज शाम पिता से मिलने वाले आते हैं। इंजीनियर साब भी। युवक-सा इंजीनियर साब। रेलवे लाइन के पीछे कहीं रहते होंगे वह सोचती है। वह उसके पास आती है। वह कहता है इन क्युबिकल्स को देखो। वह उसका हाथ अपने वक्ष पर रखती है। वह कहती है मैं तुम्हारा हाथ सीने पर रख रही हूं। वह कहती है काला खून। देह संवाद होता है। नृत्यांगना चन्द्रलेखा दल के युवा कलाकार मयूरभंजछउ शैली का नृत्य मंच पर प्रस्तुत करते हैं। पहाड़ और झील। झील पर एक मोटरबोट। बोट के भीतर से कैमरा 360 डिग्री पैन करता है। जो-जो खिड़की खुली है उस से बाहर पहाड़ दिखता है। फिल्म को विराम मिलता है। (जैसे बनारस की गंगा में मोटरबोट में बैठी युवा सिद्धेश्वरी, मीता के पास की खुली खिड़की से दर्शक सारे घाट देखते हैं।)

चन्द्रलेखा की नृत्य प्रस्तुति के दौरान हर बार कैमरा मंच से नीचे अंधेरे में उतरता है। अगर कोई हॉल में पहली कतार में बैठा हो और वह मंच के क्रियाकलाप को देखते हुए प्रोसिनियम के नीचे की ओर अंधेरे में देखे, ऐसा कई बार होता है। संगीत चलता रहता है अंधेरे में भी। फिर कैमरा मंच पर जारी नृत्य को देखता है। इस बार अलग कोण से। यह बहुत सुन्दर लगता है।

ऐसी फिल्म भाषा में कथा और गैरकथा यानी वृत्तचित्र का अन्तर मिट जाता है जो सिनेमा के विकास के लिए जरूरी था या फिर दोनों के बीच एक बारीक रेखा कायम रहती है। यह स्वतन्त्रता मिलती है कि आप सिनेमा के किसी भी उपादान

का प्रयोग कर सकें। हालांकि इसी स्कूल में पल्लवित हुई मीता वशीष्ठ ने कश्मीर की ऋषि लल्द्यग या लल्लेश्वरी पर फिल्म बनायी 'शी ऑफ दी फोर नेम्स।' इसमें वह सब है जो कैमरे से शूट किया जा सकता है, दृश्य, कथा, साक्षात्कार, बयान, आन्दोलन, राजनीतिक पार्टियों का यथार्थ, समाचार सब, न्यूज रिपोर्ट भी और कहानी भी और डाक्युमेन्ट्री भी। लल्लेश्वरी हिन्दी भी बोलती है अंग्रेजी भी। अच्छे फ्रेम भी, कला भी, अखबार भी। रे का इरादा साफ था। मनमोहन देसाई का इरादा साफ था। मणि और कुमार के इरादे साफ थे। इस फिल्म में कला सम्बन्धी कोई इरादा साफ नहीं होता।

ध्वनि के बारे में एक बात से बात नये ढंग से आरम्भ की जा सकती है। 1955 में सत्यजीत रे की पहली फिल्म दिखायी गयी थी 'पथेर पांचाली।' इस फिल्म में साथ साथ चलने वाला साउंड ट्रैक पहली बार नये ढंग से था। जैसे जमीन पर चलने या दौड़ने की आवाज आदि। हम फिल्मों में संगीत यानी गानों के अलावा विभिन्न भावों के लिए ध्वनि प्रभाव से परिचित हैं। यानी बैकग्राउंड स्कोर से। लेकिन यदि ध्यान दें तो 1955 से पहले यह स्कोर या तो भारतीय फिल्मों में नहीं था या फिर बेतरतीब ढंग से था। 1951 में फिल्म प्रदर्शित हुई थी 'बाजी।' देव आनन्द नौकरी की तलाश में अपने दोस्त के साथ एक जगह आते हैं और गीता बाली का नृत्य शुरु होता है, इस गीत के साथ 'शरमाये काहे घबराये काहे ओ मेरे राजा आजा आजा।' इस कमरे से देव जब हटते हैं तो उनके जूतों की आवाज हम सुनते हैं और अगले शॉट में जब वे एक स्थान पर आकर खड़े होते हैं तो आते हुए उनके जूतों की आवाज सुनायी नहीं देती। यह आवाज रखी ही नहीं गयी है स्कोर में। 1956 में फिल्म आयी 'सी आइ डी।' गाना 'पूछ मेरा क्या नाम रे' खत्म होता है कार के पास और नायिका देव को हटा कर आगे वाली सीट पर बैठती है। दरवाजा बन्द करने की आवाज हम सुनते हैं, क्योंकि 1955 में इस ओर ध्यान दिलाने के लिए फिल्म आ चुकी थी 'पथेर पांचाली।'

1955 में ही प्रदर्शित हुई थी 'देवदास।' बिमल रॉय की इस फिल्म में सुचित्रा सेन गगरी में पानी भरती है। पानी भरने की आवाज हम सुनते हैं। फिर सुचित्रा और दिलीप कुमार के बीच संवाद है। इस दौरान सिर्फ पंछियों की चहचहाहट है। क्लोज शॉट में दोनों के संवाद के दौरान सुचित्रा कहती हैं जाने दो मुझे, रास्ता छोड़ दो, कि एकाएक एक्स्ट्रीम क्लोज अप में दिलीप पूछते हैं पारो क्या तुम मुझे बिलकुल भूल गयी हो, सुचित्रा उत्तर देती हैं क्लोज शोल्डर शॉट में, शोल्डर दिलीप कुमार का और चेहरा कैमरे की ओर सुचित्रा सेन का। और चली जाती है। जाने का शॉट

है। चलने की आवाज हम नहीं सुनते। उसी शॉट में दिलीप कहते हैं इतना अहंकार! अगले शॉट में पलट कर क्लोज अप में ही सुचित्रा का संवाद, क्यूं न हो ...। फ्रेम में सुचित्रा अकेली हैं और पीठ की ओर से उसमें दिलीप प्रवेश करते हैं। बिमल रॉय ने इस वक्त भाव के प्रभाव के लिए संगीत यानी ध्वनि प्रभाव दिया है। इस दृश्य में एक छोटी छड़ी से दिलीप द्वारा सुचित्रा के चेहरे पर वार का दृश्य है। इससे ठीक पहले तक सारे फ्रेम छायांकन की दृष्टि से बहुत खूबसूरत हैं श्वेत-श्याम। बिमल रॉय इसके कलाकार थे।

1955 की ही 'पथेर पांचाली' में महिला द्वारा छत पर पूजा करने और दुर्गा द्वारा अमरूद चुराने की आहट पर छत पर जल्दी-जल्दी चलने के दौरान परिवेश की ध्वनि और दुर्गा के भागने के दौरान सितार की ध्वनि बैकग्राउंड स्कोर को अधिक प्रभावशाली और कलात्मक बनाती है। पहली बार किसी भारतीय सिनेमा में हम ऐम्बिएन्स साउंड यानी सम्बन्धित परिवेश की ध्वनि-ऑडियो ट्रैक पर सुनते हैं। यदि यह रिद्म फिल्म में है तो फिल्म में अतिरिक्त संगीत की जरूरत नहीं। जैसा कि हम गुरुदत्त की फिल्मों में ओपी नैयर के संगीत की चर्चा कर चुके हैं जो विषय को थोड़ी देर रोककर प्रकट होता है। या अब हमें ऐसा दिखता है कि गानों के बिना हिन्दी फिल्में बन ही नहीं सकतीं। फिल्म 'दी वेनेस्डे' अपवाद है या फिर 'एक रूका हुआ फैसला।' 'अंकुश' जैसी फिल्म में भी एन. चन्द्रा को एक गाना रखना पड़ा था। सत्तर-अस्सी सालों से हमें गानों के साथ फिल्में देखने की आदत पड़ चुकी है और फिल्म निर्देशकों को फिल्म से पहले गाने बनवाने की, जैसे नासिर हुसैन या अन्य फिल्म निर्देशक। बिमल रॉय फिल्म की कहानी को ध्यान में रखते हुए गाने के बारे में काम करते थे। मधुमती हो या फिर बन्दिनी। एक मुलाकात में मणि कौल और कुमार शाहनी की फिल्म नायिकाओं के भावविहीन चेहरों को सिरे से नकारते हुए दीप्ति नवल ने कहा, 'भारत में ब्रेसां नहीं चल सकते। यहां तो भाव और गाने चाहिए।'

क्लासिक सिनेमा, रिद्म आदि की समझ बने, वास्तविक सिनेमा की सही समझ बने, यही इस किताब का एकमात्र उद्देश्य है। फिल्म कलाकारों में भी, फिल्म के विद्यार्थियों और दर्शकों में भी। फिल्म संस्थान के विद्यार्थियों में सही सिनेमा की समझ प्रायः अधिक देखी गयी है फिल्म ककारों की अपेक्षा। वे ब्रेसां से आरम्भ होते हैं। हिन्दी फिल्म कलाकारों को यह समझ नहीं आता कि बिना एक भी गाने की हिन्दी फिल्म 'दी वेनेस्डे' कैसे अच्छी फिल्म बन गयी, ऐसी पटकथा कैसे लिखी गयी ! ऐसा पहले हॉलीवुड फिल्मों में सामान्य रूप से था जैसे 1950 में बनी फिल्म 'वूमन ऑन दी रन।'

साक्षात्कार - एक

सत्यजीत रे (1921-1992)

'मेरी भाषा और संगीत दोनो मिश्रित हैं'

उपेन्द्र किशोर रॉयचौधरी और सुकुमार रॉय के परिवार के सत्यजीत को विश्व भारती भेजा गया था चित्रकला सीखने जिसे उन्होंने बीच में ही छोड़ दिया। लेकिन इस दौरान उन्हें कला के तीन शिक्षक मिले जिनसे वे जीवन भर प्रतिकृत रहे। वे थे बिनोद बिहारी मुखर्जी, नन्दलाल बसु और रामकिंकर बैज। एक बार वे वहीं किसी वृक्ष के सामने बैठकर उसका रेखांकन बना रहे थे लेकिन बन नहीं पा रहा था। वे बिनोद बिहारी गुरुजी के पास गये, उनसे कहा। बिनोद बिहारी ने कहा, बनाने से पहले तुमने वृक्ष से अनुमति ली? सत्यजीत ने कहा, नहीं। गुरुजी ने कहा, पहले जाओ, उस वृक्ष से अनुमति लो, फिर उसका चित्र बनाओ। जीवन के किसी मोड़ पर जब तुम अपने-आप को बिलकुल अकेला, उदास और दुःखी महसूस करोगे, साथ में कोई नहीं होगा तब तुम एकाएक देखोगे, पास में यही वृक्ष है जो तुमसे कहेगा आकर मेरे पास बैठो।

रे जीवन भर इन शिक्षकों का उल्लेख करते रहे। बिनोद बिहारी पर उन्होंने 'इनर आइ' नाम से लघु फिल्म भी बनायी। पिता द्वारा सम्पादित पत्रिका 'सन्देश' का सम्पादन करते हुए भी यही चित्रांकन काम आया, इसी के आधार पर कोलकाता में नौकरी मिली और अपनी प्रत्येक फिल्म की पटकथा के दृश्यों को वे इसी आशीर्वाद से अपनी वर्कबुक में फ्रेम दर फ्रेम रेखांकित भी करते रहे। कुल 28 फीचर फिल्में बनायीं। पहली फिल्म 'पथेर पांचाली' के कान्स फिल्म समारोह में दिखाये जाने के बाद वे देश में पहली बार चर्चा में आये। फिर वे रूके नहीं। हालांकि, इससे पहले उन्होंने 'दुई' (दो) नाम से एक फिल्म बनायी थी। 1971 में बनी उनकी फिल्म 'सिक्किम' को प्रदर्शन से प्रतिबन्धित कर दिया गया था जो पिछले दशक में प्रदर्शित हुई। उनकी प्रतिनिधि फिल्मों की शुरुआत करने के लिए शुरु में चार फिल्में देखी जा सकती है- 'अपराजितो', 'जलसाघर', 'कांचनजंघा' और 'आगन्तुका।' 'कांचनजंघा'

उनकी एकमात्र फिल्म है जिसकी कहानी उन्होंने लिखी है जहां कांचनजंघा एक रूपक है। आगन्तुक उनकी अन्तिम और एकमात्र फिल्म है जहां हम पहली बार रे को जीवन के प्रति अपने विचार रखते देखते हैं। इसमें उत्पल दत्त के साथ उन्होंने एक कीर्तन भी गाया है। रे प्रतिभाशाली इस अर्थ में थे कि किस चीज का किस जगह पर सटीक प्रयोग करना चाहिए, वे बखूबी जानते थे। बनारस में 'अपराजितो' की शूटिंग करते हुए उन्होने खुले आंगन में दिन में प्रकाश को ऊपर बाउन्स कराया था। बाद में लन्दन में फिल्म के विद्यार्थियों से बात करते हुए उन्होंने इसका जिक्र किया और बताया कि इसके बहुत बाद स्वडेन के सिनेमैटोग्राफर स्वेन निक्विस्ट ने यह तरीका अपनाया और कहा यह स्वेन ने डिस्कवर किया है। प्रेमचन्द की कहानी शतरंज के खिलाड़ी के आधार पर इसी नाम से और फिर रबीन्द्रनाथ ठाकुर के उपन्यास 'नष्टनीड़' के आधार पर उन्होंने 'चारुलता' नाम से फिल्में बनायी। नष्टनीड़ के अन्त को उन्होंने जिस तरह से बदला है, रबीन्द्रनाथ होते तो शायद पसन्द न करते। मेरी उनसे पहली मुलाकात बनारस में 1977 में हुई थी जब वे 'जय बाबा फेलूनाथ' की शूट के लिए आये थे। फिर 1983 से 1991 तक उनके कोलकाता के बिशप्लेफ्रा रॉय रोड पर स्थित घर पर मुलाकात होती रहती। साथ में कभी उनके मित्र गैस्तों रोबेर्ज होते तो कभी होता उनका रचनाशील एकान्त।

फिल्मकार सत्यजीत रे से पहले साहित्यकार सत्यजीत रे पर विमर्श उनके व्यक्तित्व को पूर्णता में देखने का प्रस्थान बिन्दु बनता है। कोलकाता में उनका जन्म दो मई 1921 को हुआ था। इस वर्ष उनकी जन्मशतवार्षिकी के अवसर पर उनके जीवन को उनके समग्र अवदान में समझना ही रचनात्मक प्रणति हो सकती है। मनोभाव के विभिन्न देशों से गुजरी उनकी भावनात्मक चेतना में प्रतिभा का उत्तरण उनके दीर्घकालिक रचनात्मक जीवन का सारांश है।

हम सभी जानते हैं कि सत्यजीत यानी माणिक (परिवार में पुकारने का नाम) के जन्म से छह साल पहले ही उनके दादा उपेन्द्र किशोर रॉयचौधुरी नहीं रहे और जन्म के ढाई साल बाद उनके पिता सुकुमार रॉय का देहान्त हो गया। उनकी मां सुप्रभा देवी की मनःस्थिति ही तब बालक माणिक की भाव परिणति थी। जब माणिक ने होश सम्भाला तब उन्हें बताया गया कि दादाजी उपेन्द्र किशोर लेखक थे, उनका एक प्रिन्टिंग प्रेस हुआ करता था और पिता सुकुमार रॉय कवि थे। यह बचपन वे अपने मामा के यहां बिता रहे थे। यहीं वे अपनी मां के सान्निध्य में जान रहे थे कि उनके दादा का बंगाल प्रेस की दुनिया में एक अनिवार्य योगदान है, कि बाल साहित्य को तत्कालीन बंगाल में लोकप्रिय बनाने में उनकी भूमिका अग्रणी रही है।

यहां यह जानना दिलचस्प हो सकता है कि उपेन्द्र किशोर रॉयचौधुरी द्वारकानाथ गांगुली के दामाद थे। द्वारकानाथ का समय है 1844 से 1898 तक का जब बंगाल प्रेसीडेन्सी या वृहद बंगाल रामकृष्ण परमहंस, स्वामी विवेकानन्द, राममोहन रॉय और ईश्वरचन्द्र विद्यासागर आदि प्रथम पुरुषों के आलोक में पुनर्जागरण रच चुका था। ब्रिटिश भारत की पहली महिला चिकित्सक कादम्बिनी गांगुली के वे पति थे और अपना सम्पूर्ण जीवन उन्होंने सामाजिक परिवर्तन, विशेषकर महिलाओं के उत्थान में व्यतीत किया। उन दिनों विद्यासागर की प्रेरणा से ऐसा काम कई लोग कर रहे थे जिनमें रबीन्द्रनाथ ठाकुर के बड़े भाई सत्येन्द्रनाथ और द्वारकानाथ गांगुली भी प्रमुख थे। इस परिवेश को देखना इसलिए भी जरूरी है कि हम लेखक सत्यजीत के भाव बोध की प्रेरणा और परम्परा को स्पष्टता से समझ सकेंगे।

रबीन्द्रनाथ के पिता देबेन्द्रनाथ ठाकुर ने 1848 में ब्रह्म समाज की प्रतिष्ठा की थी। इस समाज में राजा राममोहन रॉय सहित कई विशिष्ट लोग शामिल थे। वे ईश्वर की आराधना तो चाहते थे किन्तु किसी छवि के जरिये नहीं। तत्कालीन बांग्ला समाज रामकृष्ण की 'मां काली' की छवि से ओतप्रोत हो चुका था। बांग्ला परिवारों में स्त्री को मां का सम्बोधन भी इसी दृष्टि से मिला, भले वह बालिका शिशु हो। ब्रह्म समाज की आस्था छवि विहीन निराकार ईश्वर में थी। द्वारकानाथ गांगुली भी इसी ब्रह्म समाज से जुड़ गये थे जिसकी परम्परा उनके दामाद उपेन्द्र किशोर से होकर सुकुमार रॉय तक पल्लवित होती गयी थी। अपने मामा के घर में किशोर माणिक यह सब तब सुन-समझ रहे थे। बड़े होकर वे भी ब्रह्म समाजी हुए। पिता के अभाव के साथ एक और अभाव उनके कैशोर्य के साथ जुड़ा हुआ था और वह था आर्थिक अभाव। ऐसे अभाव में भी 1940 में 19 साल के माणिक ने कोलकाता के प्रेसीडेन्सी कॉलेज में स्नातक की पढ़ाई पूरी कर ली थी। लेकिन औपचारिक शिक्षा की जगह अब यह तय किया गया कि एकान्तप्रिय गुमसुम माणिक को विश्व भारती विश्वविद्यालय, शान्तिनिकेतन भेजा जाये और वहां रहकर वह राबिन्द्रिक प्रभाव में बड़ा हो। वे वहां चित्रकला के विद्यार्थी हो गये। उनके पास रूपंकर कला के शीर्षस्थ शिल्पियों की छाया थी। नन्दलाल बोस, रामकिंकर बैज और बिनोद बिहारी बसु जैसे कलाकार उनके शिक्षक थे। विश्व भारती परिसर में ही एक बार युवा सत्यजीत किसी वृक्ष का रेखांकन करने गये। उनकी ड्रॉइंगकापी में वृक्ष बन नहीं पा रहा था। वे नन्दलाल बोस के पास आये और अपनी स्थिति बतायी। उन्होंने सत्यजीत से पूछा कि क्या उसने पहले उस वृक्ष से अनुमति ली थी। फिर उन्होंने बताया कि वृक्ष के रेखांकन से पहले उस वृक्ष की अनुमति उसका सम्मान है। फिर वह आजीवन तुम्हारी सहायता करेगा। जीवन के किसी मोड़ पर जब सभी तुम्हारा साथ छोड़ चुके

होंगे और अपने निर्जन शून्य में तुम असहाय अकेले खड़े होंगे तो देखोगे पास में वृक्ष ही है जो तुमसे कह रहा होगा, आओ, मेरी छाया में बैठो। वही तुम्हें पूर्ण करेगा।

ऐसी शिक्षाओं के साथ सत्यजीत युवा हो रहे थे। उनके पास रबीन्द्रनाथ और उनके शिक्षक संग का परिवेश था और थी एक प्रछन्न रचनाकुलता। चित्रकला की पढ़ाई के बीच ही उनका ध्यान एकाएक एक और परम्परा की ओर गया। 1913 में उनके पिता सुकुमार रॉय ने एक पत्रिका आरम्भ की थी 'सन्देश।' 1923 में वे नहीं रहे लेकिन उनकी पत्नी सुप्रभा यह प्रयास करती रहीं कि पत्रिका प्रकाशित होती रहे। कारण यह था कि पत्रिका बच्चों के साथ, वयस्क पाठकों में भी लोकप्रिय हो गयी थी और लोकप्रिय होने से पहले अपनी 'आबोल ताबोल' कविताओं के कारण स्वयं सुकुमार रॉय अतिलोकप्रिय हो चुके थे। अंग्रेजी में इसे नॉनसेन्स राइम्स कहा गया था। बाद में हिन्दी में इसे अवान्तर रंगमंच (ऐब्सर्ड थियेटर) की तर्ज पर अवान्तर कविता की संज्ञा मिली। सुप्रभा देवी के प्रयासों के बावजूद पत्रिका 1927 में बन्द हो गयी। अब तक वे बालक माणिक के साथ उसी मकान में रहती थीं जिसमें प्रेस था, जहां से 'सन्देश' प्रकाशित होता था। अभाव की शुरुआत यहीं से हुई थी। युवा सत्यजीत ने शान्तिनिकेतन में रहते हुए ही सोचा कि क्यों न 'सन्देश' फिर से शुरु की जाये और वे पढ़ाई बीच में ही छोड़कर वापस कोलकाता आ गये। यह 1942 की बात है।

लौटकर उन्होंने पाया कि दस साल पहले जो पत्रिका उनके चाचा द्वारा फिर शुरु की गयी थी उसे जारी रख पाना माणिक के लिए भी मुश्किल था। कारण था आर्थिक अभाव। आर्थिक कारणों से ही यह 1932 में फिर बन्द हुई थी। इसलिए पहला काम घर के लिए यह करना था कि सबसे पहले कोई नौकरी की जाये। 1943 में उन्होंने एक ब्रिटिश विज्ञापन कम्पनी में नौकरी शुरु की जिसका नाम था 'डी जे केमर।' अस्सी रूपये के मासिक वेतन पर वे वहां जूनियर डिजाइनर नियुक्त हुए थे जिसका काम था विभिन्न विज्ञापनों के लिए रेखांकन करना। वे इसे विजुअल डिजाइनिंग या ग्राफिक डिजाइनिंग भी बताते थे। उन्हें पैसा तो मिलने लगा लेकिन उनके पास कलात्मक स्वतंत्रता नहीं थी। उन्हीं दिनों उनकी मुलाकात सिग्नेट प्रेस के मालिक डी. के. गुप्ता से हुई। उन्होंने माणिक से कहा कि वे उनके प्रेस में काम करें और प्रकाशनार्थ कहानियों, उपन्यासों की कवर डिजाइन करें। उनके पास पूरी कलात्मक स्वतंत्रता रहेगी।

यही वह समय था जब सत्यजीत एक बार फिर अपनी परम्परा से सीधे जुड़ गये। प्रिंटिंग प्रेस और साहित्य। उपेन्द्र किशोर और सुकुमार रॉय मानो फिर से

उनकी रक्त कोशिकाओं में प्रवाहित हो रहे थे। शान्तिनिकेतन के दिनों में जिस प्रकार की कलामिति उन्होंने सीखी, पढ़ी और जानी थी, वह शिक्षा अब उनकी नौकरी में काम आ रही थी। सिग्नेट प्रेस में काम करते हुए ही गहन साहित्य अध्ययन का सिलसिला भी परवान चढ़ने लगा। यहीं रहकर उन्होंने रबीन्द्रनाथ, जीबनानन्द दास, विभूतिभूषण बन्दोपाध्याय, मानिक बन्दोपाध्याय, बुद्धदेव बसु, विष्णु दे आदि को समुचित ढंग से पढ़ा और कई लेखकों की किताबों की कवर डिजाइनिंग भी की। जीबनानन्द दास की कविता किताब 'बनलता सेन' का कवर तो उन्होंने बनाया ही, साथ ही जवाहरलाल नेहरु की डिस्कवरी ऑफ इण्डिया और विभूतिभूषण की 'चांदेर पहाड़' (चांद का पहाड़) का कवर भी बनाया। बहुसंख्य पढ़ते पाठकों का ध्यान किताब के कवर की ओर भी गया और इसकी प्रशंसा हुई।

1990 में अपने बिशप लेफ्रॉय रोड स्थित आवास पर मेरे इस प्रश्न पर कि कवर डिजाइन से पहले वे किस तरह का बिम्ब कवर के लिए चुनना या बनाना पसन्द करते थे, सत्तर के हो चुके माणिक दा ने कहा था, 'मैं इस बात पर ध्यान देता था कि उस कहानी का केन्द्रीय बिम्ब यानी सेन्ट्रल इमेज क्या है। वह बिम्ब जो पूरी कहानी को कह रहा हो। इसकी प्रेरणा भी मुझे रबीन्द्रनाथ से ही मिली थी।' फिर अपनी बात को विस्तार देते हुए उन्होंने बताया, "रबीन्द्रनाथ ठाकुर ने कभी एक चिट्ठी लिखी थी जिसे बाद में 'मानसी' संकलन में उन्होंने शीर्षक दिया 'पत्र की प्रत्याशा।' इसमें वे अपने किसी प्रिय को चिट्ठी लिखते हैं और देर दिनों तक उत्तर की प्रतीक्षा करते हैं। चिट्ठी नहीं आती। ऐसी ही एक गहरी संध्या चिट्ठी न आने की निराशा लिये वे नदी के किनारे टहलने लगते हैं। एकाएक उनकी नजर आकाश पर पड़ती है। असंख्य तारों भरे इस आकाश को देखकर वे खुश हो जाते हैं। लिखते हैं, देखो आ तो गयी चिट्ठी। असीम यानी अनन्त ने मुझे भेजी है तारों के हर्फ (अक्षर) में लिखी यह चिट्ठी। बाद में रबीन्द्रनाथ इस दृश्य का प्रयोग अपने नाटक 'डाकघर' में करते हैं जब अमल के पास चिट्ठी आती है। इस नाटक यानी दृश्यकाव्य का यह केन्द्रीय बिम्ब है। यही बिम्ब पूरे काव्य की रचना छान्दस भाषा में करता है। छान्दस भाषा का अर्थ है बात को सीधे-सीधे न कह कर प्रतीकों या लक्षणा में कहना। नाट्यशास्त्र में आचार्य भरत ने इसी अभिप्राय को रूपक कहा है। रूपक जो पूरे दृश्यकाव्य की अन्तर्वस्तु में निहित विचार को किसी एक बिम्ब में व्यक्त या रूपायित कर दे। फिल्म की सिनेमैटोग्राफिक भाषा में यही इमेजरी है। जो हम इंगमार बर्गमैन या आन्द्रे तारकोव्स्की या फिर क्रिस्टफ किस्लोव्स्की की फिल्मों में देखते हैं। जैसे बर्गमैन ऐसी एक इमेजरी 'दी सेवेन्थ सील' के आरम्भ में रख देते हैं। नायक मृत्यु

से शतरंज खेल रहा। यह इमेजरी है। केन्द्रीय बिम्ब। अब पूरी कहानी में दर्शक यह देखने के लिए तैयार हो जाते हैं कि कौन जीतता है। नायक या मृत्यु या उन्हीं की फिल्म 'दी वर्जिन स्प्रिंग' में उस युवती को जिसे बलात्कार के बाद मार डाला गया है, बलात्कारी युवक जब छुपाने के लिए घसीटते हैं तो जमीन से पानी का एक फव्वारा फूट पड़ता है। ऐसा लगता है मानो धरती रो पड़ी है उस निर्जन एकान्त में हुई इस निर्लज्ज मानुषिक क्रूरता पर। 'अपराजितो' में हरिहर के देहान्त पर काशी के घाट पर एक साथ कबूतरों का उड़ना ऐसी इमेजरी नहीं है। हालांकि लगता है कि मुक्त हुई हरिहर की आत्मा। यह भाव यहां महत्त्व का है।"

ऐसे काव्यबिम्ब के साथ ही कहें, साहित्यचर्या में सत्यजीत के साथ जो दूसरा लोक जुड़ता गया, या कहें, प्रकट होता गया वह है रहस्य और रोमांच का लोक। रबीन्द्रनाथ की कहानी 'क्षुधित पाषाण' का रहस्य उन्हें रोमांचित करता था। वे 'सन्देश' शुरु करना चाहते थे और स्वयं उसमें धारावाहिक कहानी लिखना चाहते थे। कहानी का स्वर उनके पास स्पष्ट हो गया था। स्वर था रहस्य का। लेकिन लिखने से पहले वे एक ऐसा किरदार रचना चाह रहे थे, जिसके जरिये वे अपनी बात कह सकें। अन्ततः उन्हें ऐसा किरदार मिल गया और ऐसे किरदार का नाम उन्होंने रखा फेलुदा। आनुशंगिक चरित्र भी अपने-आप बनते, जुड़ते चले गये। 1940 से 1944 तक की इस संक्षिप्त यात्रा के दौरान उनका उर्वर मस्तिष्क और भावप्रवण हृदय कथा को दृश्यों में कहने के लिए किसी अन्य कला माध्यम की ओर भी झुक गया था। वे फेलुदा को केन्द्र में रखकर कहानियां तो सोचते लेकिन दृश्य कला माध्यम या छायाछवि के लिए किसी अन्य कहानी की कल्पना करने लगे थे जो उनकी लिखी न हो। 'बंकिम बाबू, विभूतिभूषण, मानिक बन्दोपाध्याय, शीर्षेन्दु मुखोपाध्याय, प्रेमेन्द्र मित्र, समरेश बसु, बुद्धदेव बसु और इन सबसे पहले रबीन्द्रनाथ मेरे जेहन में हमेशा चहलकदमी करते रहते थे। शान्तिनिकेतन जाने से पहले ही घर में रबीन्द्रगान यानी उनकी कविता पुस्तकें 'संचयिता और गीतवितान' की चर्चा थी ही, शान्तिनिकेतन जाकर उनकी कहानियां, 'लिपिका' या 'छिन्न पत्रावली' में संग्रहीत चिट्ठियां और 'शान्तिनिकेतन' में संकलित उनके प्रवचन मेरा आत्मिक लोक बन चुका था जिसमें ब्रह्म समाज का स्पर्श भी था और सामाजिक उन्नति, वर्ग संघर्ष की चेतना और स्त्री जीवन का उत्तरण भी मेरे साहित्यिक जीवन को प्रतिकृत कर रहा था। मैं लिखने के लिए तैयार था। बल्कि मैं लिखने लगा था। साथ ही साहित्य बिम्बों को छायाछवि यानी सिनेमा माध्यम में रूपायित करने की मुझमें एक उत्कंठा सी हो गयी थी। यह 1947 की बात है जब मैंने कोलकाता

फिल्म सोसाइटी की स्थापना की। साहित्यिक जिजीविषा छूटी नहीं थी, बल्कि और बलवती होती गयी थी। बस उन कहानियों के केन्द्रीय बिम्बों को अब और किसी किताब के कवर पर डिजाइन नहीं करना चाहता था। लेकिन 1945 और 1946 में भी मैं कवर डिजाइनिंग तो कर ही रहा था।' वे बताते मुख्यतः बांग्ला और प्रायः अंग्रेजी में।

जिस वृहत बंगाल के नवजागरण आन्दोलन को उनके दादा उपेन्द्र किशोर ने जिया था वह सत्यजीत की रचना प्रक्रिया में मुखर होना चाहता था। उन्हें आश्चर्य था कि उनके जीवन में वह सब कुछ दोहराया जा रहा है जो उनके दादाजी ने दो पीढ़ी पहले जिया था। ब्लॉक मेकिंग और प्रेस के काम के अलावा बच्चों के लिए लेखन उपेन्द्र किशोर के केन्द्रीय सरोकार थे। वे इस चेतना को अपने मन मस्तिष्क में फिर से जीवन्त होते देखते थे। इसे विस्तार से सत्यजीत रे बताते हैं, 'अभी के बांग्लादेश के मैमन सिंह में जन्में उपेन्द्र किशोर तब थे कामदा रंजन रॉय। मैमन सिंह के एक जमींदार हरिकिशोर ने उन्हें गोद लिया था और नाम दिया था उपेन्द्र किशोर। रॉयचौधरी उनके नाम के साथ जोड़ा गया था। उन्होंने भी प्रेसीडेन्सी कॉलेज से ही कुछ समय तक पढ़ाई की थी लेकिन स्नातक किया था 1884 में कोलकाता मेट्रोपॉलिटन इन्स्टीट्यूशन से जिसे आज विद्यासागर कॉलेज के नाम से हम जानते हैं। उन्हीं दिनों उनकी रूचि आधुनिक ब्लॉक मेकिंग और प्रिन्टिंग टेक्नोलॉजी की ओर हो गयी थी और वे हाफटोन और कलर ब्लॉकमेकिंग में कुछ नया करना चाहते थे। कुछ ही वर्षों में ऐसा उन्होंने किया भी और इसी क्षेत्र में अपना व्यवसाय आरम्भ किया जब उन्होंने 1895 में बनाया 'यू रे ऐंड सन्स।' कुछ ही दिनों में प्रिन्टिंग जगत के लोग उन्हें जानने लगे। 1914 तक यह एक प्रतिष्ठित कम्पनी हो चुकी थी। 1913 में यहीं से पहली बार प्रकाशित हुआ था 'सन्देश।' उपेन्द्र किशोर की पहली रचना थी 'छेलेदेर रामायण' यानी युवकों का रामायण। फिर उन्होंने बांग्ला में विज्ञान पर दो किताबें लिखीं 'सेकालेर कथा' और 'आकाशेर कथा।' बच्चों की कहानियों का एक संकलन भी प्रकाशित हुआ 'टुनटुनीर बोइ।' संगीत पर उन्होंने दो किताबें लिखी थी 'सहज बेहाला शिक्षा' और 'शिक्षक बातरिक हारमोनियम।' अपने युवा दिनों को जब मैं गौर से देखता हूं तो पाता हूं कि प्रेस का काम भी मैंने किया, 'सन्देश' पत्रिका का सम्पादन भी, किताबें भी लिखीं और संगीत की ओर भी प्रवृत्त हुआ। यानी वह सब मुझमें दोहराया जा रहा था जो दादा जी करते रहे थे। शायद मेरी कहानियों में तीसरी और पहली पीढ़ी के बीच संवाद इसी कारण रह-रह कर आता गया।"

और फिर सत्यजीत रे ने लिखनी शुरु की कहानियां। उन्हें अपनी बात को कहने के लिए एक चरित्र मिल चुका था 'फेलुदा।' कुछ ही दिनों में फेलुदा लोकप्रिय हो चुके थे। कहानियों की श्रृंखला अब 'फेलुदा श्रृंखला' के नाम से छपने लगी जिसमें एक साथ कई कहानियां होती थीं। इन रहस्य कहानियों में फेलुदा हर बार किसी अपराध रहस्य को अपने हाथ में लेते और उसे दिलचस्प ढंग से सुलझाते जो पाठकों को अन्त तक कौतूहल में रखता था। फेलुदा की तरह उनका एक और चरित्र लोकप्रिय हुआ प्रोफेसर शंकु। अब उनकी किताबों के शीर्षक होते फेलुदा की कहानियां, प्रोफेसर शंकु की कहानियां, तारिनी खुरो की कहानियां, बांकूबाबूर बोन्धु, फटीक चन्द, सुजान हरबोला और मास्टर अंशुमान। इन कहानियों में रहस्य न अल्फ्रेड हिचकॉक की फिल्मों सा था, न अगाथा क्रिस्टी के उपन्यासों सा, और न शरलॉक होम्स सा। एक नये ढंग की लेखनशैली या शिल्प वैशिष्ट्य ने ही सत्यजीत को बंगाल के मूर्धन्य लेखकों के बीच एक विशिष्ट स्थान दिलाया। उन्होंने कविताएं भी लिखीं। इन कविताओं का संकलन आया 'तोराय बांधा घोड़ार डिम' यानी एक गुच्छा घोड़े के अंडों का। अपने जीवनकाल मे सत्यजीत के कहानियों-उपन्यासों के बीस संकलन और लघु कहानियों के सात संकलन प्रकाशित हुए। उन्होंने मुल्ला नसरुद्दीन की कहानियों पर आधारित भी कई कहानियां लिखीं। चित्रलेखा, प्रोफेसर हिजीबिजी, बहुरूपी और मानपत्र कहानियों को उनकी विशिष्ट कहानियां मानी गयी हैं जो उनके शिल्प वैशिष्ट्य को बताती हैं। ऐसे लेखन के कारण ही उन्हें रहस्य और विलक्षण काव्यबिम्बों का गद्यकार कहा गया। 'काव्यबिम्बों का गद्यशिल्पी क्यों?' मेरी इस जिज्ञासा को उन्होंने एक कथाकार के रूप में ही शान्त किया था।

'हिन्दी या अन्य भारतीय भाषाओं में जिस तरह गद्य और काव्य का वर्गीकरण है वैसा बांग्ला में नहीं है। यहां या तो सब कुछ काव्य है या फिर सब कुछ गद्य। यही हमारी प्राचीन भारतीय परम्परा रही है। काव्य और काव्यशास्त्र ही पहले एकमात्र रचना केन्द्रीयता थी। अलग से गद्य या साहित्य शब्द के लिए कोई स्थान नहीं था। काव्यशास्त्र ही अंलकारों के कारण अलंकारशास्त्र के रूप में जाना गया। इसीलिए जब कोई गद्य (या बांग्ला में 'प्रबन्ध') भी लिखता तो उसे काव्य का ही स्थान मिलता। स्पर्श तो काव्य का ही है, भले ही रूप गद्य को मिला हो।'

'आपकी साहित्यिक छवि फिल्मों की ओर से विभूतिभूषण बन्दोपाध्याय के लिए बनी है। ऐसा लगता है मानो वे ही आपके एकमात्र प्रिय लेखक हैं। बांग्ला

एवं विश्व साहित्य में किन अन्य लेखकों ने आपके रचनात्मक जीवन को गहरे से प्रभावित किया?'

'लगभग सभी ने। विभूतिभूषण के उपन्यास पर मेरी फिल्म 'पथेर पांचाली' की चर्चा हुई तो समालोचकों ने मुझे उन्हीं तक सीमित कर दिया। एक बंगाली किशोर चेतना पर पहला प्रभाव पड़ता है निसन्देह रबीन्द्रनाथ का। यह अमिट और अक्षुण्ण रहता है। बांग्ला संस्कृति नवजागरण की संस्कृति है जिसे विद्यासागर और रबीन्द्रनाथ को अनुपस्थित कर सोचा नहीं जा सकता। जब मैं कवर डिजाइन करता था उन दिनों में 'पथेर पांचाली' का कवर बनाते हुए मेरे जेहन में इस पर फिल्म बनाने की इच्छा हुई थी। शान्तिनिकेतन के दिनों में इस इच्छा ने जन्म लिया था। नौकरी के दिनों में मुझे इसके लिए इस किताब ने सुनिश्चित किया और बाद में जब रेनुआ और डी सिका की फिल्मों को देखने के बाद यह तय हो गया कि फिल्म तो बनानी ही है तो विभूति बाबू से मुलाकात हुई। यह बात है 1950 की। इसी साल वे दिवंगत भी हुए। फिर फिल्म बनी और लोगों ने मुझे इसी साहित्यिक (साहित्यकार) तक सीमित कर दिया। चालीस के दशक में रबीन्द्रनाथ के अलावा जो लेखक मेरे साथ मेरी मानसिकता में हमेशा होते थे वे हैं मानिक बन्दोपाध्याय, प्रभात कुमार मुखर्जी, प्रेमेन्द्र मित्र, राजशेखर बसु, मणिशंकर मुखर्जी, शीर्षेन्दु बन्दोपाध्याय, शीर्षेन्दु मुखोपाध्याय, विभूतिभूषण मुखोपाध्याय, समरेश बसु और कई या कहें सभी। विश्व साहित्य भी पढ़ना हो जाता था। इन्हीं लेखकों ने विश्व साहित्य के प्रति भी मेरी चेतना को समृद्ध किया और मुझे ऐडगर ऐलेर पो, जॉन मिल्टन, शेक्सपीयर, टॉलस्टॉय, चेखोव, हेमिंग्वे आदि में दिलचस्पी आती ही चली गयी। पढ़ना जो जीवन भर होता है। यह अशेष है।'

युवा दिनों में जिस एक और गहरी रूचि ने उनके हृदय में स्थान बना लिया था वह थी फिल्मकला के प्रति रूचि। यह अकेली रूचि थी जो उन्हें अपने दादाजी या पिता से नहीं मिली थी संस्कार के रूप में। वे एक अप्रतिम विजुअल स्टोरीटेलर यानी दृश्य कथाकार थे। विश्व में उनकी प्रतिष्ठा एक फिल्मकार के रूप में ही है। यह सफर शुरु हुआ था 1955 से। उनके इस व्यक्तित्व पर काफी कुछ कहा जा चुका है। यहां संक्षेप में उनकी कुछ विशिष्ट शैलियों की चर्चा की जा सकती है जिस पर विमर्श कम हुआ है और जिन शैलियों का उद्गम उन्हें साहित्य से ही मिला था।

किसी कथाकार पर बनायी उनकी फिल्मों पर चर्चा से पहले, उनकी एक विशेष फिल्म को नये सिरे से देखा जा सकता है। उनकी यह फिल्म है 'कांचनजंघा।' फिल्म प्रदर्शित हुई थी 1962 में। कांचनजंघा देखने कई चरित्र पहाड़ पर इकट्ठा हुए

हैं लेकिन उन्हें वह दिखता तब है जब मुख्य चरित्रों के मन पर पड़ा अन्तर्द्वन्द का कोहरा हट जाता है। प्रतीकात्मक रूप से भीतर कोहरा हटते ही बाहर भी कोहरा छंट जाता है और कांचनजंघा एक पहाड़ी सौन्दर्य स्थल न होकर किसी विचार का रूपक बन जाता है। ऐसा फिल्म के अन्त में स्पष्ट होता है। आरम्भ में नहीं। इस फिल्म की कहानी रे ने लिखी है। किसी लेखक की कहानी के आधार पर नहीं। फिर उस पर पटकथा तैयार की है। किसी जगह को ही आन्तरिक जगत का प्रतीक बना देने की यह कोशिश उनकी पहली और अन्तिम है। ऐसा गद्य में होता है। जब हम निर्मल वर्मा के प्राहा को पढ़ते हैं या जब हम श्रीकान्त वर्मा के मगध को पढ़ते हैं। मगध को कविता के शिल्प में ही लिखा गया। लेकिन गद्य में काव्य स्पर्श की सम्भावनाओं को जिस प्रकार निर्मल देखते थे उसी तरह सत्यजीत इस फिल्म में देखते-दिखते हैं। यह सत्यजीत का गद्य छन्द है। यह उनका भारतीय सिनेमा में महत्त्वपूर्ण अवदान है। हालांकि उनकी यह फिल्म अल्प विदित और अल्प समीक्षित है। बिम्ब छन्द में ऐसा गद्य उनसे पहले सिनेमा में नहीं लिखा गया था। तारकोव्स्की की 'मिरर' की तरह रे का सिनेमा काव्यात्मक यानी पोएटिक सिनेमा नहीं है। न ही उनकी फिल्मों में हम बर्गमैन की तरह दार्शनिक प्रत्यय देखते हैं। इस तरह रे का सिनेमा क्लासिक सिनेमा भी नहीं है। हम उन्हें बिम्ब छन्द का गद्य फिल्मकार कह सकते हैं। विजुअल स्टोरीटेलिंग के इस अर्थ में रे प्रथम पुरुष हैं जिसका गतानुगतिक साधारण आरम्भ फाल्के ने किया था। उन्होंने फिल्मकला का गहरा अध्ययन तो किया ही था लेकिन अपनी ओर से भी वे इस कला को एक विशेष ढंग से देखते थे। अपने कोलकाता वाले घर में ही लम्बे संवाद के दौरान उन्होंने बताया था :-

"हम जानते हैं कि दो प्रकार की फिल्में होती हैं, व्यावसायिक और कला। ये श्रेणियां उद्देश्य की दृष्टि से बनायी गयी हैं। जैसे व्यवसाय करना उद्देश्य है तो व्यावसायिक फिल्म। लेकिन हमें दो बातों पर सामान्यबोध के स्तर से ध्यान देना होगा। एक तो यह कि सिनेरचना की पूरी प्रक्रिया में ऐसा कुछ भी नहीं है जो कला न हो। यह एक कला माध्यम है। पटकथा लेखन, सिनेमैटोग्राफी, प्रकाश, ध्वनि या सम्पादन सबकुछ कला है, जिसका उपयोग व्यावसायिक फिल्म के लिए भी अनिवार्य रूप से होता है। इसलिए अलग से कलाफिल्म संज्ञा का कोई मतलब नहीं बनता। लेकिन यह संज्ञा पिछले साठ सालों में इतनी प्रचलित हो चुकी है कि कलाफिल्म कहते ही हम समझ जाते हैं कि कौन-सी या किस तरह की फिल्म। ऐसा भारत में इसलिए हुआ है क्योंकि हम उस सिनेभाषा से अभी तक परिचित नहीं हुए, जिसमें सिनेमा की शब्दावलियां पहले से निर्धारित हैं। उसे न जानने के अभाव में

हम कला, सार्थक और समानान्तर सिनेमा आदि कहते रहे हैं। दरअसल कलात्मक या नया विचार लाने के उद्देश्य से बनायी गयी कम बजट की ये व्यावसायिक फिल्में ही हैं। देखना चाहें तो हम देख सकते हैं कि जिस दौर में यानी 1913-14 में ढुंढिराज फाल्के सिनेमाध्यम में राजा हरिश्चन्द्र, कृष्णलीला और लंकादहन पर्दे पर देखकर विभोर हो रहे थे कि इन मिथ चरित्रों को हम चलते-फिरते देख रहे हैं उसी दौर में उन्हीं सीमित साधनों में चार्ली चैप्लिन ने एक कॉमनमैन की कल्पना कर सामाजिक बुराइयों पर प्रहार करना शुरु कर दिया था। वे इस नये कलामाध्यम में एक विजुअल स्टोरीटेलर यानी एक दृश्य कथाकार भर नहीं थे। वहां विचार था। 1913 से आजाद देश में बनी फिल्मों तक हमें कथा को दृश्य रूप में कहने की प्रतिभा दिखती है, विचार नहीं। दूसरी बात यह कि फिल्में दो प्रकार की ही हो सकती हैं। पहली है यथार्थ की पुनर्रचना। फिल्मकार अपने दौर और देशकाल में जिस यथार्थ से संवेदित होता है उस यथार्थ की वह सिनेकला माध्यम में फिर से रचना करता है जैसे कोलकाता 71। (या जैसे भागलपुर जेल में कैदियों की आंखें फोड़े जाने की घटना पर बनी 'गंगाजल') या यदि फिल्मकार को लगता है कि किसी कहानी या उपन्यास में व्यक्त कोई अस्वस्थ सामाजिक स्थिति आज भी है और इसके प्रति समाज को सचेतन करना चाहिए ताकि दृश्य बदले तो मैं फिल्में बनाता रहुं 'पथेर पांचाली', 'जलसाघर', 'चारुलता', 'अरण्येर दिन रात्रि', 'गणशत्रु या सद्गति।' श्याम बेनेगल बनाते हैं भूमिका, निशान्त या मन्थन या फिर मृणाल सेन बनाते हैं कोलकाता त्रयी या फिर ऋत्विक घटक की सारी फिल्में। उपन्यास पर आधारित फिल्मों की हमारे यहां भी एक लम्बी श्रृंखला रही है। शरत के 'देवदास' को हम देख सकते हैं। ऐसी फिल्मों की उम्र हुई सौ-साल से अधिक। अब दूसरी प्रकार की फिल्मों को देखें। दूसरी प्रकार की फिल्में वे हैं जिनमें किसी मौलिक विचार या दार्शनिक प्रश्न पर विमर्श करने के लिए सिनेमा के एकमात्र मुख्य माध्यम सिनेमैटोग्राफी का प्रयोग किया गया हो। सिनेमैटोग्राफी कला अपने कवि की प्रतीक्षा करती है। यह फोटोग्राफी के विलोम में है। ऐसी फिल्मों में फिल्मकार किसी कहानी या सामाजिक यथार्थ को दोहराता नहीं, उस रियलिटी का रीप्रोडक्शन नहीं करता बल्कि अपने आन्तरिक संसार को दर्शक के साथ साझा करता है। बर्गमैन, ब्रेसां या तारकोव्स्की की फिल्में ऐसी ही फिल्में हैं। आप और आगे बढ़ कर त्रूफो, फेलिनी और गोदार की फिल्मों को देख सकते हैं। यह क्लासिक सिनेमा है, एक कलात्मक कृति जो उत्पाद या कमोडिटी नहीं हो सकती। ऐसी फिल्मों की उम्र अभी बहुत कम है और भारत में अभी तक ऐसी कोई फिल्म नहीं बन पायी है। दार्शनिक प्रश्न

वे समस्या हैं जिन पर सुकरात और वैदिक ऋषियों के समय से लेकर कान्ट, कामू और रबीन्द्रनाथ के समय तक विमर्श चलता आया है। जैसे मृत्यु की समस्या, दुःख, प्रेम और बुराई की समस्या। बुराई या इविल की समस्या को हम कैसे देखें और मनुष्य को इससे मुक्ति कैसे मिले, बर्गमैन या तारकोव्स्की की फिल्मों की यह केन्द्रीय समस्या है, जिसे रचनात्मक ढंग से देखने की एक कोशिश 'साधना' में रबीन्द्रनाथ ने की है, जिसके या ऐसे किसी प्रश्न पर विमर्श दर्शकों को मेरी फिल्मों में कभी नहीं मिलता, सिवाय अन्तिम फिल्म 'आगन्तुक' में जीवन को ब्रह्म समाजी दृष्टि से देखने के। 'सेवेन्थ सील' मृत्यु की समस्या पर ही है।'

तो फिर विश्व सिनेमा में हम सत्यजीत रे के अवदान को कैसे देखें, कैसे देखते हैं, यानी कैसे देखते आ रहे हैं? जैसे देखते आ रहे हैं, उस पर गैस्तों रोबेर्ज, ऐन्ड्रियु रॉबिन्सन, मारी सेटॉन और चिदानन्द दासगुप्त आदि समीक्षकों ने पिछले पचास सालों में खूब लिखा है। आइए कुछ नये ढंग से उनकी कलादृष्टि को देखने की कोशिश करें। यानी हम यह देखें कि क्लासिक सिनेमा के प्रकाश में उनकी कृतियां कितनी प्रकाशित दिखती हैं। उन सभी समीक्षकों के अनुसार 'चारुलता' रे की सर्वश्रेष्ठ फिल्म है। आपको दिखेगा कि ऐसा नहीं है। रबीन्द्रनाथ होते तो उन्हें यह पहले दिखता। उनके उपन्यास 'नष्टनीड़' पर आधारित 'चारुलता' को हम रे की ओर से ही देख सकते हैं।

रे की ओर से उनकी उन फिल्मों को देखने जो कहानी या उपन्यास पर बनी है, का तात्पर्य यह है कि हमें उनकी फिल्मों की तुलना उस कहानी से करनी चाहिए जिसे रे ने लिखा है। यानी जो सद्गति और शतरंज के खिलाड़ी उन्होंने लिखी है। उन्होंने मूल कहानी को आत्मसात् कर उसे सिनेमा में विस्तृत करने की कल्पना की है, उसका एक वृहत्तर अर्थ सुनिश्चित किया है। आम समीक्षक अक्सर आम दर्शक की तरह फिल्म की तुलना प्रेमचंद की लिखी कहानी से करने लगते हैं और पूरा विमर्श ही निरर्थक हो जाता है। फिर शरत के 'देवदास' पर बनी प्रमथेश बरुआ या बिमल रॉय की फिल्म और विभूतिभूषण के 'पथेर पांचाली' पर बनी फिल्म का फर्क मिट जाता है। फाल्के से लेकर पी सी बरुआ और बिमल रॉय तक लिखी कहानी को कहने का ढंग वही है जो शरत का है, सिर्फ फिल्म माध्यम का फर्क है। रे के यहां ऐसा नहीं है। कहने का ढंग ही प्रेमचंद से अलग है। फर्क यहां पर है। 'देवी' को उन्होंने उस तरह नहीं कहा है जिस तरह प्रभात कुमार मुखर्जी ने कहा है। प्रभात कुमार की कथा और रे की पटकथा में मौलिक अन्तर है जो शरत और बिमल रॉय में नहीं है। भारतीय सिनेमा में स्टोरी टेलिंग की यह नयी परम्परा शुरु की सत्यजीत

रे ने। जिस ढंग से उनकी फिल्मों को परखा जाता रहा है और उनकी अनेकान्त कलादृष्टि के सामाजिक सरोकार मूल्यांकित हुए हैं, उसका भी पुनर्नवा आज जरूरी है। इसके लिए एक बार हमें अस्सी साल पहले के भारतीय मानस और तीस और चालीस के दशक के हमारे सिनेमा बोध में जाना पड़ सकता है।

हम यह जानते हैं कि 1950 में जब ज्यां रेनुआ कोलकाता आकर अपनी फिल्म 'दी रीवर' की शूटिंग कर रहे थे, तब रे उनसे मिले थे और प्रेरित होकर उसी वर्ष उन्होंने अपनी पहली फिल्म बनाना सुनिश्चित कर लिया था। उन्होंने 'पथेर पांचाली' की शूट भी शुरु कर दी जो पूरी हुई 1955 में। इससे पहले तक कोलकाता का सिनेमा यानी बंगाल का सिनेमा अप्रासंगिक नहीं था। उसकी प्रासंगिकता इतनी थी कि उस सिनेमा बोध की आहट हमें रे की प्रारम्भिक फिल्मों में दिख सकती है। कोलकाता में पहले तो उनकी फिल्मों को नये चेतना बोध के स्तर पर देखा नहीं गया, न तत्कालीन सिनेमा बोध के आलोक मे परखा गया, और जब देखा गया तो ऐन्ड्रियु रॉबिन्सन, मारी सैटन, गैस्तों रोबेर्ज और चिदानन्द दासगुप्त जैसे फिल्म लेखकों के अनुसार देखा गया। किसी युवा कलाकार के पास एक समृद्ध परम्परा भी होती है जिसका मुख्य सिरा उसी की सांस्कृतिक चेतना में सक्रिय रहता है। युवा सत्यजीत की इस चेतना में सुकुमार रॉय और रबीन्द्रनाथ ठाकुर का स्पर्श तो बार-बार देखा जाता रहा है लेकिन तत्कालीन भारतीय सिनेमा बोध का उल्लेख पिछले पांच दशकों के मूल्यांकन में कभी नहीं दिखा। प्रभात फिल्म्स के बाद और बॉम्बे टॉकीज से पहले कोलकाता ने उसी साल न्यू थियेटर्स की नींव रखी थी, जिस साल हमारा सिनेमा सवाक हुआ था, यानी 1931 में। तीस और चालीस के दशकों में बांग्ला भाषा में बनी जिन दो फिल्मों ने भारतीय सिनेमा की आधुनिक या बौद्धिक दिशा तय की, दीर्घकालिक महत्त्व के प्रतिमान तय किये, वे फिल्में न्यू थियेटर्स की ही थीं। ये फिल्में थीं 'मुक्ति' और 'उदयेर पॅथे।' ये क्रमश 1937 और 1944 में बनी थीं। 'उदयेर पॅथे' जो उसी साल हिन्दी में 'हमराही' नाम से बनी, बिमल रॉय की पहली निर्देशित फिल्म थी जो प्रमथेश चन्द्र बरुआ निर्देशित 'मुक्ति' में सिर्फ सिनेमैटोग्राफर थे। रबीन्द्रनाथ ठाकुर का गान अपने पूरे स्वरूप में पहली बार इसी फिल्म में है जो बाद में हमारा राष्ट्रगान बना। अगर हम देखना चाहें तो दिख सकता है कि रे की 'अपराजितो' में हमेशा के लिए उजड़ गये घर को दिखाने के लिए घर में सांप को दिखाने का बोध या 'देवी' में गृहस्वामी के आने का संकेत उनके खड़ाऊँ की आवाज से दिखाने का अंदाज रे के 'उदयेर पॅथे संस्कार' में सुरक्षित था। उदयेर पॅथे में सांप की जगह बिल्ली है और खड़ाऊँ की जगह चमड़े

की नयी चप्पल है। प्रयोग की शैली समान है। रे की विश्व सिनेचेतना में भी प्रारम्भिक प्रभाव इसी तरह के दिखते हैं जैसे 'गुपी गाइन बाघा बाइन' में भूतों के नृत्य का इमेज बर्गमैन की 'सेवेन्थ सील' से अविकल लिया गया। सिनेमा या चलचित्र को बांग्ला में छायाछवि कहते हैं। इसके बहुवाचक प्रतीकार्थ हो सकते हैं। तत्कालीन सिनेमा बोध से असम्पृक्त रे की मौलिक कला चेतना का पहला स्पर्श हमें दिखता है 'जलसाघर' में और इसी सांस में हमें दिखता है कि 'चारुलता' उनकी सबसे अच्छी फिल्म नहीं है। हम इसे उनकी सबसे अच्छी फिल्म उन फिल्म लेखकों द्वारा की गयी स्थापना के कारण कहते हैं और इस कारण कि उनकी सबसे अच्छी फिल्म या फिल्में अभी तक अल्प विदित और अल्प समीक्षित हैं। जन्म शतवार्षिकी जीने के इस प्रस्थान बिन्दु पर हमें दो बातें नये ढंग से दिख सकती हैं। पहला तो यह कि 'जलसाघर' से हम रे की फिल्मों को रे की ओर से देख सकते हैं, तत्कालीन सिनेमा सन्दर्भ से मुक्त होकर और दूसरा यह कि लेखक सत्यजीत रे की ओर से देखने पर ही उनके उन कलामूल्यों पर भी बात हो सकती है जिन पर साहित्य की ओर से अभी प्रकाश नहीं डाला गया है। उनकी चित्रकला, फिल्म या संगीत व्यक्तित्व को साहित्य की ओर से देखने पर यानी लेखक सत्यजीत रे की ओर से देखने पर पुनर्नवा का नया आस्वाद हमें मिलता है, जिसकी कुछ आहट उनकी किताब 'आमार पांचाली' (मेरा गीत) पढ़कर हमें मिलने लगती है।

साक्षात्कार - दो

मृणाल सेन (1923-2018)

1955 में मृणाल दा ने फिल्म बनायी थी 'रातभोर' और फिर 1959 में 'नील आकाशेर नीचे।' अपनी इन दो प्रारम्भिक फिल्मों को वे फिल्म नहीं मानते थे। अपने जन्म 14 मई, 1923 को भी वे एक मेटाफर कहते थे और सम्मानस्वरूप मिले पद्मभूषण को भी। 1969 में बनायी फिल्म 'भुवनशोम' से सिनेमा पारखियों का ध्यान उनकी ओर गया। अमिताभ बच्चन ने इस फिल्म में अपनी आवाज दी है। और फिर यह आवाज नरेटर के रूप में 1977 में सत्यजीत रे की फिल्म 'शतरंज के खिलाड़ी' में सुनी गयी। कोलकाता त्रयी सेन ने रे से पहले बनायी। ये थीं- 'इन्टरव्यू' (1971), 'कैल्कैटा'71 (1972) और 'पदातिक' (1973)। 'पदातिक' में सिमी ग्रेवाल ने धृतिमान चैटर्जी के साथ काम किया था। 'कोरस, 'एक दिन प्रतिदिन, 'मृगया, 'चलचित्र', 'खारिज', 'खंडहर', 'एक दिन अचानक' (हिन्दी में) और 'अन्तरीन' उनकी उल्लेखनीय फिल्में हैं। कैल्कैटा'71 फिल्म की रचना शैली में फिक्शन और नॉन फिक्शन का समवाय है और मेरे सुझाव से फिल्म के विद्यार्थयों और विद्वानों को यह फिल्म जरूर देखनी चाहिए। और चालचित्र का वह दृश्य भी जब एक बच्चे की आँख से बड़ों के वैमनस्य को खेल की तरह दिखाया गया है। उन्हें दादा साहेब फाल्के सम्मान दिया गया। जीवन भर उन्होंने अपने को प्राइवेट मार्क्सिस्ट कहा।

अनुपस्थिति का मेटाफर ही छायाछवि है मेरे लिए

अभी की स्थिति को वे 94 वर्ष की उम्र में नेमोनिक कन्डीशन की संज्ञा देते हैं। यानी स्मृति की अवान्तर स्थितियां। मृणाल दा कहते हैं कि यह दरअसल डेलिरियम की अवस्था है जहां व्यक्ति को दुविधा नहीं, सोचने की असुविधा होती है। इसे हम सामान्य तौर पर वृद्धावस्था कहते हैं या समझते हैं। लगता है कि सोच सकते हैं और इसकी मजबूत आदत रही है लेकिन सोच नहीं पा रहे कि क्या और कैसे सोचें। हम जानते हैं कि क्या जानते हैं और हम नहीं जान पाते कि क्या नहीं जानते। यह बात वे तब कर रहे थे जब इस जुलाई में उनके न रहने की खबर देशभर में एक सुबह अचानक फैल गई। अनुपस्थिति के ऐसे प्रसंग पर वे धीमे-धीमे बोल पा रहे थे। जब उनसे हमारी कोलकाता के नन्दन छवि परिसर में तीन घंटे की लम्बी बातचीत हुई थी तो वह साल 1990 का था। उन्होंने अनुपस्थिति पर फिल्म बनायी थी 'एक दिन अचानक।' एक सुबह अचानक की तरह ही एक दिन अचानक। शंकर के बांग्ला में लिखे उपन्यास पर हिन्दी में बनी इस फिल्म का नन्दन में प्रीमियर था। अन्तर्राष्ट्रीय फिल्म समारोह के मौके पर हुए इस प्रीमियर के अगले दिन मृणाल दा के साथ पत्रकार वार्ता निर्धारित थी। इसे समीक्षक वार्ता कहा जाना चाहिए। जब देशभर से आये विभिन्न भाषाओं के फिल्म समीक्षक फिल्म को लेकर सवाल पूछ रहे थे और मृणाल दा पूरी स्फूर्ति से उत्तर दे रहे थे। लगातार खड़े रहकर। करीब डेढ़ घंटे तक चली इस वार्ता के बाद वे थोड़ा थक चुके थे और उस वार्ता के बाद गहरे इत्मीनान की गहन बातचीत सम्भव नहीं थी। तो हमने तय किया कि पास के एकेडेमी ऑफ फाइन आर्टस में रूद्रप्रसाद सेनगुप्ता का नाटक देखेंगे और फिर यहीं नन्दन परिसर में ही आकर चाय के साथ हम देर तक बात करेंगे। ऐसा ही हुआ। उस शाम अचानक थोड़ी बारिश भी हो जाने से जनवरी की ठंड बढ़ गयी थी। एक दिन अचानक ही क्यों, मेरे इस प्रश्न से बातचीत आरम्भ हुई।

'मुझे इसमें अनुपस्थिति का मेटाफर बहुत आकर्षित कर रहा था। किसी के अनुपस्थित हो जाने पर हम उसकी उपस्थिति का विश्लेषण करने लगते हैं।'

...(मैं खामोश ही रहता हूं ताकि वे अपने संवेग में रह सकें और विश्लेषण करने के सुख में जा सकें)

'किसी व्यक्ति की अनुपस्थिति एक ऐसा अरूप है जो उपस्थिति से पहले के अरूप से भिन्न है और भावनात्मक है। अब यह अनुपस्थिति व्यक्त है। अरूप व्यक्त हो इसलिए अनुपस्थिति आवश्यक है। कई फिल्मों में इसीलिए ऐसे कथानक लिए गये जिसमें कोई अनुपस्थित होने वाला हो। इस अवसर पर हम विश्व सिनेमा से कुछ फिल्मों को याद कर सकते हैं जैसे...

बर्गमैन की थ्रू ए ग्लास डार्कली और क्राइज ऐण्ड विस्पर्स... (मैंने उसी सांस में जोड़ा)'

'एग्जैक्टली। इनमें तो पहले वाली फिल्म में प्रोटागोनिस्ट स्वयं चुनती है कि वह अनुपस्थित हो जाये। यही फिल्म का अन्तिम दृश्य है। उसका उस जगह से अनुपस्थित हो जाना ही उसे पवित्र और सुकून भरा लगता है जहां उसका पति, भाई और पिता है, भले ही उसे फिर मानसिक अस्तपताल ही क्यों न चले जाना पड़े, जहां वह शीजोफ्रेनिक होने के कारण भर्ती थी, जहां से वह सुकून के लिए वह यहां आयी थी। दूसरी फिल्म में कोई अनुपस्थित होने के लिए तैयार हो रहा है और उसकी तीनों बहने इस तैयारी की साक्षी हो रहीं हैं। यह अद्भुत है। बर्गमैन की फिल्मों के बारे में कभी त्रूफो ने सही कहा है कि उनकी फिल्में चेखव की कहानियों के आरम्भ की तरह सुखद स्पर्श से आरम्भ होती हैं और उनका अन्त भी चेखव के ही उदास अन्त की तरह होता है। हालांकि बर्गमैन स्वयं को ऑगस्ट स्ट्रिन्डबर्ग के करीब अधिक पाते हैं, विशेषकर लेखन में। पटकथा लेखन में उनकी शैली स्ट्रिन्डबर्ग के सीधे लिखने की शैली के बिलकुल करीब है। एक दिन अचानक में प्रोटागोनिस्ट एक सुबह अचानक घर छोड़ कर कहीं चला जाता है। उसके परिवार के लोगों द्वारा मन में लगातार बनाया जा रहा मोन्टाज फिल्म की भाषा में नायक को रीक्रिएट कर रहा है, सिटिजेन केन से बिलकुल अलग ढंग से।'

लेकिन हमें अनुपस्थिति से उपस्थित को रीक्रिएट करने की फिल्म शैली तो पहले-पहल ऑर्सन वेल्स की सिटिजेन केन और दी ट्रायल से ही मिली है...(मैंने बात थोड़ी और बढ़ाई ताकि उनके द्वारा उनकी फिल्म का एकमात्र मनोवैज्ञानिक मूल्य और स्पष्ट हो सके)

'बिलकुल।'

मृणाल दा अचानक ठहर गये। वे या तो कुछ शब्दों में व्यक्त होकर चुप हो जाते हैं या फिर, या और फिर देर तक बताते चले जाते हैं मानों क्लास ले रहे हैं। मैं चाह रहा था कि देर तक सिर्फ उन्हें सुना जाये। उनके हाथों में कोई आलेख था, अंग्रेजी में लिखा। हस्तलिपि उन्हीं की थी। उन्होंने दिखाया। शीर्षक था 'आइ लिव इन दी इन्स्टैन्ट प्रेजेन्ट। आइ इन्वेस्ट दी पास्ट विद कन्टेम्परी सेन्सिबिलीटीज।' मैंने जानना चाहा इतने लम्बे शीर्षक के बारे में। उन्होंने बताया, वे अपनी स्मृतियां लिख रहे हैं। शायद कभी मेमॉयर पुस्तक के रूप में छपे। वे मेरे साथ भी अचानक स्मृतियां लिखने लगे। मानो मैं कोई डायरी हूं उनकी।

'भुवनशोम आपने देखी होगी...?'

जी कई बार... (मैंने उनके प्रवाह को जारी रखना चाहा)

'मैंने दरअसल चैप्लीन और तांती को रीक्रियेट करना चाहा था। मैक्स लिंडर की भाषा में। जिसने चैप्लीन के बारे में कहा था कि वह सब चला गया जब से चैप्लीन की फिल्में बोलने लग गयीं। यह एक प्रकार का फिल्मों में 'इन्स्पायर्ड नॉनसेन्स' था, प्रेरित ध्वनिहीनता। ध्वनि यहां आनन्दवर्धन द्वारा प्रतिष्ठित शब्दावली है। फिर फिल्म में सुहासिनी मुले काम कर रही थी। वह पहली बार अभिनय कर रही थी। फिल्म के अन्त में मैंने चाहकर ऐसा ध्वनि प्रभाव दिया था। फिल्म के संगीत निर्देशक विजयराघव राव ने हम सभी को एक साथ हंसने को कहा और उन्होंने उस समवेत हंसी को रिकॉर्ड किया। अगर आप उस दृश्य को याद करें तो आप उसे चैप्लीन की सुसंवेद्यता से जोड़ सकेंगे। ऐसे ही मुझे याद आता है फिल्म 'खण्डहर' का आरम्भिक दृश्य, जब नसीर को पता चलता है कि वे अगली सुबह कहीं घूमने निकल रहे। इसी तरह फिल्म 'जेनेसिस' में स्मिता के साथ वाले दृश्य के बारे में भी ऐसा ही कान्स फिल्म समारोह के तत्कालीन निदेशक गिल्स जैकब ने ऐसी स्थितियों को रेखांकित किया था, हालांकि फिल्म बाद में बनकर सामने आयी। फिल्म की भाषा को लगातार संवेदनग्राही बनाने का काम एक फिल्मकार को करना पड़ता है। भारत की प्राचीन स्थितियों में जैसे ऋषि ही कवि होता था, जिसके पास सुदीप्त दृष्टि यानी विजन होता था जो उसके काव्य या नाट्यकाव्य में व्यक्त होता था। उसी प्रकार की पवित्रता (चूंकि वे धाराप्रवाह अंग्रेजी में बोल रहे थे इसलिए अभी लिखते हुए उन शब्दों के लिए सामासिक शब्द

लाना दुर्गम हो सकता है जिन्हें वे विशेष अर्थ में प्रयोग में ला रहे थे) या प्युरिटी का सरलता के साथ कुछ फिल्मकारों ने लाने का प्रयास किया है जिन्हें हम डिवाइन कहते हैं। और कोई शब्द या विशेषण हम अभी तक ऐसे फिल्मकारों या ऐसी फिल्म प्रवृत्तियों के लिए सोच नहीं सके हैं। ऐसे फिल्मकारों में तारकोव्स्की, ब्रेसां और बर्गमैन की बात हम करते हैं। ब्रेसां किसी शॉट के लिए पच्चीस टेक इसलिए नहीं लेते थे कि उनके अभिनेता में या अभिव्यक्ति में कोई कमी रह जाती थी। वे प्रतीक्षा करते थे। वे डिवाइन ग्रेस की प्रतीक्षा करते थे। जब तक वह न दिख जाये, वे रीटेक लेते रहते थे। बर्गमैन की पटकथा में ही डिवाइन आकुलता होती थी। वे कुछ महीनों के लिए किसी द्वीप में रहने लगते थे और वहीं पटकथा तैयार कर लेते थे। निर्जन एकान्त के मौन का प्रभाव उनकी पटकथा में ही देखने को मिल जाता है। बाकी उनके अभिनेताओं के अति क्लोज अप शॉट में देर तक बोले गये संवाद का ड्रामा तत्व दर्शकों को देर तक बांधे रखता था। कोलकाता 71 में मैंने ऐसा प्रभाव लाने की कोशिश की है लेकिन सफल हो सका हूं ऐसा नहीं कह सकता। बर्गमैन की चेम्बर फिल्म्स याद कीजिए यानी सायलेन्स, विन्टर लाइट और थ्रू ए ग्लास डार्कली। स्ट्रिन्डबर्ग के चेम्बर नाटकों की तरह पवित्रता की आस मोन्टाज का मुख्य स्वर है। इसके लिए पैरेनथिसिस (संवाद के लिए कोष्ठक में दिये लिखे गये संकेत) का प्रयोग वे अधिकाधिक करते थे। एक्स्ट्रीम क्लोजअप में पैरेनथिसिस का प्रयोग बहुत ही प्रभावशाली होता है यदि यह अतिरिक्त सावधानी से किया गया हो। अपनी पहली फिल्म 'नील आकाशेर नीचे' की विफलता के बाद मैं उदास हो गया था। मानिक दा (सत्यजीत रे) लगातार बंगाल की फिल्म इन्डस्ट्री को प्रेरित कर रहे थे। तपन सिन्हा भी अच्छी फिल्में बना रहे थे। मैंने तभी इन चेम्बर फिल्मों को फिर से देखना आरम्भ किया था। चित्रबानी इसीलिए बनी थी कि फिल्म पर अच्छी आलोचना हो सके। गैस्तों रोबेर्ज इसी आषय से फिल्म पढ़ाना शुरु किये थे। इन सबका प्रभाव मेरे विचारशील मन में पड़ता गया जबकि हम सब हमउम्र ही थे। पचास का दशक हम सब के प्रेरणा का ऊर्जस्वित दौर था। मार्क्सवाद को हम फिल्मों में फिल्मभाषा की पवित्रता के अर्थ में नयी परिभाषा सौंपना चाहते थे। फिल्मभाषा की पुनर्संरचना और पुनर्नवा हमारा मुख्य उद्देष्य था। पण्डित जवाहरलाल नेहरु इसी आशय से बम्बई में अन्तर्राष्ट्रीय

फिल्म समारोह शुरु कर चुके थे। नया सिनेमा का मन भी बन गया था और रचना भी शुरु हो गयी थी। ब्रेसां और बर्गमैन के बाद ध्यान मेरा गया तारकोव्स्की की ओर। पवित्रता का दुःख से भरा स्वर उनकी फिल्मों की आभा थी जो फिल्मभाषा को चैप्लीन और काफ्का से अलग कर रहा था। तारकोव्स्की का सिनेमैटोग्राफ उन्हें एक नया ऑथर या ऑत्योर बना चुका था। स्टॉकर और मिरर का मेटाफर अनुपस्थिति में उपस्थिति का स्पष्ट रंग प्रकट करता है। फिल्म का यह दुर्धर्ष लेखक हमें फिल्मभाषा में पवित्रता को समझने की नयी रचनाशीलता सौंप चुका था। फिल्म 'मिरर' का असंगत फॉर्मलिज्म हमें गहरे प्रेरित कर चुका था। फॉर्मलिस्ट थियोरी यहां नॉनलिनियर थी इसीलिए इसे असंगत कहा। आन्द्रे ब्रेतां या बुनुएल का सररियल इमेज गैरमानवीय है, अमानवीय नहीं। उसी तरह नॉनलिनियर फॉर्मलिस्ट ऐप्रोच तारकोव्स्की की मिरर को बिलकुल नया काव्यस्वर प्रदान करता है। सीपिया टोन में स्वर का नया रंग साफ दिखता है। कवि हमेशा नयी भाषा में ही बात कहेगा। भाषा पहले उसके बाद अन्तर्वस्तु। उसी तरह नया सिनेमा में हम सब के नयी भाषा को गढ़ना हमारा पहला दायित्व होता गया। एक ऐसी भाषा जो हमें हिचकॉक और ऑर्सन वेल्स से भी अलग करे और यह अरूप को इन्टेन्सिफाई या तीव्र कर दे। छवियों की भाषा में मेटाफर या इमेजरी ही मुख्य होती है। जैसे बर्गमैन की सेवेन्थ सील में मृत्यु के साथ शतरंज का खेल और मृत्युनृत्य। इस नृत्य की छाया अलग अर्थ में हमें गुपी गाइन बाघा बाइन में भी देखने को मिलती है। यानी हम सभी बर्गमैन, तारकोव्स्की और ब्रेसां से प्रेरित थे हांलांकि अभी तक एक भी ऐसी फिल्म नहीं बना सके हैं जो ईश्वर के प्रश्न को सुलझाती हो। बर्गमैन और तारकोव्स्की ऐसा कर सके। हमने तो बुराई या इविल के दार्शनिक प्रश्न को भी फिल्मों में नहीं सुलझाया, न सुलझाने की कोशिश की। जबकि दार्शनिकों के पूरे विश्व में सिर्फ रबीन्द्रनाथ की दृष्टि ही इस समस्या को सुलझाती दिखती है। यदि आप साधना को पढ़ें तो यह दृष्टि दिख जायेगी। रवीन्द्रनाथ कहते हैं कि किसी नदी का परिचय उसके घाटों से नहीं बल्कि उसके आगे बढ़ते रहने से है। वह लगातार आगे बढ़ती चेतना का प्रतीक है, ट्रान्सेन्डेन्टल कॉन्शसनेस का। यदि बांध या घाट न हो तो पानी आगे नहीं बढ़ पायेगा। उसका स्वभाव और विकास बिगड़ जायेगा। घाट को हम

इविल कह सकते हैं जो नदी को आगे बढ़ने में सहयोग देता है। इविल या बुराई की समस्या पर रवीन्द्र दृष्टि को हम भारतीय फिल्मकार अभी तक फिल्मभाषा में रूपान्तरित नहीं कर सके हैं। हम विश्व सिनेमा समारोह में अपनी फिल्में लेकर जाते जरूर हैं लेकिन क्या कोई भारतीय दृष्टि भी प्रतिष्ठित करते हैं। बर्गमैन या तारकोव्स्की अपनी दार्शनिक चिन्ताएं हमारे सामने रखते हैं और अपने देश के चित्रकार आन्द्रे रूब्लेव की दृष्टि से जीवन को दोबारा सोचने की फिल्मभाषा बनाते हैं। तारकोव्स्की तो इस प्रक्रिया में अपने पिता की कविताएं भी पढ़ते मिल जाते हैं लेकिन हम टैगोर की कहानियों पर फिल्म बना लेते हैं किन्तु उनकी उन दृष्टियों को विश्व के सामने नहीं रख पाते जो सदियों से दार्शनिकों के मेटाफिजीकल प्रश्नों को सुलझाते हों।'

अगर नन्दन परिसर में घूमता चाय वाला हमारे पास आकर चाय न दे जाता तो वे शायद जारी रहते। चाय पीते हुए उन्होंने यह और जोड़ा कि -

'उन दिनों निरंजन सेन इप्टा में महासचिव थे और वियतनाम युद्ध के आशय से ऐसा कमेन्ट हमारे पास फिल्म 'पदातिक' से आ चुका था कि 'जॅले कुमीर डांगाए बाघ' अर्थात पानी मगरमच्छों से भरा है और घाट पर शेर तैयार हैं। ऐसे में हमें सोचने के लिए वह सब था अखबारों के सम्पादकीय में छपे थे। एक भिन्न पवित्र दृष्टि की गुंजाइश थी भी नहीं। पार्टी सदस्यों के साथ रातभर पार्क सर्कस के चौथे पुल के इर्द-गिर्द घूमते रहना, ऋत्विक और सलिल (चौधरी) भी साथ होते। मैं अपनी मां से पैसे लेकर कई सदस्यों या कहे वर्करों को साथ देता और वे अनुपस्थित हो जाते। 1997 के मॉस्को फिल्म फेस्टीवल के लिए हम 'नील आकाशेर नीचे' के अनुभव को दोहराना नहीं चाहते थे जिसके निर्माता थे हेमन्त कुमार। हालांकि इस फिल्म को नेहरु ने भी पसन्द किया था और उन्हें और विदेश सचिव सुबिमल दत्त को यह फिल्म वामपंथ की ओर जाती लगी थी। मुझे अभी भी वह दृश्य याद है जब इस फिल्म को राष्ट्रपति राजेन्द्र प्रसाद, नेहरु और इन्दिरा गांधी देख रहे थे। इनमें से बांग्ला सिर्फ इन्दिरा को आती थी। राजेन्द्र प्रसाद कुछ-कुछ समझ रहे थे और बाद में उन्होंने फिल्म की प्रशंसा भी की।'

एक दिन अचानक में आपने फ्लैशबैक का प्रयोग करते हुए डॉ. श्रीराम लागू के किरदार को दिखाया यानी उस गृहस्वामी प्रोफेसर के चरित्र को जो एक

दिन अचानक घर छोड़ कर चला जाता है - मैंने फिर से उस फिल्म की चर्चा शुरु की जिसे हमने पिछले दिन ही देखा था - क्या आपने यह दृश्य दर्शकों के लिए कथानक आसान करने के लिए जोड़ा?

'नहीं। मेरे पास सिनेमा या छायाछवि का अर्थ मेटाफर है और अनुपस्थिति का रूपक या मेटाफर ही मेरे लिए छायाछवि है। इसलिए मैंने इस कथानक को चुना और इस मेटाफर को फिल्म में प्रमुखता से रखा। मैंने पहले ही कहा कि जब हम उपस्थिति को दिखा देते हैं तो अनुपस्थिति का विन्यास और प्रखर हो उठता है। इसके लिए फ्लैशबैक फिल्मभाषा का प्रयोग मैंने अलग-अलग चरित्रों की ओर से प्रोफेसर की मानसिक तौर से हो सकते वाली पुनर्रचना को वरीयता दी। ऐसे में यदि हम प्रोफेसर की जीवनशैली को भी दिखा सके तो सिर्फ इसलिए कि पुर्नरचना दर्शकों की ओर से भी हो सके। वे जितना प्रोफेसर डॉ. लागू को देखेंगे उतना ही मिस करेंगे और उनकी पत्नी और तीनों बच्चों की ओर से व्यक्त हो रहे विचारों से बन रही इमेज के साथ स्वयं को साझा कर सकेंगे। मेरी सभी फिल्मों की रचनाशैली यही है।'

साक्षात्कार - तीन

श्याम बेनेगल (1934)

श्याम बेनेगल पर फिल्म 'दी जीनियस ऑफ सिनेमैटिक आर्ट' (*दी सब्लिमिनल नोट ऑफ सिनेमा*) मैंने 2021 में बनायी और काशी हिन्दू विश्वविद्यालय में उन्हें 2010 में सत्यजीत रे मेमोरियल व्याख्यान के लिए आमंत्रित किया। यह बातचीत उससे पहले हुई थी। श्याम का परिचय 1974 से देशभर के फिल्म प्रेमियों के बीच हुआ जब उन्होंने अपनी फीचर फिल्म बनायी 'अंकुर।' हालांकि इससे पहले वे सह्याद्रि फिल्म्स के लिए कई विज्ञापन फिल्में बनाते आ रहे थे। घर में बचपन से ही फिल्म का माहौल था। हैदराबाद के घर में पिता की ओर से सभी को सप्ताह में एक बार घर में ही एक फिल्म देखनी होती थी और उस पर बात करनी होती थी। ये लघु फिल्में पिता की बनायी होती थीं। श्याम को सिनेमा में जाकर फिल्म देखने की मनाही थी। पिता के पास एक कैमरा था जिससे वे घर और आसपास पर फिल्में बनाया करते थे। श्याम और उनके बड़े भाई ने पास ही के एक सिनेमा के ऑपरेटर से दोस्ती कर ली थी और वे दोनों प्रायः रोज ही फिल्में देख लिया करते थे, एक ही फिल्म बार-बार। श्याम तैराकी भी किया करते थे। इसी सिलसिले में वे कोलकाता में थे जब पथेर पांचाली पहली बार प्रदर्शित हुई थी। उन्होंने फिल्म देखी और इतने प्रभावित हुए कि उन छह दिनों में बारह बार देखी, पहला और अन्तिम शो। लौटकर उन्होंने फिल्म सोसायटी बनायी और रे को लिखा कि वे 'पथेर पांचाली' दिखाना चाहते हैं। रे ने तुरन्त जवाब दिया और फिर वे रे की जो भी फिल्म प्रदर्शित होती, सोसायटी में दिखाते। फिर गोपा घोषाल के जरिये श्याम को रे से मिलने का मौका मिला जब वे 'नायक' के अन्तिम भाग की शूटिंग कर रहे थे। रे ने श्याम को घर बुलाया और घर में रात ग्यारह बजे तक बातचीत हुई जो 1982 में श्याम की फिल्म बनी। बातचीत 1971 में हुई थी। श्याम ने हैदराबाद 1959 में छोड़ दिया था। फिर दोनों की मुलाकात बम्बई या कोलकाता में समय-समय पर होती रहती। रे ने ही होमी भाभा फेलोशिप के लिए श्याम के नाम की अनुशंसा की थी और इस प्रकार अंकुर से मुजीब तक श्याम बेनेगल की फिल्मों का सिलसिला जारी रहा।

अंकुर, चरणदास चोर, निशान्त, मंथन, भूमिका, कोन्डूरा, जुनून, कलयुग, आरोहण, मण्डी, त्रिकाल, सुश्मन, अन्तर्नाद, सूरज का सातवां घोड़ा, मम्मो, सरदारी बेगम, दी मेकिंग ऑफ महात्मा, समर, हरीभरी, ज़ुबैदा, नेताजी सुभाष और वेल्कम टू सज्जनपुर व वेलडन अब्बा तक उनका सफर दूरदर्शन के सीरियल के साथ चलता रहा जिसमें डिस्कवरी ऑफ इण्डिया प्रमुख है। त्रिवेन्द्रम फिल्म समारोह में 1997 में उनकी फिल्म मेकिंग ऑफ महात्मा का प्रीमियर हुआ था। उस दौरान हुई बातचीत का अधिकांश यहां है। उन पर मेरी फिल्म एक घंटे की है जिसमें मैंने उनसे सिर्फ एक प्रश्न पूछा है कि उनकी फिल्मों में संगीत की भूमिका ऐसी क्यों होती है।

इस दृश्य-साहित्य में सभी के लिए घर है

यूं तो पिछले तीस वर्शों में "याम बेनेगल से दो दर्जन बार मिलना और देर तक बात करना होता रहा क्योंकि अपने-अपने कारणों से हम दोनों ही अन्तर्राष्ट्रीय फिल्म समारोहों में जाते और किसी न किसी विमर्श में रहते किन्तु दो बार विशेष अवसरों पर हुई बातचीत को यहाँ पाठकों के समक्ष रखना अधिक स्पर्शीय लग रहा है। एक बातचीत कोलकाता में सत्यजित रे के घर पर हुई थी और दूसरी बातचीत तब हुई जब वे सत्यजीत स्मृति व्याख्यानमाला में बोलने काशी हिन्दू विश्वविद्यालय में आये। कहना चाहिए, यहाँ मेरे ही आग्रह पर वे आये थे इसलिए संवाद का प्रयोजन भी बना, या फिर शायद कोलकाता की सुखद स्मृति को हम दोनों ही अपनी अंतरंगता में साझा करना चाह रहे थे...

'अंकुर' से पहले भी आपने कई फिल्में बनायी हैं जैसे 'घेर बेथा गंगा' (1962), 'क्लोज टु नेचर' (1967), 'दी पार्ट टु इम्मॉर्टलिटी' (1968), 'राग ऐण्ड मेलोडी' (1972 और इसी साल 'दी राग इमन कल्याण'), 'सुहानी सड़क' (1972) आदि। उन्हें हम क्यों नहीं देख पाते और उन पर आप बात क्यों नहीं करते?

इन्हें आप मेरी एक्सरसाइज फिल्में मान लीजिए।

दो दर्जन एक्सरसाइज फिल्में?

अभी तक एक्सरसाइज ही तो कर रहा हूं। इन सब फिल्मों के प्राइवेट शो किये मैंने घूम-घूमकर, दक्षिण भारत के कई शहरों में। पुणे के दिनों में ये बनी थीं। 'अंकुर' से पहले के ये दिन थे हाथ आजमाने के।

जब आप सत्यजीत रे पर फिल्म बना रहे थे तब आपने सोचा था कि अपनी पहली फिल्म आप उनसे बिलकुल भिन्न स्वरूप में, बिलकुल अलग आस्वाद में बना चुके हैं, यानी 'अंकुर'? ये अलग बात है कि 'सत्यजीत रे' (1977 में बनी और देखी गयी 1982 में जबकि रे की 'घरे बाहिरे' 1984 में हमने देखी जो श्याम की फिल्म का मुख्य हिस्सा है) 'अंकुर' (1974) के बाद देखने को मिली...

रे से मिलने के बाद रे के प्रभाव से निकल पाना बहुत मुश्किल काम होता है। 'अंकुर' ऐसा ही प्रयास था। मैं उनकी फिल्म दृष्टि से प्रभावित था। वे मुझे प्रेरित करते थे और आज भी करते हैं। 'अंकुर' बनाने के दौरान मैंने यह तय कर लिया था कि कभी रे पर एक शॉर्ट फिल्म बनाऊंगा। गोविन्द से मैंने उस वक्त कह भी दिया था। मेरी इच्छा 'अंकुर' प्रदर्शित होने के चार साल बाद पूरी हो सकी। मेरी फिल्म दृष्टि में रे का प्रभाव अधिकतम है फिर भी मैं अपनी दृष्टि को रख पाया तो सिर्फ अलग स्वरूप के कारण। मेरे लिए फिल्म बनाना हमेशा ही फिल्म माध्यम को जानना रहा है। आज भी फिल्म बनाते हुए मैं इस माध्यम की बारीकियों को अधिक से अधिक जानने, और समझने की कोशिश करता हूँ। इसकी दुनिया दिलचस्प और विपुल है। एक जीवन कम है इसे समझने के लिए। 'अंकुर' बनाये मुझे तीस साल से अधिक हो गये लेकिन लगता है कि अंकुर अभी हुआ है, पौधा होता हुआ, वृक्ष कभी बन सकेगा। दरअसल दृश्यकाव्य की तरह दृश्य साहित्य बहुत ही कठिन काम है। दृश्य काव्य यानी नाट्यमंचन में सूक्ष्म को हम लाउड करते हैं और दृश्य साहित्य यानी फिल्म में हम सूक्ष्म को काव्यात्मक बना रहे होते हैं। जब यह कविता नहीं बनती तो निराशा होती है। क्योंकि कविता हम बना नहीं सकते। कविता प्रकट होती है जब हम काम कर रहे होते हैं। यह हमारी बुद्धि पर निर्भर नहीं होता। यहां कभी भी हो सकती है, कभी भी प्रकट हो सकती है। यह वर्षा की तरह है। यह होती है। होने के बाद हमें भरती है। इस स्थिति में हम नदी, समुद्र कुछ

भी हो सकते हैं। यह हमें किसी भी रूप में ढाल सकती है। यह हमें गढ़ती है। जब समय हमें मिटा रहा होता है तब कविता आकर हमें बचा लेती है।

कैमरे से कविता लिखने का यह आग्रह रे से भिन्न है। ऐसी ही कविता के स्तर पर उनमें आपने क्या पाया? उनसे आपने क्या सीखा?

वे चीजों को पोएटिकली कम्पोज बहुत अच्छी तरह कर लेते थे। शायद एक चित्रकार होने के कारण। भिन्न प्रकृति की वस्तुओं को वे कहीं से भी उठा सकते थे और उन्हें अपने काव्यस्पर्श से संयोजित कर सकते थे। उनकी शैली मुझे संरचनात्मक लगती है, ऋत्विक घटक से बिलकुल अलग। वे अपनी ही रचना को फिर से रचते थे तो फिल्म बनती थी। उनका प्री-प्रोडक्शन ही पोस्ट-प्रोडक्शन होता था। बाद में तो सिर्फ फिनिशिंग रहती थी। तराश वे पहले ही लेते थे। उनका मन उनकी फिल्म-भंगिमा में ढला था। वे छवियों की भाषा में सोचते थे। उन्होंने इस दृश्य साहित्य के आकाश में अपने लिए एक घर बना लिया था, या फिर ढूंढ़ लिया था। सबको ढूंढ़ना पड़ता है। घर है फिर भी एक घर की दरकार। आत्मघर।

जैसे 'भूमिका' में स्मिता पाटिल का चरित्र ढूंढ़ता है हंसा वाडिया की भूमिका में?

हाँ, शायद। बिलकुल सटीक तौर पर कहना मुश्किल है। बिलकुल सटीक तौर पर कुछ भी कहना मेरे लिए मुश्किल होता है। वह घर चाहती है जहाँ वह सुरक्षित हो, प्रेममय हो और उस कला और स्वाधीनता के साथ हो जिसे पहले वह सीखती थी और फिर उसे विवश किया जाता है कि उस सीखे हुए को 'घर' के उपयोग में लाये जो वह नहीं चाहती। वह स्पष्ट तौर पर नहीं जानती कि उसे दरअसल क्या, या क्या-क्या चाहिए। इसलिए वह ऐसा घर ढूंढ़ती है और उसकी जीवनशैली समाज को स्वच्छन्द लगती है। हम ऐसे जीवन को स्वीकार करने के लिए प्रायः तैयार नहीं होते।

'भूमिका' और 'जुबैदा' को देखकर समीक्षकों ने बिलकुल आसानी से, पहली नजर में ही इन्हें व्यावसायिक फिल्मों की संज्ञा दे डाली है। उनके अपने आधारभूत तर्क हैं। वे आपके पक्ष में कहते हैं, कि प्रोड्यूसर का पैसा कौन नहीं निकालना चाहेगा इसलिए कला की कुशलता के साथ व्यावसायिक दृष्टिकोण को साथ रखने की व्यावहारिकता सही है। भले ही यह दृष्टिकोण अन्य या आपके पूर्ववर्ती अर्थपूर्ण फिल्मकारों से अलग है जिन्होंने व्यवसाय से अन्त

तक कोई समझौता नहीं किया जैसे सत्यजीत रे या ऋत्विक घटक या अदूर गोपालकृष्णन या जी. अरविन्दन। आपकी दोनों फिल्में दो अलग-अलग दौर की फिल्में हैं। आपकी प्रतिक्रिया क्या है?

मैं दोनों ही दृष्टियों से नहीं देखता। न मैं व्यवसाय से समझौता करने के पक्ष में हूँ, न मैं यह चाहता हूँ कि मेरी फिल्म प्रदर्शित ही न हो, और यदि हो तो कुछ सीमित दर्शकों तक ही प्रदर्शित हो। फिल्म बनाने में पैसा लगता है और यह पैसा जनता का होता है। यदि एक फिल्मकार ने इस जनता का मनोरंजन कर दिया और उसे उसकी चिन्ताओं और संघर्षों से निजात दिलाने के तरीकों पर सोचने को विवश कर दिया तो मुझे लगता है कि उसने जनता के साथ अपने सरोकार का परिचय दिया, उसके पैसे का दुरुपयोग नहीं किया, उसके पैसे को अपने सुख में नहीं लगाया। व्यावसायिक उद्देश्य से बने सिनेमा में फिल्मकार आदि नितान्त अपने सुख का पीछा करते हैं और जनता को यह भ्रम देते हैं कि मानों फिल्म देखकर जनता सुखी होने जा रही।

'निशान्त' में आपने ग्रामीण जनता को तरीका बताया था कि कैसे शिक्षित और एकजुट होकर वे सामन्ती अनाचार और व्यभिचार पर अंकुश लगा सकते हैं, कम से कम सामूहिक पहल के लिए तो तैयार हो ही सकते हैं। अगर जनता शिक्षित नहीं भी होती तो आपकी फिल्म देखकर वह अन्याय के विरुद्ध प्रतिवाद के लिए तैयार तो हो ही सकती है।'

मुझे इसीलिए लगता है कि सम्प्रेषण का सर्वाधिक प्रभावशाली माध्यम है सिनेमा। जो पढ़ नहीं सकते वे देख कर समझ सकते हैं कि पढ़ना क्यों और कितना जरूरी है। निशान्त में ऐसे लोग ही देख कर समझें यह मेरी कोशिश थी। सिनेमा उन्हें इस स्तर पर आकर शिक्षित कर सकती है, ऐसा मेरा विश्वास है। निशान्त उसी विश्वास की अभिव्यक्ति है। ऐसी अभिव्यक्तियाँ आप मेरी अन्य फिल्मों में भी देख सकते हैं।

हाँ, जैसे 'मम्मो' में हम देखते हैं कि घर पर ही मम्मो (फरीदा जलाल) मोहल्ले की मुस्लिम बच्चियों को पढ़ा रही हैं...

एक्जैक्टली।

खाने के दृश्य और किताबों का साथ फ्रेन्च फिल्मों के बाद हम बांग्ला फिल्मों में अवश्य देखते हैं, विशेष कर सत्यजीत रे की फिल्मों के तो ये अनिवार्य दृश्य हैं। आपके हिन्दी की फिल्मों में भी ये प्रायः होना चाहते हैं।

जब रे अपनी फिल्म 'घरे बाहिरे' बना रहे थे और मैं उनकी शूटिंग के दौरान उनपर अपनी फिल्म बना रहा था तब से मैंने ये संस्कार अपनी फिल्मों के लिए चुन लिये थे जो बाद में मेरी फिल्मों में दिखे भी। हम अपने पूर्ववर्ती विचारक फिल्मकारों से संस्कार ऐसे ही ग्रहण करते हैं। समाजशास्त्रीय अध्ययन के स्तर पर सामाजिक बदलाव के लिए इमेज के ऐसे दिलचस्प प्रयोग दर्शक को सहज ही जोड़ लेते हैं।

लेकिन फिर ये सिनेसंस्कार 'वेलडन अब्बा' या फिर 'वेल्कम टु सज्जनपुर' में नहीं दिखे?

ये दोनों ही फिल्में प्रयोगधर्मी रहीं हैं। क्या आपको लगता है कि अब मुझे फिल्में नहीं बनानी चाहिए ! (अपनी पत्नी की ओर देखकर हँसते हैं)

सत्यजीत रे पर जब आपकी फिल्म शुरु होती है तो आपने गोविन्द (निहलानी) जी से एक दृश्य को तीन ओर से कैमरे में लेने को कहा जब (रे की फिल्म 'घरे बाहिरे' के लिए) जेनिफर पियानो पर गृहलक्ष्मी को गाना सिखाती हैं। इस दृश्य को आपकी ओर से कैमरा तीन ओर से देखता है। पहला जहाँ से रे अपने कैमरे से देख रहे हैं उसके ठीक समानान्तर, दूसरा उनके ठीक विपरीत यानी जेनिफर की पीठ की ओर से जहाँ से रे और उनका कैमरा तथा आवाज के लिए बूमर दिखता है और तीसरा कोण आपने बनाया है रे के पीछे से एवं ठीक बगल से यानी उनके दायीं हाथ से जहाँ ट्रॉलीमैन तैयार बैठा है, यहाँ रे इशारा करते हैं ट्रॉली पर रखे कैमरे को पीछे ले जाने का...क्या इसके पीछे कोई विशेष कारण?

रे के काम करने के तरीके को अपनी तरह से रेखांकित करने के लिए ऐसा मैंने किया। मैं वह दृश्य दिखाना चाहता था जिसे वो शूट कर रहे हैं, फिर उनका कोण दिखाना चाह रहा था, और यह भी यदि वे जूम इन करते हैं। मुझे अन्देशा था कि एक बार वे जूम इन कर सकते हैं। और ऐसा हुआ। आप विश्वास कीजिए, यह उन्होंने मुझे पहले से नहीं बताया था। जो शॉट मैंने जेनिफर की पीठ की ओर से लिया था वह मेरा लालच था कि मैं रे को सामने से दिखाऊँ हालांकि उनका चेहरा कैमरे की पीछे काले कपड़े के अन्दर था। यह दरअसल उनका प्रोफाइल था...

और इस गाने के पूरा होते ही आपका नाम स्क्रीन पर आना था ! बहुत सुन्दर कम्पोज की है आपने अपनी फिल्म की शुरुआत...

हाँ, लेकिन यह आइडिया उस वक्त नहीं था, एडिटिंग के वक्त आया।

फिल्म में आप गौर करेंगे कि मैंने सब कुछ वैसा का वैसा ही रहने दिया है विशेषक ऐम्बिएन्स साउण्ड। रे की शूट के दौरान जो लोग जैसी भी बातें कर रहे हैं, उन्हें एडिट नहीं किया गया है, सौमित्र (चटर्जी) दा यदि किसी से बात कर रहे या फिर कोई इधर से उधर जा रहा है, कैमरे के सामने से जा रहा है तो उन सब को वैसे ही रहने दिया गया है ताकि विश्वसनीयता बने, कि शूट चल रहा है। रे की सहजता शूट के दौरान किस तरह की होती है यह दिखाना ही उन प्रारम्भिक दृश्यों का आशय था।

पिछले दिनों विश्व सिनेमा के 'पावर, पॉलिटिक्स और हेजेमनी' पर सत्यजीत रे मेमोरियल लेक्चर के अन्तर्गत बोलते हुए आपने लोकप्रिय सिनेमा को केन्द्र में रखा और कहा कि सेन्सर बोर्ड समिति की तमाम मीटिंगों जिनमें कई में आप भी शामिल हुए हैं, के बावजूद बोर्ड कुछ नहीं करता, न करना चाहता। आपका अभिप्राय क्या था?

हिंसा के सन्दर्भ में ही बोर्ड ने उन्नीस निर्देश बना रखे हैं और वह उनमें से किसी एक का भी पालन नहीं करता। ताज्जुब की बात है या नहीं ! वह 'द्रोहकाल' के एक ऐसे सीक्वेन्स को हटाने का निर्देशक (गोविन्द निहलानी) को निर्देश देता है जो फिल्म में 'मोस्ट कन्विंसिंग' है। मजाक की हद होती है। इन्हीं विसंगतियों की तरफ मैं आप लोगों का ध्यान दिलाना चाहता था। लोकप्रिय हिन्दी सिनेमा का फॉर्म बहुत सुन्दर और रोचक है। पारम्परिक भारतीय रंगशास्त्र और मंच कलाएँ हमारी सिने संस्कृति के प्राण हैं और इन्हें धरोहर की तरह ही नहीं बल्कि व्यावहारिक तल पर सक्रिय बनाये रखना हमारा दायित्व है। जब हम नेहरू जी की डिस्कवरी ऑफ इण्डिया पर दूरदर्शन धारावाहिक बना रहे थे तब काफी कुछ संजोने की कोशिश की थी हमने। अब मैं इसी विषय पर एक घण्टे की फिल्म बना रहा। दरअसल देखिए तो सब कुछ जो कुछ भी हमारे चारो ओर बिखरा पड़ा है वह कलावैभव एक टेक्स्ट है, एक विशाल साहित्य का वैभव। फिल्म में यह दृश्य साहित्य है। इसमें सभी के लिए जगह है। गाँव का दर्शक हो या शहर का। कलाफिल्मों का दर्शक हो या व्यावसायिक फिल्मों का। इस दृश्य साहित्य में सभी के लिए घर है।

साक्षात्कार - चार

मणि कौल (1944 - 2011)

1987 से 2010 तक मणि कौल से मिलना होता रहा। मणि पहली बार 1987 में बनारस आये थे। तब मैं 'स्वतंत्र भारत' में फीचर सम्पादक था। वे अपनी फिल्म 'सिद्धेश्वरी' के लिए बनारस में लोकेशन की तलाश में थे। भारत कला भवन के तत्कालीन निर्देशक टी.के. बिस्वास के काशी हिन्दू विश्वविद्यालय परिसर स्थित आवास में उन्हें ठहराया गया था। तब तक वे 'उसकी रोटी', 'आषाढ़ का एक दिन', 'दुविधा', 'सतह से उठता आदमी', 'ध्रुपद' और 'माटी मानस' बना चुके थे। इस दौरान वे पुणे फिल्म संस्थान के विद्यार्थियों के बीच प्रिय और अन्य फिल्मकारों के बीच विवादास्पद हो चुके थे। अमेरिका में हुई एक संगोष्ठी में मनमोहन देसाई ने उनसे कह दिया था कि पहले तुम अपनी रोटी की फिक्र करो फिर 'उसकी रोटी' सोचो। फिल्म समारोह के अतिरिक्त तब तक देश के किसी भी सिनेमा में उनकी कोई फिल्म प्रदर्शित नहीं हुई थी। जोधपुर में जन्में रबीन्द्रनाथ कौल यानी मणि का परिवार कश्मीर में रहता था। मणि फिल्म संस्थान में ऋत्विक घटक के विद्यार्थी थे जहां से वे 1966 में स्नातक हुए। जिस साल यानी 1969 उनकी पहली फिल्म 'उसकी रोटी' तैयार हुई उसी साल 'आराधना' सुपरहिट हुई और स्टारसिस्टम आया। मणि की फिल्मों को समानान्तर या न्यू वेव की फिल्में कही गयीं। मणि ने एक पहल यह की कि उन्होंने आधुनिक हिन्दी कथाकारों की कहानियों को अपनी फिल्मों में मुख्य स्वर दिया और इस स्वर को फिल्म के विन्यास में आद्यन्त बनाये रखा। इससे पहले ऋशिकेष मुखर्जी ने 1966 में प्रेमचन्द की गबन, त्रिलोक जेटली ने 1963 में गोदान और बासु भट्टाचार्य ने 1966 में ही फणीश्वरनाथ रेणु की तीसरी कसम को फिल्म रूप दिया था लेकिन मणि ने आधुनिक कथाकारों को लिया जैसे मुक्तिबोध (सतह से उठता आदमी), मोहन राकेश (उसकी रोटी और आषाढ़ का एक दिन) और और विनोद कुमार शुक्ल (नौकर की कमीज)। शाहरुख खान की पहली फीचर फिल्म मणि के साथ ही है जब उन्होंने दोस्तोव्स्की के उपन्यास 'दी इडियेट' पर फिल्म बनायी अहमक। हिन्दी भाषा पर फिल्म माध्यम में काम करने

के साथ ही उन्होंने भारतीय काव्य और संगीत पर भी छायाछवियों में काफी सोचा, जैसे ध्रुपद। उन्होंने उस्ताद फरीदुद्दीन डागर से ध्रुवपद गायन सीखा और फ्रान्स में रह कर लोगों को सिखाया भी। कैन्सर से उनकी मृत्यु हुई। उनकी बेटी शाम्भवी सम्प्रति दुरहाम, उत्तर कैरोलीना में रहती हैं जिन्होंने 1991 में उनकी फिल्म 'नजर' में अभिनय किया था। वे स्वयं भी फिल्मकार हैं और ड्यूक विश्वविद्यालय में पढ़ाती हैं।

चेतना की सुविन्यस्त गरिमा है सिनेमा

1988 में अपनी फिल्म 'सिद्धेश्वरी' के फिल्मांकन के दौरान मणि कौल बनारस में थे। पहली बार लोकेशन देखने आये तो गंगा के तटों पर सिर्फ टहलना और कविता विनिमय ही हुआ। दूसरी बार आये तो कुछ लोकेशन तय हुए, अधिकांश गलियों में। तीसरी बार काशी हिन्दू विश्वविद्यालय में कलाकारों का चयन और उसी वक्त फिल्म के कुछ प्रमुख दृश्य उन्होंने पाँच दिनों तक लगातार फिल्माये। इस दौरान उनके साथ लगातार साथ रहना होता था। कुल्हड़ की चाय के साथ फिल्मांकन के दौरान ही बातचीत उनका शौक होता। भारत कला भवन के तत्कालीन निदेशक टी के बिस्वास की बारह साल की बेटी मोहर को हमने बालिक सिद्धेष्वरी के लिए अपना लिया था। वे बेहद खुश थे। हमारी बातों में मीता वशिष्ठ भी भाग लेती जो युवा सिद्धेश्वरी की भूमिका कर रहीं थीं। फिल्मांकन के दौरान और अन्य अवसरों पर बनारस में साथ रहते हुए उनसे हुई बातचीत फिल्मकला के प्रति उनकी दृष्टि और सौन्दर्य चेतना को समझने में काफी मदद करती है।

आप रॉबर्ट ब्रेसां की परम्परा के फिल्मकार हैं। वे कहा करते थे कि छवि में छवि का विचार नहीं होना चाहिए। ऐन इमेज मस्ट एक्सक्लूड दी आइडिया ऑफ इमेज। आप कैसे सोचते हैं?

मैं ऐसे ही सोचते बड़ा हुआ हूँ। यहीं से मेरा संस्कार बना है। संस्कार ही परम्परा बनती है जिसमें हम इस तरह बनते हैं कि परम्परा का रूपान्तरण

हो सके। रूपान्तरण कोई विजातीय वस्तु नहीं है। न परम्परा है। परम्परा हमें वह जमीन देती है जहाँ खड़े होकर हम वह देख सकें जिसे लोग रूपान्तरण कहें। यह रूपान्तरण ही उत्तरण है जो ब्रेसां की और ऋत्विक दा की फिल्मों में नजर आता है। ये मेरे गुरु हैं।

ये दर्शन के स्तर पर उन्हीं कथाकारों एवं फिल्मकारों से भिन्न हुए जिनके साथ वे एक ही दौर में बड़े हुए थे विशेषकर यदि हम ग्राहम ग्रीन या ऐन्टोनियोनी?

दरअसल जॉन्सेनिज्म उस दौर तक आया या परम्परा से मिला एक ऐसा विचार है जिससे ये बाहर नहीं आ सके। क्रिश्चनिटी में यह एक ऐसा विचार है जहाँ आदिम अपराध और समर्पण ही प्रमुख है यानी ओरिजिनल सिन और सरेन्डर। इनकी रचनाओं में यही स्वर प्रमुख है। हम उसी से निकलने की प्रक्रिया में शुरु से रहे हैं।

आप सिद्धेश्वरी देवी पर फिल्म बना रहे हैं। आपकी फिल्मों में कथाचित्र और वृत्तचित्र के बीच का फर्क क्रमश: कम होता जाता है। इस प्रयोग से रचनात्मक संतोष तो मिलता है, देखने वालों को भी लेकिन फिल्म निर्माण की परिकल्पना में आपको परेशानी नहीं होती?

दरअसल मेरी परिकल्पना में ही यह भेद नहीं होता। हम किसी स्पेस में बढ़ते हैं, ढूंढ़ते हैं और प्रविधि या रूप अपनी रचना करता चलता है। इस कथाचित्र में हम सिद्धेश्वरी देवी को ही प्रस्तुत कर रहे हैं और जब वे स्वयं आ जाती हैं तो दर्शकों को लगता है कि कुछ सच नहीं था अभी तक और अब सत्य प्रकट हुआ। कथा से जीवित चरित्र का बाहर आकर दर्शकों से सम्बोधित होना सौन्दर्य के नये द्वार खोल देता है। चेतना का यही धर्म है। जो पहले प्रकट दिखता है वह प्रकृति की कथा है। यदि हम उस कथा से कथा के चरित्र को देख सके तो वह सत्य का सौन्दर्य है। उसे देखने के लिए देखने की जगह प्रकृति ही सुझाती है। और फिर उस गरिमा को हमारे जरिये वही सुविन्यस्त भी करती है। इसी शक्ति के कारण उसे सत्य की शक्ति कहते है, सत्य का आभास भी, न कि सत्य से दूर करने वाली माया या रचना विरोधी कोई शक्ति।

इसी प्रकार आप ध्रुपद पर भी सोच रहे थे करीब एक दशक पहले फिल्म के पद में?

हाँ, उस सत्य को देखना ही हमें आपको एक ऐसे पद में होने का अहसास सौंप देता है जो ध्रुव है। प्राचीन समय में ध्रुवपद का अहसास सत्य का ही

सांगीतिक अहसास रहा है। आज भी है। उस्ताद जिया मोइउद्दीन डागर साहब को आप सुनिए तो ऐसा ही लगता है। आपको फिल्म में भी ऐसा ही लगे ऐसी कोशिश हो गयी है। कभी आपको लगेगा कि आप डागर साहब पर कोई वृत्तचित्र देख रहे हैं तो कभी वह कथा कहती लगेगी। दरअसल जब हम पुणे फिल्म संस्थान में अभिनय पढ़ने गये थे तो तभी हमने ऐसी फिल्में बनाने का मन बना लिया था और हम अभिनय छोड़ निर्देशन की पढ़ाई में आ गये थे। कुमार शाहनी साथ में थे। अदूर हमसे एक क्लास आगे थे। जॉन अब्राहम एक क्लास जूनियर थे। तब यान साठ के आरम्भिक दशक में संस्थान आज की तरह विकसित और संयोजित नहीं था। न पचास-साठ के हिन्दी कथाकारों के कहानियों पर फिल्म बनाने की परम्परा आरम्भ हुई थी।

सतह से उठता आदमी और उसकी रोटी में आपकी नजर इस ढंग से सामने आती है जिस ढंग से यदि आप किसी विदेशी कहानी पर ब्रेसां के ढंग से फिल्म बनाते। फिल्मांकन की भारतीय दृष्टि तब तक सत्यजीत रे और घटक तक आ चुकी थी जो श्याम आदि तक जारी थी...

लेकिन तब भी आप उन्हें यानी इन दो फिल्मों को भारतीय फिल्में ही कहेंगे यानी उनमें आपको भारतीय पृष्ठभूमि और संवेदना मिलेगी। और हाँ, वह नजर भी जो अपने केन्द्र में वैश्विक है, चेतना का विराट है, अनन्त है। अनन्त को फ्रेम के प्रत्येक क्षण में रखना एक अपूर्व अनुभव है जिसे हम नहीं करते। शॉट ही ऐसे मिलते हैं कि उन्हें स्वीकार करना होता है क्योंकि वह हमारे ही व्यापक मन की अभिव्यक्ति होती है, प्रगटीकरण होता है जिसे हम उस शॉट के मिलने तक नहीं जान रहे होते हैं।

कल सुबह हम मीता के साथ शूट करने जा रहे। नदी, नाव और सुरक्षा की व्यवस्था हो चुकी है। बिना कपड़ों के वे नदी में तैरती रहेंगी, यह सिद्धेश्वरी देवी की शान्तिकामी मन को दर्शाने के लिए है जो कथानक में वेदना और विरह से भरी हैं, ऐसी आप सुबह चर्चा कर रहे थे। क्या इसे भी हम आपके ही व्यापक मन की अभिव्यक्ति कह सकते हैं?

बिलकुल। मैं अपनी सिद्धेश्वरी बना रहा। जो वास्तविक सिद्धेश्वरी की प्रतिरूप है। वास्तविक जैसी है। वास्तविक का कलारूप है। हम उन्हें विजुअल में दिखा रहे हैं। उन्हें सीधे कैमरे के आगे और उनका अभिनय कर रही कलाकार को भी कैमरे के आगे दिखा रहे हैं। ताकि वास्तविक

और काल्पनिकता का काव्यसमवाय प्रस्तुत हो सके। जब हम उन्हें विज़ुअल माध्यम में दिखाने जा रहे हैं तो जाहिर है विज़ुअल अच्छे होने चाहिए, कलात्मक और काव्यस्पर्शी। तो कलात्मक और काव्यस्पर्शी के लिए मुझे मेरे एस्थेटिक मन के विस्तार में जाना होगा। जैसे हम 'सीन फ्रॉम नोह्वेयर' की चर्चा कर रहे थे पिछली बार कृष्णमूर्ति फाउण्डेशन में।

(सन्दर्भ : इस मुलाकात से पहले जब वे बनारस लोकेशन देखने आये थे तो मैं उन्हें कृष्णमूर्ति फाउण्डेशन ले गया था जहाँ हम जी. अरविन्दन के साथ कृष्णमूर्ति पर फिल्म बना रहे थे 'सीयर हू वॉक्स एलोन।' वहीं हम एक दूसरे को अपनी काव्य पंक्तियाँ सुना रहे थे। मेरी तीन पंक्तियाँ इस प्रकार थीं- दूर नदी के सिरहाने कोई पहचानी सी लालिमा है, शायद सूरज है, उगता हुआ या डूबता हुआ। दूर श्मशान के बीचो-बीच कोई पहचानी सी छाया है, शायद मैं हूँ, जाता हुआ या लौटता हुआ। दूर उन सीढ़ियों पर कोई पहचानी सी धूप है, शायद तुम हो, चढ़ती हुई या उतरती हुई। इन्हें सुना कर मैंने पूछा था कि इससे कवि का पता नहीं चलता कि वह देख कहाँ से रहा है। किसी भी एक स्थान से यदि वह देख रहा जैसे सीढ़ी से तो दो स्थानों को ही दूर से देख सकता है, तीनों को नहीं। तो मणि ने कहा था, या तो वह 'सब जगह' से देख रहा है या फिर वह 'कहीं से नहीं' देख रहा है। सीन फ्रॉम ऐवरीह्वेयर' या फिर सीन फ्रॉम नोह्वेयर।)

तो 'सीन फ्रॉम नोह्वेयर' एक प्वॉइन्ट ऑफ व्यू शॉट है किसी भी प्रयोगधर्मी फिल्मकार के लिए। यह उसके लिए मिजेनसीन (सिनेमा की फ्रेन्च तकनीकी शब्दावली mise-en-scene) हो सकता है कि यह कोण ही पूरी फिल्म का नरेटर हो जाये, जैसे कथाचरित्र का कोई स्कार्फ या। रुमाल ही नरेटर हो सकता है पूरी फिल्म में। फिल्म में उसकी ओर से ही पूरी कथा कही जा सकती है। इसी तरह सिद्धेश्वरी का स्क्रीनप्ले मैंने इस तरह लिखा है कि आम दर्शक को यह सिद्धेश्वरी की ओर से देखी गयी जिन्दगी लगेगी, मानो उनकी कहानी उन्हीं की जुबानी कही जा रही है लेकिन यह दरअसल उनकी गायिकी में छुपे जीवन दर्द की ओर जो कुछ नहीं में, बनारस के पूरे आसमान पर छा गया है, की ओर से लिखा गया है। यानी कुछ नहीं की ओर से गायी गयी ठुमरी ही फिल्म की नरेटर है।

मैं आपकी दोनों फिल्मों को बनते करीब से देखा हूँ और देख रहा हूँ, ध्रुपद और सिद्धेश्वरी। मुझे तो दोनों ही अब इसी दृष्टिकोण से ही दिख रही हैं। यानी संगीत ही दोनों फिल्मों का आख्यायक है?

यही मैंने ब्रेसां से सीखा है। यह दिखता नहीं, महसूस होता है फिल्म में। यह इन्ऐपरेन्ट ऐपरीशन है मार्क्स का जिसे हम मार्क्सिसिस्ट फिल्म थ्योरी के रूप में जानते हैं और पढ़ाते हैं। मेरी फिल्म का नरेटर माक्र्स का स्पेक्टर है, भूत जिसे हम आत्मा के सन्दर्भ में समझ सकते हैं। ध्रुपद में स्वयं ध्रुपद और सिद्धेश्वरी में ठुमरी प्वॉइन्ट ऑफ व्यू है, इसलिए प्वॉइन्ट ऑफ व्यू शॉट भी इसी तरीके से लिए गये हैं, कहीं भी बिना वाइड ऐंगल लेन्स लगाये, क्योंकि मन में यह स्वतः वाइड होता जाता है और और मन में कोई पैरालैक्स नहीं रह जाता है। हम यहाँ सारी बातें सिम्प्टोमेटोलॉहिकली कर रहे हैं ताकि सिनेमा का पैरालिंग्विस्टिक पकड़ में आ सके। भाषा की विदाई में ही सिने भाषा की रचना है। इसी तरह हम चेतना की गरिमा को सिनेमा में सुविन्यस्त कर सकते हैं।

साक्षात्कार - पांच

जी. अरविन्दन (1935 - 1991)

गोविन्दन अरविन्दन का जन्म कोट्टायम, त्रावणकोर में हुआ था। शुरु में वे कार्टूनिस्ट थे। बाद में लेखन और संगीत के साथ फिल्मों में आये। उनके पिता एम एन गोविन्दन नायर भी व्यंग्य लेखक थे। अरविन्दन कावालम नारायण पणिक्कर के रंग समूह से भी जुड़े और अपना अवदान दिया। 1974 में उन्होंने अपनी पहली फिल्म 'उत्तरायणम्' से फिल्म समीक्षकों और विद्यार्थियों का ध्यान आकर्षित किया। 1977 में उनकी दूसरी फिल्म 'कांचनसीता' ने उन्हें एक गम्भीर फिल्मकार के रूप में प्रतिष्ठित कर दिया। उन दिनों बैंगलोर से निकल रही फिल्म की गम्भीर पत्रिका 'डीप फोकस' के प्रायः सभी अंकों में उनकी फिल्म के गम्भीर विश्लेषण प्रकाशित हुए। मलयालम भाषा में बनी इन फिल्मों के दर्शक हर भाषाओं में हो गये। उत्तरायणम् के अधिकतर दृश्य यानी शॉट ऊपर से लिये गये। लगता है मानों वे सब एरियल व्यू हों। कभी वे लांग शॉट लगते हैं तो कभी मिड शॉट। कैमरे का ऐंगल हर अगली फ्रेम में ऊपर से नीचे की ओर रखा गया है। ऐसा विश्व सिनेमा में पहली बार देखा गया जो फ्रेम को आकर्षक ढंग से सुन्दर बना रहा है। फिल्म को मोनोक्रोम में बनाया गया है इसे अभी भी यूट्यूब पर देखा जा सकता है। फिल्म के हर शॉट को इन्स्टालेशन आर्ट की तरह सोचा गया है। कांचन सीता रंगीन है और अपने विषय के कारण दिलचस्प है। इसमें लो ऐंगल शॉट की बहुतायत है। तीर धनुष लिये चरित्र का ऊपर पेड़ों को आंधी में देखते रहना और फिर बिलकुल ठहरी हवा में देखना फिल्म का एक प्रमुख मोन्टाज है। इसमें जलाशय और वृक्षों का एक ऐसा मोन्टाज रचा गया है कि दर्शक जिसे जीवनभर के लिए याद रखना चाहते हैं।

थम्पू, कुम्मट्टी, एस्थप्पन, पोक्कूवेयिल, चिदम्बरम्, ओरिदथु, उन्नी और वास्तुहारा उनकी अन्य ऐसी भी महान फिल्में हैं। वे छप्पन साल की उम्र में ही गुजर गये। जनवरी 1991 में मद्रास में उनसे मिलकर लौटा। देर तक बात होती रही। फिर 15 मार्च की शाम को भी फोन पर बात हुई और 15 मार्च की रात ठीक बारह बजे उनके देहान्त का समाचार आया। उस रात वे त्रिवेन्द्रम में थे। अदूर गोपालकृष्णन ने

फोन पर यह सूचना दी। वे भी दो महीने पहले मद्रास फिल्म समारोह में हम सबके साथ थे और हम साथ ही पूरा दिन और शाम यूनिवर्सिटी सेन्टीनरी ऑडिटोरियम परिसर में बातचीत और कॉफी के साथ होते थे। अरविन्दन का जाना हम सबको अभी तक गहरे आघात में रखे हुए है।

मेरे लिए नरेटिव ही महत्त्वपूर्ण है

1991, इस साल के पहले दो महीने कभी नहीं भूल सकता। दस जनवरी को हम मद्रास में थे, दस दिनों के लिए। अरविन्दन अपनी नयी फिल्म 'वस्तुहारा' लेकर आये थे। उस साल अन्तर्राष्ट्रीय फिल्म समारोह मद्रास के यूनिवर्सिटी सेन्टेनेरी ऑडिटोरियम और कलयवनरंगम के प्रेक्षागृहों में आयोजित था। समारोह निदेशालय के नियमों के मुताबिक निर्धारित तिथि के अन्दर अरविन्दन अपनी यह नयी फिल्म जमा नहीं कर सके थे। फोन पर उन्होंने बताया था कि कुछ डबिंग का काम बाकी रह गया था। 1985 में वे बनारस में थे जिद्दू कृष्णमूर्ति पर अपनी फिल्म को लेकर। वे फिल्म बना रहे थे। कृष्णमूर्ति उन दिनों जीवित थे। कैलिफोर्निया में रहते थे। साल में एक बार वे बनारस आते थे। गोविन्दन अरविन्दन कृष्णमूर्ति फाउण्डेशन आये थे। रिषी वैली मद्रास की तरह बनारस में भी वे कुछ शॉट लेना चाहते थे। यहीं हम पहली बार मिले थे। कई लम्बी बातचीत हुई थी। वे मुझे भी समझ रहे थे, समझा रहे थे, मैं इस फिल्म में उनका सहायक था। फिल्म बनी 'सीयर हू वॉक्स एलोन।' दो जनवरी को उन्होंने फोन पर कहा कि 'वस्तुहारा' लेकर वे मद्रास पहुँच रहे हैं। फिल्म समारोह के इण्डियन पैनोरमा में यह फिल्म शामिल नहीं की जा सकी तो क्या हुआ, वे इसे उसी समारोह में सिर्फ कुछ मित्रों को दिखाएंगे। मैं इस फिल्म के विशेष शो के लिए भी पहुँचा था। फिल्म से पहले हम दिनभर ऑडिटोरियम के बाहर एक पेड़ की छाया में देर तक बातें करतें जिनमें अक्सर अदूर गोपालकृष्णन् भी होते। छाया इसलिए कि जनवरी में भी मद्रास गर्म रहता है। अभी भी रहता है। तो हम देर तक बातें करते। आप समझ सकते हैं कि देर तक अरविन्दन के साथ बात

करना कितना असम्भव और सुन्दर है क्योंकि वे देर तक खामोश रह सकते थे, बिना रुके। हम फिल्म शो के बाद भी बीस जनवरी तक वहाँ मिलते रहे। मेरी शूटिंग के लिए उन्होंने मुझे 15 मार्च को त्रिवेन्द्रम में बुलाया एक हफ्ते के लिए। 14 मार्च की रात मेरी फोन पर बात हुई। गंगा कावेरी ट्रेन में मैं बैठा और 15 मार्च की रात ठीक बारह बजे वे नहीं रहे।

मिथ, नरेटिव और रंगमंचीय दर्शन के इर्दगिर्द ही आपकी फिल्मों का कथानक क्यों आकार लेता रहता है हर बार?

मुझे पौराणिक आख्यान बचपन से पसन्द आते रहे हैं। यह मेरा पारिवारिक संस्कार है। मुझे लगता रहा है कि जो अभी है वही पहले भी था और वही बाद में भी होगा। यानी जो अभी है वही हमेशा है।

उत्तरायणम् और कंचनसीता में ये तीन तत्व फ्रेम दर फ्रेम है, ऐसा मैंने महसूस किया है ...

बिलकुल, जो अभी है वही पहले था। अभी यदि किसी चीज की जरूरत है तो सिर्फ उस अतीत को समझने के लिए सिने नरेटिव की। सिने नरेटिव एक प्रकार का कोड-स्विचिंग है।

जैसे?

यह सोशयोलिंग्विस्टिक्स का टेक्निकल शब्द है। जब हम एकाधिक भाषाएँ जानते हैं और बोलते हुए एक भाषा की शब्दावली का दूसरी भाषा में प्रयोग करते हैं तो यह कोड-स्विचिंग है। इससे भाषिक प्रभाव बनता है, बढ़ता है। मेरे लिए एकाधिक भाषा फिल्म में एकाधिक छवियाँ या दृश्य है। मैं एक दृश्य में दूसरे दृश्य के तत्व को रखता हूँ, कोड-स्विचिंग करता हूँ, प्रभाव के लिए। हमारा समाज बहुभाषिक समाज में रूपान्तरित होता समय है जिसमें कई भाषाओं का समवाय है। तो जो दर्शक मलयालम में मेरी फिल्म देखते हैं वे दरअसल अपनी भाषाओं में फिल्म को समझते हैं।

आपने कहा था कि जब हम अपने अतीत को "वेत-श्याम रंग में दिखाने लगते हैं तो वह अतीतराग (नॉस्टैल्जिया) में बदलने लगता है और जब रंग में वह छवि ढलने लगती है तो बहुत कुछ छुपा-सा अपने घूंघट से बाहर आने लगता है ...

हाँ, यह तो मैं कहता ही हूँ और हम दोनों जब कृष्णमूर्ति फाउण्डेशन में शूट कर रहे थे तो मुझे याद है मैंने ये कहा था ...

वस्तुहारा का मतलब है, डिस्पजेस्ड, यानी जिन लोगों की वस्तु ले ली गयी हैं या छीन ली गयी हैं। कल रात जब हम ये फिल्म देख रहे थे तो एक दूसरे रंग की ओर ध्यान गया। टाइटल के बाद इस फिल्म की शुरुआत होती है सीपिया रंग से। जिस लोकेशन को आप प्रतिष्ठित करना चाहते हैं वह सीपिया में है ...

सिनेमा में रंगों का जो व्याकरण है उसके अनुसार रंग से महत्त्वपूर्ण होता है रंगों का व्यवहार। वह रेफरेन्स बनाता है निर्देशक के नरेटिव के लिए। मैं जब कार्टून बनाता था तो रंगों का प्रयोग ही नहीं करता था क्योंकि रंगों का व्यवहार मेरे लिए एक संस्कार लगता था जो मुझमें नहीं था। रंग रेफरेन्स बनाते हैं। यह रंगों के व्यवहार से तैयार होता है। जैसे यदि आप बर्गमैन की फिल्म 'क्राइज ऐण्ड विस्पर्स' (1972, स्वीडिश) को याद करें, तो आपको याद आ सकता है कि पूरी फिल्म एक बड़े मैन्शन में केन्द्रित है और शूट की गयी है। उस पूरी हवेली में एक कार्पेट बिछा है जो प्रमुख रूप से नजर आता है। उस कार्पेट का रंग लाल है, जो आपका ध्यान खींचता है। हर बार, जब भी वह दिखता है। उसे दिखाया ही इस तरह जाता है। तीन बहनों की कहानी है। ऐग्नेस (हैरियेट ऐण्डर्सन) मरने वाली है। उसे कैन्सर है। उसकी दोनों बहनें मारिया (लिव उल्मैन) और कारिन (इन्ग्रिड थुलिन) उसके पास आकर रहती हैं। इन्ग्रिड को हम एक बार देखते हैं कि उसने अपने को जख्मी कर लिया है और खून को हथेली में लेकर उसे अपने होठों के इर्दगिर्द लगाती है, वह भी लाल है। दर्शकों का ध्यान दूसरी बार लाल रंग की ओर जाता है कार्पेट के बाद ...

और डिजॉल्व ...

हाँ, वही मैं कहने वाला था। इसका हर दृश्य कभी भी दूसरे दृश्य में डिजॉल्व नहीं होता, यदि डिजॉल्व ही करना है तो। दृश्य हर बार डिजॉल्व होता है लाल रंग में। क्यों, क्योंकि वहाँ लाल रंग एक रेफरेन्स है। लाल रंग ही कथानक का नरेटिव है। 'वस्तुहारा' में सीपिया जिसका टोन लाल है, फिल्म में नरेटिव है। फिल्म दिखाते हुए मेरे लिए नरेटिव ही मुख्य है। आपने गौर किया, लाल और सीपिया पर, यह स्वागतेय है।

नहीं औरों ने भी गौर किया है। शाजी करून ने गौर किया है। वे आप पर फिल्म बनाना चाह रहे हैं। अदूर के बाद वे केरल से एक बड़ी उम्मीद हैं ...

ऐसा ! मुझे खबर ही नहीं कि वे मुझे लेकर ऐसा सोच रहे हैं। अच्छी फिल्में बना रहे हैं। उनकी सोच अच्छी है।

'कांचन सीता' (सोने की सीता, 1977, मलयालम) में भी आपने रंगों का विशेष प्रयोग किया है। लगभग पौराणिक और रंगों की उत्तरवर्ती। सोने का हिरन तो ठीक है लेकिन सोने की सीता पर स्क्रीनप्ले लिखने की बात कैसे आयी आपके जेहन में? कहानी तो किसी और ने लिखी है रामायण से! और फिर पूरी फिल्म में सीता दिखती भी नहीं !

वाल्मीकि रामायण के आधार पर सी. आर. श्रीकान्तन नायर ने नाटक लिखा है सोने की सीता। उस नाटक का नाम भी यही है 'कांचन सीथा।' मेरी फिल्म रामायण के उत्तरकाण्ड में कही एक कथा के आधार पर कुछ और कहती है, कुछ और इन्टरप्रेट करती है। राम, सीता को जंगल में भेजते हैं। सीता नहीं दिखती लेकिन प्रकृति और उसके अवयव दिखते हैं। वहाँ उसका वर्चुअल प्रेजेन्स है। फिल्म, रामायण जैसे महाकाव्य को स्त्री की दृष्टि से कहती है। इसे फेमिनिस्ट पर्सपेक्टिव भी कहा जा सकता है और नहीं भी। स्त्री दृष्टि से कही कथा है कांचन सीथा। फिल्म की अधिकांश शूटिंग आन्ध्र प्रदेश के विशुद्ध आदिवासी इलाकों में की गयी है और फिल्म के नायक भी वहाँ के वे आदिवासी ही है जिन्हें परम्परागत रूप से राम का वंशज माना जाता है। वे रामचेंचू आदिवासी लोग कहे जाते हैं।

फिल्म की शुरुआत शम्बूक-हत्या से होती है। मैंने जाना है कि आपने पूरी फिल्म की रचना यानी स्क्रीनप्ले सांख्य दर्शन की दृष्टि से यानी प्रकृति-पुरुष सम्बन्ध के आलोक में की है, फिल्म को उसी आंच में बुना है?

मुझे इस दर्शन ने या कहें, भारतीय दर्शन के इस अनुशासन ने हमेशा आकर्षित किया है। हम अपने दर्शन को युग्म में पढ़ते और समझते हैं जैसे वेद-उपनिषद, न्याय-वैशेशिक उसी तरह सांख्य-योग। यहां दिलचस्प बात यह है कि सांख्य योग से ऐसा लगता है मानो आत्मा और परमात्मा का, जीव और पुरुष का या फिर प्रकृति और पुरुष का योग है, ऐसा शायद यह दर्शन कहता है। लेकिन ऐसा है नहीं। यहां प्रकृति और पुरुष का योग या संयोग नहीं है मोक्ष या ईश्वर होने के लिए। यहां पुरुष पहले से ही पुरुष है। उसे बस प्रकृति से अलग हो जाना है। प्रकृति को इस दर्शन में 24 तत्वों से समझाया गया है। तो पुरुष को पुरुष होने के लिए प्रकृति से योग नहीं, सिर्फ अलग हो जाना है। प्रकृति को अलग हो जाना है, अलग होके रहना है। सीता को अलग ही रहना है। तो फिर वह अलग ही रहे।

प्रकृति तो अलग ही है। जंगल जा कर सीता प्रकृति यानी अपने स्वभाव में वापस लौट जाती है क्योंकि उसे पुरुष से अलग होना ही है, वह प्रकृति से ही आयी है। यही इन्टरप्रीटेशन है फिल्म में रामायण का सांख्य दृष्टि से।

आपकी एक-एक फिल्म पर एक-एक शताब्दी तक बात हो सकती है। एक-एक किताब लिखी जा सकती है। थम्पू हो या एस्थप्पन, पोक्कुएयिल हो या फिर चिदम्बरम, ओरिदथु हो या उन्नी। वस्तुहारा के बाद क्या?

अभी थका तो नहीं हूँ लेकिन फिर भी एक अजीब सी थकान अवचेतन में बन रही है। एक थकान उतरती है तो एक चढ़ती है। कार्टून की दृष्टि से एक फिल्म बनाना चाहता हूँ महाभारत के कुछ प्रसंगों को लेकर। मलयालम भाषा और संस्कृति पर एक शॉर्ट फिल्म बनाना चाहता हूँ। फिल्म नरेशन पर भी कुछ लिखने की सोच रहा हूँ। मेरे लिए नरेटिव महत्त्वपूर्ण है।

अभी आपके फिल्म नरेशन को लेकर किसी विद्वान ने 'डीप फोकस' (बैंगलोर से प्रकाशित होने वाली अर्थपूर्ण सिनेमा पर एकाग्र गम्भीर पत्रिका) में लम्बा आलेख लिखा है इसके नये अंक में ...

हाँ देखा है। मैं फिल्म नरेशन पर समग्र रूप से एक किताब लिखने की सोच रहा हूँ, जिसमें पौराणिक कथा आख्यानों से लेकर पोस्ट कोलोनियल सोशियोलिंग्विस्टिक स्टडी तक की बात हो। मेरी फिल्मों को देखने से पहले इन्हें जान लेने से यानी नरेटिव के आत्यन्तिक सन्दर्भों को समझ लेने से फिल्में अधिक अर्थपूर्ण लगेंगी आम दर्शकों को।

साक्षात्कार - छह

अदूर गोपालकृष्णन् (1941)

81 वर्षीय अदूर से हाल ही में फोन पर बात हुई। अपने त्रिवेन्द्रम स्थित घर पर वे हमेशा की तरह अपनी शान्त सौम्य मुद्रा में मिले और बीते समय पर देर तक बात हुई। अदूर ने श्याम और अरविन्दन से दो साल पहले अपनी पहली फीचर फिल्म दी थी 'स्वयंवरम्' (1972)। इससे पहले तक वे ग्यारह फिल्में वृत्तचित्र के रूप में बना चुके थे। 'स्वयंवरम्' से हम सबका ध्यान उनकी ओर गया था। यह फिल्म भी अरविन्दन की पहली फिल्म की तरह श्वेत-श्याम है। तपन सिन्हा की 'हांसुलीबांकेर इति कथा' और मृणाल सेन की 'खंडहर' की तरह 'स्वयंवरम्' भी चलती बस यात्रा से शुरु होती है। यह यात्रा देर तक है और इसमें सवार पति-पत्नी भी देर तक दिखाये जा रहे हैं। फिल्म क्रमश: पति-पत्नी के प्रेम से शुरु होती है और अन्त तक स्त्री केन्द्रित हो जाती है। शक्तिशाली पुरुष के साथ रहकर प्रतिवाद करती स्त्री का क्रमश शक्तिशाली हो उठना फिल्म में दिलचस्प है जो अन्त तक स्त्री शक्ति पर ही केन्द्रित रहता है। उनकी 'कोडियेट्टम् (1978, श्वेत-श्याम), 'यक्षगान' (1979), 'एलिप्पथयम्' (1981), 'मुखामुखम' (1984), 'अनन्तरम्' (1987), 'मतिलुकल' (1990), 'विधेयन' (1993), 'कथापुरुषन्' (1995), 'पिन्नेयम्' (2016) और 'सुखन्तयम्' (2019) मेरी प्रिय फिल्में हैं। अडूर गांव के होने के कारण उनका नाम अडूर पड़ा, लेकिन प्यार से मैं उन्हें अदूर कहता आ रहा हूँ, यही उन्हें पसन्द है। 1981 से 1997 तक हम फिल्म समारोहों में मिलते रहे और देर तक बातें करते रहें और साथ में फिल्में देखते रहें, यह मेरा सौभाग्य रहा है। उनसे फिल्म विधा के बारे में काफी कुछ सीखने का अवसर भी मिला, यह भी उल्लेखनीय है। लेकिन कोई तीसरा यदि हम दोनों को देखे तो यही कहेगा कि उन्हें कुछ नहीं पता और मैं ज्ञान दे रहा। वे शान्त, सौम्य और गम्भीर होकर सुनते हैं और स्वाभाविक रूप से कभी-कभी हंसते हैं। भारतीय सिनेमा में ऐसे भद्र पुरुष विरल हैं।

मेरी फिल्मों के चरित्र आम आदमी हैं

आपका परिवार कलाओं का स्रोत रहा है। आपके पिता कथकली दलों की आर्थिक मदद करते रहे हैं। यह अपने-आप में एक महंगा काम है।

हां, यह परम्परा रही है पैट्रोनेज की हमारे परिवार में। उन्हीं से प्रेरित होकर मैं भी फिल्मों की ओर आया

आपने स्टीरियोटाइप फिल्म धारा को डीकन्स्ट्रक्ट किया

नहीं तो फिल्में बनाने का मेरे लिए कोई अर्थ नहीं होता। आप अभी थोड़ी देर पहले स्वयंवरम् और कोडियेट्टम के श्वेत-श्याम में होने की बात कर रहे थे। स्वयंवरम् के समय यही आशय था कि उसी धारा की फिल्मों का रंग लेकर शैली में परिवर्तन किया जाये ताकि बदलाव भीतर लगे, बाहर नहीं। फिल्मभाषा महत्त्वपूर्ण तभी हो जाती है जब हम फिल्म की पटकथा लिख रहे होते हैं। लेकिन कन्टेन्ट में भी बदलाव जरूरी हो जाता है। समाज में राजनैतिक कन्टेन्ट लगातार बदलता है जिस कारण समाज और व्यक्ति भी पूरी तरह प्रभावित होता है। कोडियेट्टम (1978) को कलर में शूट करने की योजना बनी थी लेकिन वह नहीं हो सकी।

क्या व्यक्ति की चेतना पर सिर्फ राजनैतिक घटनाओं का प्रभाव बनता है? उनके अवचेतन की भूमिका के साथ क्या आन्तरिक परिवर्तन की भूमिका को आप रेखांकित नहीं करना चाहते?

चाहता हूँ, लेकिन यदि चरित्र सामाजिक है तो राजनैतिक प्रभाव को रेखांकित करना जरूरी हो जाता है। सामाजिक चरित्र और आन्तरिक परिवर्तन के बाद के सामाजिक चरित्र में मूलभूत अन्तर है। मेरे गांव का आम-आदमी और बुद्ध। मेरी फिल्मों के चरित्र आम आदमी हैं। कोडियेट्टम में गोपी का चरित्र गांव के आम-आदमी का चरित्र है जिसके पास कई प्रकार के शोषण की छाया है जिसमें वह रहता है।

जी। यहीं से गोपी की ओर सबका ध्यान गया था और उन्हें देर दिनों तक कोडियेट्टम गोपी कहकर फिल्म इन्डस्ट्री के लोग और दर्शक पुकारने लगे थे जबकि वे स्वयंवरम् में भी थोड़ा दिखे थे। बाद में वे भरत गोपी हुए। इस फिल्म में संगीत के लिए क्या कोई जगह नहीं थी मेरा अभिप्राय बैकग्राउन्ड स्कोर से है?

यह प्रश्न मुझसे पहली बार पूछा गया, मैं प्रसन्न हूँ। किसी ने इस पर ध्यान ही नहीं दिया कि फिल्म में बैकग्राउन्ड म्यूजिक नहीं है। मैंने पटकथा के

बाद म्युजिक पर सोचा था लेकिन मुझे दिखा कि अभिनय और संवाद की टोन में जो म्यूजिक है वही पर्याप्त है, अलग से बैकग्राउन्ड स्कोर की जरूरत नहीं। यह स्कोर स्पेस को भरने के लिए, प्रभाव पैदा करने या बढ़ाने के लिए या इमेज को रिप्लेस करने के लिए होता है और इस दृष्टि से फिल्म में इसकी कोई जरूरत मुझे नहीं दिखी।

क्या फिल्म में कुछ सीन सचमुच मिसिंग हैं या मुझे लगा?

मिसिंग हैं। एडिट करते समय ऐसा हो गया था।

एक दृश्य में जब गोपी आकर फ्रेम में स्त्री के पास लेटते हैं तो वह फ्रेम से बाहर चली जाती है। गोविन्द जी बता रहे थे कि जब वे 'आक्रोश' (1980) का वह दृश्य कम्पोज कर रहे थे जब ओम स्मिता को बाल पकड़कर मारने के बाद अकेले लेट कर तकलीफ में प्रणय दृश्य को याद कर रहे हैं ताकि कुछ रिलीफ मिले, तो उस वक्त उन्होंने आपके इस फ्रेम को जेहन में रखा था। इसलिए उन्होंने फ्रेम को कम्पोज करने की शुरुआत स्मिता के बालों से की। प्रताड़ित स्त्री को पहले ओम के ऊपर दिखाया, प्रेम को 'देने' के अभिप्राय में। क्योंकि ओम पुरी यानी भीखू के पास प्रताड़ित किये जाने का आक्रोश है। गोपी के पास स्त्री का अस्वीकार है। इसीलिए क्या आप इस दृश्य के तुरन्त बाद दिन की रोशनी में अव्यवस्थित भीड़ को दिखाते हैं जो अचानक अंधेरे में दिखने लगती है? तुरन्त ही ग्रामीण मंच पर हम नर्तकी को नृत्य करते देखते हैं। फिर पुरुष चरित्र शंकरन कुट्टी को करवट बदलते और पानी में तरंगें बनते।

आपके ऑब्जर्वेशन बहुत माइन्यूट हैं। यहां हमें गोपी के चरित्र में असहमति की उदासी और निराशा को दिखाना था। फिल्म का नाम ऐसेन्ट है यानी ऊपर उठना जिसे मलयालम में कोडियेट्टम कहते हैं। दुःख व्यक्ति को उठा सकता है, उसकी शक्ति बन सकता है यही थीम है। प्लॉट इसी आधार पर बुना गया था। जब वो अपनी पत्नी के पास अकेला महसूस करता है तो अगली सुबह भीड़ में भी खुद को अकेला पाता है। अकेला होने का अहसास उसके भीतर पहले से बैठा हुआ होता ही है तभी वह दर्शक को अगली सुबह दिखता है। जो भीतर है वही बाहर है, यह इमेज है। जब इमेज बात पूरी कर दे रहा है तो बैकग्राउन्ड स्कोर की कोई जरूरत ही नहीं दिखी।

कल हम सभी कइरली (त्रिवेन्द्रम का तीन स्क्रीन वाला सिनेमा, 1997, यहां 'फायर' का प्रीमियर हो रहा था) में थे और यहां की आम जनता बालकनी

हॉल में आकर बैठ गयी थी, हॉल में कोई जगह नहीं थी समारोह के लोगों के लिए, सभी बाहर खड़े थे। फिर आप आये और उनके कानों में कुछ कहा। वे सभी बाहर निकल गये। आपने उनसे क्या कहा कि वे शान्ति से बाहर आ गये?

उनसे मैंने उनकी भाषा में कहा कि आपके लिए दूसरा हॉल तैयार है। आइए वहां बैठते हैं। यह अतिथियों के लिए है। उन्हें बैठने दें। वे हमारे अतिथि हैं। आप देख रहे थे कि कोलकाता की पत्रकार चिल्ला कर कह रहीं थीं कि ये न अंग्रेजी समझते हैं न बांग्ला। मलयालम में न जाने क्या कहते हैं।

आप सभी का सम्मान रखते हैं। यह 'कथापुरुषन' (1995, एक घंटा 47 मिनट) के पहले दृश्य से ही दिख जाता है। शंख ध्वनि के तुरन्त बाद सिल्यूट में कथापुरुष। मृत्यु से आरम्भ। धान के खेत में छोटे बच्चे को गोद में उठाकर पानी पर पार कराना, शिक्षक का गाय का पाठ पढ़ाना और बच्चों का बकरी को खाते देखना, बालक का बिस्तर पर लेटे रहना और खिड़की से बालिका का उसी पाठ को कहना, पीढ़ियों को दिखाना और बालक का आइने में देखना कि शायद मूंछ की रेखा उसके होंठ के उपर बन रही है। दिल्ली फिल्म समारोह में पिछले साल जनवरी (1996) में देखा था और ये इमेज अभी तक याद हैं। सभी का सम्मान था यहां। पिता को देख बच्चे का पौधों को पानी देना इसी का प्रतीक था। इसे आपने ही प्रोड्यूज किया था। कुन्जुन्नी का किरदार दिलचस्प लगा था विशेषकर आखिरी दृश्य में तीनो चरित्र की खुशी और हंसी।

हाँ, हम दोनों ने साथ ही तो देखा था सिरीफोर्ट में। जापान को-प्रोड्यूसर था। यह फिल्म मुझे भी अच्छी लगी है। फिल्म बनाते हुए पूरी टीम का मूड भी सही था जबकि फिल्म में दो-दो बार मृत्यु के दृश्य हैं। आपने आखरी दृश्य की खुशी की बात की इसे ध्यान में रखकर ही मैं सोच रहा हूँ एक फिल्म बनाऊँ जिसका अन्त सुख से भरा हो, और नाम भी हो सुखान्त (2019 में उन्होंने 'सुखन्तयम्' बनायी भी जो जगती एन के आचार्य के नाटक पर आधारित है)। बालक-बालिका के दृश्य का फिल्मांकन करते समय मुझे अधिक काम करना पड़ता है। कभी बालक को समझाऊँ तो बालिका अलग हो जाती, कभी बालिका को समझाता तो बालक अलग हो जाता।

मैं इस दृश्य की शूट के दौरान था। आप शूट के दौरान बिलकुल शान्त और अक्सर मौन रहते हैं जिसका असर क्रियु मेम्बर्स पर भी पड़ता है और परिवेश

पर भी। अन्य निर्देशकों की तरह हिस्ट्रिऑनिक्स आपके बॉडी लैंग्वेज में नहीं दिखता।

यह मेरे स्वभाव के अनुसार हो जाता है। हालांकि, पहले ऐसा नहीं था। मैंने यह सीखा कि मैं शान्त और गम्भीर रहूंगा तो इसका असर काम पर भी पड़ेगा और लोगों पर भी। परेशान होने पर परेशानी बढ़ती है। अब नैचुरल बारिश चाहिए और उस दिन बादल नहीं आये तो हम क्या कर सकते हैं भला। परेशान होने पर बादल तो आयेंगे नहीं।

'विधेयन' (1993) कुर्सी के प्रतीक से आरम्भ होती है। शोषक और शोषित के संवाद से। शोषित को मारने, उस पर थूकने और उस पर हंसने के दृश्य से। ऐसे दृश्य बार-बार हैं। वहीं ममूटी घर पर तन्वी आजमी से अलग व्यवहार करता दिखता है। वहीं अन्त पत्थरों पर लांग शॉट में भागते, पेड़ों और झरनों की पीछे से पीछा करते, हत्या करते और बन्दूक को पानी में फेंकने और आसमान के स्ल्यूिट में उदास हो जाने से होता है। क्या यही मन्तव्य था आपका फिल्म में दिखाने का?

एक प्रकार से। कई बार मन्तव्य बदलते भी हैं। इसमें भी वही हुआ है। जब आइडिया आया तब कुछ और था। जब स्क्रिप्ट लिखी गयी तब थोड़ा बदला। जब शूट हुई तब भी और एडिटिंग के समय तो वह हुआ जिसे आपने देखा है। राजनीतिक पटकथा में यह समय के साथ बदलता है क्योंकि राजनीति में दृश्य अप्रत्याशित रूप से बदलते हैं।

आप सक्रिय रहें इसके लिए स्वस्ति शुभेच्छा।

दर्शक और फिल्म समीक्षक आप जैसे अनुभवी, जागरूक और विद्वान हों, ऐसी अपेक्षा है।

साक्षात्कार - सात

कुमार शहानी (1940-2024)

'माया दर्पण' (1972) से 'ऐज दी क्रो फ्लाइज' (2004) तक की फिल्म यात्रा कुमार शहानी का अविराम परिचय है। उनकी फिल्में तरंग (1984), ख्याल गाथा (1989), कस्बा (1990), भावान्तरण (1991), चार अध्याय (1997) और दी बम्बू फ्ल्यूट (2000) सौन्दर्य के स्तर पर संवेदनशील दर्शकों के बीच सराही गयी है। हालांकि कुमार ने माया दर्पण से पहले पांच फिल्में और बनायी थीं जैसे दी ग्लास पेन, मन्माड पैसेंजर और ऑब्जेक्ट। माया दर्पण के लिए उन्हें सम्मान मिला लेकिन इस पर विवाद और चर्चाएं भी हुई। मणि कौल की तरह वे भी पुणे के फिल्म संस्थान में पढ़ाते और हिन्दी कहानियों पर फिल्म बनाते। वे भी मणि की तरह फ्रेन्च फिल्मकार रॉबर्ट ब्रेसां के सम्पर्क में आये। ब्रेसां उन दिनों यानी 1968, 69 में दोस्तोव्स्की की कहानी ए जेन्टल क्रीचर पर फिल्म 'ए जेन्टल वूमन' बना रहे थे। तब कुमार उनके सहायक के तौर पर शूट के कई दृश्यों के साक्षी हो रहे थे। 1987 में बनी उनकी लघु फिल्म 'वार वार वारी' और ख्याल गाथा मेरी दो प्रिय फिल्में हैं। कलात्मक सौन्दर्य की दृष्टि से इन दो फिल्मों को देखा जाना चाहिए। खयाल गाथा देखते समय कई लोकेशन और दृश्यबंध आपको मणि की फिल्मों जैसे दिख सकते हैं। चार अध्याय संवादशैली के कारण पसन्द नहीं की गयी। निर्मल वर्मा की कहानी पर बनी फिल्म माया दर्पण भले ही स्वयं निर्मल को पसन्द नहीं आयी लेकिन इस फिल्म को देखकर फिल्म के विद्यार्थी और नये फिल्मकार बहुत कुछ सीख सकते हैं जो भारत में विरल है। जैसे मास्टर शॉट लेने का ढंग। स्टीरियोटाइप फिल्मों में मास्टरशॉ ट परिभाषित है और निर्देशक व कैमरामैन को लगता है कि इससे अलग कुछ होता ही नहीं लेकिन कुमार ने इसके प्रथम दृश्य में ही इसकी नयी और अनूठी परिभाषा दी और लगा मास्टर शॉट को ऐसे ही फिल्माया जाना चाहिए। फिल्म में संगीत भास्कर चन्दावरकर का और कैमरा के के महाजन का है। फिल्म की शुरुआत में उस पूरी हवेली का वाह्य और अन्तर फ्रेम दर फ्रेम दिखाया जाता है। कैमरा पैनिंग और टिल्ट अप डाउन से जिसमें पूरी कहानी घटनी है। इस दौरान

वाणी जयराम की आवाज में गाया गीत सुनाया जाता है। पूरी फिल्म का सुर लग जाता है। वे चाहते तो स्टीरियोटाइप फिल्मों की तरह दूर से यह हवेली दिखाकर सीधे कथा दृश्यों पर आ सकते थे। कुमार के जीनियस का परिचय इसी प्रथम दृश्य से मिल जाता है।

पिछले दो दशकों से मेरा उनका लगातार साथ रहा है। कभी वे मेरे निमन्त्रण पर काशी हिन्दू विश्वविद्यालय आये और सत्यजीत रे मेमोरियल व्याख्यान दिया तो कभी हमने दिल्ली के इण्डिया इण्टरनेशनल सेन्टर पर चाय के साथ गपषप की। कभी हमने फोन पर ब्रेसां के शूट पर देर तक बातचीत की तो, कभी भोपाल में देर तक झील के इर्द-गिर्द टहलते हुए या गेस्ट हाउस के उनके कमरे में देर रात तक फिल्म समझते हुए, जिसके बगल के कमरे में मैं भी ठहरा था। तो कभी दिल्ली के ललित कला अकादमी के किसी कक्ष में तो कभी नाट्य विद्यालय के अभिमंच प्रेक्षागृह में नाटक देखते हुए। यहाँ उतना ही अंश जितना हिन्दू विश्वविद्यालय में सन्ध्या विहार पर साथ टहलते हुए बात हुई थी।

मनुष्य में और मनुष्य के पार संरक्षित है सौन्दर्य

इस बार माया दर्पण या खयाल गाथा की शुरुआत से बात शुरु नहीं करेंगे बल्कि वार वार वारी से शुरु करेंगे। क्या आपको नहीं लगता कि शुरु में जो साउण्ड क्वालिटी है मशीन की वह इमेज को कलात्मक तौर पर डिस्टर्ब कर रही है या एक नये ढंग का पैरेलेक्स बना दे रही है?

वह जरूरी था और कोई विकल्प भी नहीं था। साउण्ड में पैरेलेक्स?

हाँ, प्रभाव प्रतीक के स्तर पर। इसमें ज्यादातर दृश्यबंध योजना किसी शास्त्रीय रंगमंच सरीखें दिखते हैं यहां तक कि कॉस्ट्यूम भी। इस दृष्टि से भी वैज्ञानिक ध्वनि अवरोध उत्पन्न कर रहा था।

कई बार अर्थ के पीछे जो ध्वनि है उसे रूप देने की कोशिश होती है। मीनिंग ऑफ दी मीनिंग। या मीनिंगनेस ऑफ दी मीनिंग। कई बार ध्वनि इमेज को विस्थापित कर देती है और कई बार इमेज ध्वनि को विस्थापित करती है।

चार अध्याय का आरम्भ जलाशय के पास के एक वृक्ष से होता है। यह प्रतीक कहानी से किस स्तर पर जुड़ता है?

परिवार की चेतना का दृश्य रूप है वह जिसे दिखाने का ढंग अलग है।

सौन्दर्य सब्जेक्ट में है या ऑब्जेक्ट में?

सब्जेक्ट में। इसलिए ऑब्जेक्ट को हम इमेज में ब्यूटीफाई कर पाते हैं।

क्या ब्रेसां कई टेक लेते थे एक शॉट के और क्यों?

कई बार तो सोलह-सोलह टेक लेते थे, कई बार तो यह पच्चीस तक पहुँच जाता था। वे इंतजार करते थे कि डिवाइन साइन घटे। तब तक वे टेक लेते रहते थे। उनके लिए कलाकार के जरूरी था डिवाइन साइन।

क्या इसी अर्थ में आप भी उन्हें ऐसेटिक मानते हैं?

बिलकुल। वे ऐसेटिक थे। उन्हें लगता था कि शान्त और मौन प्रार्थना में कोई दैवी झलक मिलेगी। ऐसी उम्मीद वे हर दृश्य में, हर शॉट में करते थे। उनके साथ पूरी टीम देर रात तक बैठी रहती थी। मैं भी। उन पर बात हो तो कई दिन बीत जायेंगे।

आप भी ऐसी उम्मीद में होते हैं जब शॉट लेते हैं?

कई बार हां। जब ऐसा चान्स बनता है। माया दर्पण में, तरंग और कस्बा में। विद्यार्थी मेरे टेक में ब्रेसां का असर देखते हैं। मैंने कई बार सोचा कि ब्रेसां पर अपने अनुभव लिखूं।

आप सौन्दर्य को संरक्षित करने के पक्ष में हैं?

नहीं। यह मनुष्य में और मनुष्य के पार स्वतः संरक्षित है।

आप मणि की फिल्मों के रेस्टोरेशन के लिए प्रायः दक्षिण भारत की यात्रा में होते हैं इन दिनों।

हाँ, मैं उन फिल्मों को संरक्षित करने की कोशिश में लगा हूं। वे नष्ट हो जा रहीं हैं। सरकार से उम्मीद नहीं।

'तरंग' फिल्म दूरदर्शन पर 1984 में देखी गयी थी। स्मिता पाटील के चरित्र का नाम था जानकी लेकिन 34 वें मिनट में जब वे मुम्बई की सड़क पर लांग टेक में चल रही होती है तो कोई उसे देखकर रास्ते में बोल पड़ता है, ए, ए, स्मिता पाटील। एक दृश्य में अमोल एक कैफे में बैठे हैं और दूसरी टेबल पर लोग शूटिंग की बात कर रहे हैं। अन्तिम दृश्य एक स्वप्न दृश्य सा। अमोल के साथ के प्रणय दृश्य में वे नीली साड़ी पहनी हुई हैं। इसके तुरन्त बाद के शॉट में उन्हें सफेद चादर में लिपटी, दैहिक तकलीफ में दिखाया जाता है, उसी पल

के बिस्तर पर जहां वे अभी प्रणय पलों में थीं। और फिर अगले ही शॉट में वे वही नीली साड़ी पहनकर चेंज के लिए उठती हैं, दूसरे कमरे में जाती हैं और साड़ी उतार कर अमोल के पास फेंकती हैं। अमोल उस साड़ी को हाथ में लेकर सहलाते हैं और बाद में मैरून साड़ी पहनी स्मिता को अमोल कुछ रूपये देते हैं। बीच में सफेद साड़ी का शॉट और शूट की बात दर्शकों को असंगत लगती है।

इसीलिए, हर दर्शक की व्याख्या अलग हुई है इन दृश्यों को लेकर। फिल्म में स्मिता है और उनका चरित्र है जानकी। दर्शक इस यथार्थ को जानता है तभी फिल्म देख रहा है। ऐसे में जब राह चलते लोग स्मिता बोल उठते हैं तो दर्शक का चौंक पड़ना सहज है। उसे जानना चाहिए कि वे स्मिता को देख रहे हैं। तो फिर वह असहज क्यों हो उठता है ! क्योंकि उसे आदत नहीं है स्टीरियोटाइप फिल्मों में इसकी। बताना पड़ता है कि वह स्मिता है जो जानकी बाई का रोल कर रही है।

यानी थियोरी ऑफ एलियनेशन?

हाँ।

वैसे भी कलाकृति में लॉजिक ऑफ नरेटिव नहीं होता। इस फिल्म में लता जी और आशा जी के गाये दोनों गाने अलग शैली के हैं वनराज भाटिया के कारण। ख्याल गाथा के सारे दृश्य सुन्दर हैं। माया दर्पण के अन्तिम दृश्य का फिल्मांकन मुझे अद्भुत लगा है। चन्द्रलेखा समूह का मंच पर नृत्य और कैमरा मंच प्रोसिनियम से नीचे अंधेरे में खो जाता है। फिर दृश्य और फिर अंधेरा। ऐसा करीब दस बार होता है। असंगत होते हुए भी यह सुन्दर लगता है।

मैंने के.के. (कैमरामैन के. के. महाजन) से कहा था कि वे कैमरा नीचे की ओर करते रहे। सुब्रत मित्र से बात हुई थी पहले लेकिन मैंने कह दिया था कि वाइड ऐंगल लेंस यूज नहीं होना है। वे सहमत नहीं हुए। तो के के का कैमरा आया।

अपनी किताब 'अवर फिल्म्स देयर फिल्म्स' में सत्यजीत रे ने मणि और आपको लेकर एक चैप्टर लिखा है। आपने देखा होगा।

सुना है। उनका अलग नजरिया है हमारी फिल्मों को देखने का। एक चित्रकार की कृति को हम उसकी स्वतंत्र कृति के रूप में स्वीकार कर लेते हैं। यह समझ लेते हैं कि इस कृति में पूरी तरह उस कलाकार की सोच और कल्पना है। हम उस कृति की नॉवेल्टी की तुलना अन्य चित्रकृतियों को ध्यान में रख कर नहीं करते। भारत में फिल्मों के साथ

ऐसा नहीं होता। किसी कलाकृति को स्वतंत्र कलाकृति के रूप में नहीं देखा जाता। फिर ऋत्विक दा का विद्यार्थी होने के कारण आलोचना तो होनी ही थी।

'कस्बा' में शत्रुघ्न सिन्हा के विवाह दृश्य को छोड़ा भी जा सकता था क्या?

नहीं। उसी से कथानक में अलग प्रभाव आता है। कई बार अलग प्रभाव के लिए लोग इमेज या साउन्ड या म्यूजिक का प्रयोग करते हैं। मैं वहीं रूपक के साथ आता हूं। वह दृश्य कथानक में रूपक है जो यथार्थ की तरह आता है। यदि आप फिल्म को कलाकृति की तरह देखते हैं तो उसे कलाकृति के तौर पर ही बरतना चाहिए। जैसे कि अभी आपने कहा वह बिलकुल सही है कि कलाकृति मे लॉजिक ऑफ नरेटिव नहीं होता। कलाकृति का अपना लॉजिक होता है जो अमूमन मनुष्य को चेतना से परे होता है। कल्पना मनुष्य ही कर सकता है। ईश्वर या डिवाइन साइन की भी। उसका अपना लॉजिक, अपना भाषा विज्ञान है। सौन्दर्य वहीं है।

साक्षात्कार - आठ

सई परांजपे (1938)

रूसी चित्रकार यौरा स्लेप्टजॉफ और शकुन्तला परांजपे की बेटी सई का जन्म बॉम्बे में 19 मार्च, 1938 को हुआ था। तीस और चालीस के दशकों में शकुन्तला हिन्दी और मराठी फिल्मों में अभिनय किया करती थीं, जैसे वी. शान्ताराम की 1937 में बनी फिल्म 'दुनिया ना माने' में। पति से अलग होने के बाद शकुन्तला अपने गणितविद् पिता सर आर. पी. परांजपे के पास रहने लगी और सई यहीं बड़ी होने लगी। उन्होंने नेशनल स्कूल ऑफ ड्रामा से स्नातक की। उससे पहले वे अपने बचपन में फिल्मकार अच्युत रानाडे से कहानियां सुनती रहीं थीं। बाद में रंगकर्मी और फिल्म कलाकार अरूण जोगलेकर से सई का विवाह हुआ। फीचर फिल्में बनाने का सिलसिला सई के जीवन में 1980 से शुरु हुआ जब उन्होंने 1980 में बनायी 'स्पर्श।' इस फिल्म को बासु भट्टाचार्य ने प्रोड्यूस किया था और संगीत दिया अन्तिम बार कानू रॉय ने। कानू रॉय 40 के दशक में अक्सर ही अशोक कुमार के साथ फिल्मों में अभिनय करते देखे जाते थे। जैसे 1943 में बनी फिल्म 'किस्मत' में। बासु भट्टाचार्य की फिल्म 'आविष्कार', 'अनुभव' में उन्होंने इससे पहले संगीत दिया था। सई की इस फिल्म को संवेदनशील फिल्म के तौर पर प्रशंसा मिली, जब अन्य समानान्तर फिल्में बन रही थीं। और फिर 1981 में आयी 'चश्मे बद्दूर' जो हास्य के स्वर में होने के कारण हिट हो गयी। दीप्ति नवल इसी फिल्म में पहली बार दिखी। 'कथा', 'दिशा', 'पपीहा' और 'साज' उनकी अन्य उल्लेखनीय फिल्में हैं। कह सकते हैं कि दीप्ति और फारुख शेख की फिल्मी जोड़ी 'चश्मे बद्दूर' और 'कथा' से ही दिखी। 'स्पर्श' से पहले सई कई वृत्तचित्र सत्तर के दशक में बना चुकी थीं जैसे 'दी लिटिल टी शॉप', 'जादू की छड़ी', 'बेगार', 'सिकन्दर', 'फ्रीडम फ्रॉम फीयर' आदि। दूरदर्शन के लिए उन्होंने सीरियल बनायी 'अड़ोस-पड़ोस' और 'छोटे-बड़े।' उन्हें पद्मभूषण, राज्यसभा की सदस्यता के साथ फिल्मों का नेशनल अवार्ड मिल चुका है। सत्तर, अस्सी और नब्बे के दशकों में जिन महिला फिल्मकारों का आगमन

हुआ अपर्णा सेन, विजया मेहता, कल्पना लाजमी, अरुणा राजे, मीरा नायर, दीपा मेहता आदि, उनमें सई परांजपे प्रथम हैं।

प्रथम बार सई से मिलना जनवरी 1991 में मद्रास में हुआ, अन्तर्राष्ट्रीय फिल्म समारोह में जब वे अपनी फिल्म 'दिशा' लेकर आयी थीं। तब वे 52 साल की थीं। और अभी मिलना हुआ 2020 की जनवरी में मुम्बई के एक रेस्तरां में। तब तक वे 82 साल की हो चुकी थीं। वे जिस ऊर्जा से इस्कॉन मन्दिर के पास स्थित उस रेस्तरां में आयीं, मैं फिर से उनके प्रभाव में आ गया। उनका स्नेह 1991 की मुलाकात में मिलते ही मिल गया था, जब उन्होंने जाना कि मेरा नाम गौतम है और उन्होंने बताया कि उनके बेटे का नाम भी गौतम है। तभी से वे मुझे बेटे की तरह देखने लगीं। फोन पर बातें होती रहीं 1991 से 2020 तक। कभी वे पुणे से मुम्बई लौट रहीं हैं तो कभी पुणे जा रहीं हैं। मैं उनकी कार्य क्षमता और इस उम्र में भी यात्रा पर होने, यहां तक कि खुद चल कर रेस्तरां तक आने की जिजीविषा का कायल होता रहा हूं। दोनों मुलाकातों में उनके व्यक्तित्व, फिल्म 'दिशा' और 'साज' (1997) को लेकर ही बातें अधिक हुईं। उनका आषीर्वाद हृदय से लगा हुआ है अनवरत।

मेरे बचपन के दोस्त मेरे फिल्मदर्शकों को लाइट रखते हैं

'दिशा' में जब नाना पाटेकर गांव से आयी पत्नी को मुम्बई घुमा नहीं पाते और वापस भेज देते हैं तो दरवाजे की ओट में अपनी असहाय स्थिति पर रोते नाना को आपने इतना कम क्यों दिखाया?

मेरी आदत हो गयी है कैमरामैन (इस फिल्म में मधु अम्बट और जी. एस. भास्कर) को हरिअप कहने की। इसीलिए शायद वो शूट वहीं कट होता है।

लेकिन 'साज' के उस दृश्य में आपने कैमरामैन को पूरी छूट दे रखी है जहाँ परीक्षित साहनी कार चला रहे मुंह में पाइप लिये, शबाना पास बैठी हैं, दुःख के इन क्षणों में शबाना परीक्षित को देखती हैं, दोनों हंसते हैं, बीच से सब्जी के

बासकेट को दोनों पिछली सीट पर रखते हैं, थोड़ी देर बात के बाद परीक्षित कॉफी पीने का प्रस्ताव करते हैं और सीन कट होता है।

वहां मैं कर भी क्या सकती थी। पूरी टीम उस रोड पर थी। कार के आगे कैमरा लगा था। बोनेट पर कैमरामैन बैठे थे। परीक्षित इस हंसी में सहज नहीं लग रहे थे तो उन्हें सहज करने में देर लगी। फिर मैंने कार को छोड़ दिया। टीम पीछे छूट गयी और कार थोड़ी दूर तक चली जब तक लाइन्स बोली-जानी थे। कार और वे तीन लोग। उतनी दूर से हरिअप कैसे कहती (हंसती हैं)! गर्मी थी, बारिश भी आने वाली थी। मैं भास्कर को हरिअप कह सकती थी कि जल्द शॉट ले।

'दिशा' में चॉल में नाना पाटेकर की पत्नी (अभिनेत्री राजश्री सावंत) का देर रात चालीस आदमियों के बीच सोना और अगली सुबह मुम्बई छोड़ना ...

वह चॉल नहीं, गारा है।

यह तो मैं पहली बार सुन रहा हूँ...

जी। चॉल में चार-पांच लोग एक घर में रहते हैं और ऐसे कई घर एक चॉल में होते हैं बम्बई में। ये घर एक या दो कमरों का होता है। मैंने 'कथा' में चॉल ही दिखायी है जिसमें नसीर और दीप्ति रहते हैं। यहां इस फिल्म में यह गारा है। इसमें एक ही कमरे में 40 से 50 लोग रहते हैं और वे वहां चटाई बिछा कर सिर्फ सो सकते हैं, करवट भी नहीं बदल सकते। फिल्म स्क्रिप्ट लिखने के दौरान मैं वहां गयी, उनसे बात की। उनका ही यह संवाद है कि हम करवट भी नहीं बदल सकते जिसे मैंने फिल्म में संवाद बनाया। वहीं रघुवीर यादव और नाना को रहते दिखाया गया है और बाकी की स्टोरी आप जानते ही हैं।

आप की सारी फिल्मों में यह फिल्म मुझे सबसे अच्छी लगी है ...

गौतम, यह फिल्म मुझे भी सबसे प्रिय है। बम्बई सबसे ज्यादा इसी में है। संघर्ष इसी में है। संवेदनशीलता इसी में है। स्पर्श में विषय संवेदनशील था लेकिन संवेदनशीलता से फिल्म यह भरी है। चूड़ियाँ में भी ऐसा ही था लेकिन फिल्म लोगों तक जा नहीं सकी।

लोगों तक 'साज' भी ठीक से नहीं गयी और लोगों में गलत-फहमी छा गयी कि यह फिल्म लता-आशा सम्बन्धों पर है ...

बिलकुल जबकि कई बिन्दु ऐसे हैं जो उनकी जिन्दगी के नहीं हैं, न उनकी जिन्दगियों में घटी हैं। लेकिन उनके प्रशंसकों ने ऐसा माहौल बनाया।

आरम्भ में विचार मंगेशकर बहनों के जीवन संघर्ष, सम्बन्ध, प्रेम और आन्तरिक भावना के आधार पर ही बना था कि दो बहनों की कहानी दिखाई जाये लेकिन इन दो बहनों की नहीं, बल्कि ऐसी दो बहनों की जो एक ही प्रोफेशन में हैं, उनमें गहरी दोस्ती और प्यार है, प्रोफेशनल राइवेलरी है, प्यार के साथ नफरत भी है। बहुत सी बातें दिखाई गयी हैं जो लता या आशा के जीवन में नहीं घटी हैं।

आपने सिर्फ एक दृश्य से दोनों के सम्बन्ध को और बड़ी बहन की नीति को बहुत ही खूबसूरती से दर्शा दिया जब एक ही माइक पर अरुणा ईरानी और शाबाना गा रहीं हैं 'बादल चांदी बरसायें रुम झुम रुम झुम (स्वर कविता कृष्णमूर्ति और देवकी पंडित)। दोनों गाती हुई अच्छी भी लग रहीं हैं और धोखा भी खुल कर चकित कर रहा है शाबाना के चरित्र को।

बहुत धन्यवाद गौतम। फिल्म में जाकिर हुसैन के साथ अन्य लोगों का संगीत भी था जैसे भूपेन हजारिका। मुझे इसका अफसोस है कि फिल्म लोगों तक फिल्म के कन्टेन्ट के साथ नहीं गयी।

जाकिर साहब को आपने रोल के लिए राजी कर लिया था?

हां, पहले तो वे तैयार नहीं हो रहे थे लेकिन जब मैंने उन्हें स्पष्ट किया कि वे लीड नहीं कर रहे और उनका रोल ज्यादा नहीं है तो वे सहर्ष मान गये। फिल्म की स्क्रिप्ट मैंने बहुत मन से लिखी थी और एक-एक शब्द को ध्यान से तैयार किया था। लिखना मेरे साथ रहा है।

आपकी पहली किताब उस समय छपी थी जब आप आठ साल की थीं। और अभी 80 साल की उम्र में आप नयी किताब 'ए पैचवर्क क्विल्ट' पर काम कर रहीं हैं, बल्कि प्रकाशित भी हो गयी है।

बाबा रे, उस समय जो समझ आया सब लिख दिया था, जंगल, शेर, जादूगर, चिड़िया, भूत, प्रेतनी सब। ये मैंने मराठी में लिखा है, अभी जिसका अंग्रेजी तर्जुमा हो रहा। दरअसल मेरा बचपन नाना के घर एक बड़े से मकान में मां और नाना के साथ बीता। उस घर में सिर्फ हम तीन रहते थे। मुझे खुद ही अपना दोस्त बनाना होता था। उस घर में लकड़ी का एक घोड़ा था जिससे मैं खेलती रहती थी और उसी को कभी दोस्त, कभी जादूगर तो कभी हाथी बना लेती थी। बचपन के वे ही दोस्त मेरी फिल्मों में ह्यूमर लाते हैं और दर्शकों को लाइट रखते हैं। जैसे कार में बैठी शाबाना परीक्षित से कहती है आज आपने अपना एक प्रोफेशनल

एथिक्स तोड़ा है या साज में ही वो अरुणा से कहती है दीदी तुम तो पूरणपोली देने आयी थी।

आपकी फिल्मों के पीछे मराठी संस्कृति की सारी समृद्धि दिख जाती है। भले ही चरित्र मराठी भाषा न बोल रहे हों, या फिर आपने मराठी नाटक भी लिखे और किये हैं इसलिए शायद ...

मुझे बहुत अच्छा लगता है मराठी भाषी होना, मराठी संस्कार को जीना और औरत होने को जीना। यह सब अहसास जब मेरे आसपास होता है तो मैं अपने को पूर्ण महसूस करती हूँ। पुणे इसीलिए जाती रहती हूं कि अपनी जड़ों से जुड़ी रहूं, उन्हें टटोलती रहूं जिसमें बचपन की वे यादें भी हैं जिनमें फर्गसां पहाड़ी भी है। फिल्मों में, मैं देर से आयी शायद, यह मैं देह की उम्र से कह रही। लेकिन अब लगता है कि वही सही समय था।

संगीत की तरह कॉस्ट्यूम, कलर और कलाकारों के साथ बर्ताव की आपकी सौन्दर्य दृष्टि फ्रेम दर फ्रेम दिख जाती है।

हाँ, मैं बहुत माइन्यूटली और मेटिकुलसली कॉस्ट्यूम और रंगों पर काम करती थी। शबाना की साड़ी हो या अरुणा की, लावणी की साड़ी हो या दीप्ति की, बहुत देर लगाती हूं चुनने में और फाइनल करने में। शूट के समय कलाकारों के साथ मेरा सहअस्तित्व जीने लगता है। कलाकारों को भी ऐसा ही लगता है विशेषकर शबाना को।

आप सिर्फ मेरे लिए इतनी दूर चलकर जुहू आयीं, मैं कृतकृत्य हूँ।

चुपचाप कॉफी पियो। और अब अपनी बातें बताओ। मैं ही बोलती चली गयी।

साक्षात्कार - नौ

गिरीश कर्नाड (1938-2019)

'आत्मसंवाद के लिए लिखता रहा'

उनके पूरे लेखन पर संवाद दो बार में पूरा हुआ था। पहली बार 2005 में सुयोग बना जब उन्होंने अपना अन्तिम नाटक अंग्रेजी में लिखा 'हीप ऑफ ब्रोकेन इमेजेस।' यानी 'खण्डित छवियों का ढेर।' पहली बातचीत में उनके नाटकों को लेकर ही देर तक बातें हुई थीं लेकिन वे व्यक्तिगत अधिक होती गयी थीं। उनका फिल्मों में विभिन्न भाषाओं में अभिनय करना, रंगकर्म के बारे में सोचना, संगीत नाटक अकादमी से जुड़ना और निजी अनुभवों का अतीतरागात्मक संस्मरण उस बातचीत के केन्द्र में आ गये थे। उनके सम्पूर्ण लेखन की क्रमश: विकसित होती गयी प्रक्रिया या विकास क्रम, रचना शीलता के अनिवार्य विचार और दर्शन तथा मूल विचार को नितान्त अपनी कलाभाषा देने की आकुलता ये सब हमारी दूसरी बात-चीत के केन्द्र में आ गये जो पिछले साल सम्भव हो सकी, जब वे प्रायः ही अस्वस्थ रहे। हमने उनके प्रारम्भिक दो नाटकों 'ययाति' और 'तुगलक' का जिक्र छेड़ा इस तरह कि सिर्फ वे कहते रहें और हम सुनते रहें। बाद में 'नागमंडल', 'हयवदन', 'तलेडंडा', 'दी ड्रीम्स ऑफ टीपू सुल्तान' और 'अग्नि और बरखा' अन्य प्रसंग बने। हमने सोचा कि वे हमारे छेड़ने से उत्तेजित हो उठेंगे जैसा कि हमें 1990 में कोलकाता के नन्दन परिसर में फिल्म समारोह के दौरान हुई मुलाकात और दिल्ली की उस पहली बातचीत से बनी धारणा के आधार पर लगा था। लेकिन वे शान्त थे। उनके स्वभाव का यह पक्ष मेरे सामने पहली बार उद्घाटित हो रहा था। और यह पक्ष तीन घंटे की उस बातचीत में अन्त तक रहा। या कहें, उनके इस पार्थिव अन्त तक।

उन्होंने जीवन भर लिखा अंग्रेजी और कन्नड़ में और बातचीत की सिर्फ अंग्रेजी में। बाहर भी और घर में भी। जबकि वे कन्नड़ भाषी थे और उनकी मातृभाषा थी कोंकणी। उनके नाटकों का हिन्दी में अनुवाद अंग्रेजी से ही होता रहा है और इस नाटक का अभी तक नहीं हुआ है। हिन्दी रंग परिवेश को इसकी जानकारी भी नहीं है। जैसे गिरीश से वरिष्ठ नाटककार बादल सरकार बांग्ला में लिखते थे और अनुवाद

हिन्दी में होता था। लेकिन जीवन के अन्तिम दिनों में जब उन्होंने तीन खंडों में अपनी आत्मकथा लिखी 'पुरोनो काषुन्दी' तो न इसकी जानकारी अभी तक हिन्दी परिवेश को हो पायी है, न बांग्ला परिवेश को ही। गिरीश की भाषा सम्बन्धी ये सब बातें मुझे पहली बार उसी पहली बातचीत से पता चली थीं। उन दिनों वे काशी हिन्दू विश्वविद्यालय के एक परिषद के सदस्य भी हुआ करते थे। इस नाटक का बंगलोर के ही रंगमंच पर उसी वर्ष मंचन हुआ। मंचन कन्नड़ में 'ओडाकलु बिम्ब' नाम से हुआ और निर्देशन भी उन्होंने ही किया। यह नाटक अंग्रेजी में लिखने वाले भारतीय लेखक पर है। नाटक का सेट एक टीवी स्टूडियो का है और इसमें सिर्फ एक महिला चरित्र है जो अंग्रेजी की प्रोफेसर है और कन्नड़ में लघु कहानियां लिखती है। काफी कुछ लिखने के बावजूद जब वह पाती है कि वह अपरिचय की स्थिति ही जी रही है और सफल नही है तो वह अंग्रेजी में लिखने लगती है और बेस्ट सेलर हो जाती है। उसके बारे में विभिन्न स्क्रीन पर परिचर्चा तो कभी साक्षात्कार आने लगते हैं लेकिन वह पाती है कि स्क्रीन पर उसका चेहरा खंडित है। इतनी कहानी सुनाने के बाद गिरीश बताने लगे :-

'नाट्यशास्त्र में दस प्रकार के रूपकों का उल्लेख है जिसके अनुसार ही भारत में नाटक लिखे जाने चाहिए। इन रूपकों में से एक है भाण। यह नाटक उसी रूपक में लिखा गया है। यह एकल अभिनय उस प्रथम प्रस्तुति में अरून्धति नाग ने किया था। यह नाटक आत्म कथात्मक है और यह एकांकी है।'

मैंने सिर्फ यह कहा था कि आपको नहीं लगता कि नाटक 'ययाति' के रचनासौष्ठव पर विदेशी नाटकों का प्रभाव है? उन्होंने न सिर्फ यह स्वीकार किया बल्कि इस आत्म स्वीकार के साथ उन्होंने यह भी बताया कि किन लेखकों से वे उन दिनों प्रभावित थे और किन नाटकों का प्रभाव इस नाटक पर है। वे बोले,

'जिन दिनों मैं 'ययाति' लिख रहा था उन दिनों मैं यूरोपीय नाटककारों से विशेष प्रभावित था। जैसे मुख्य रूप से सार्त्र और कामू से। सार्त्र के 'दी फ्लाइज' और 'नो एग्जिट' तथा कामू के 'क्रॉस पर्पज', 'कैलिगुला', 'दी जस्ट ऐसेसिन्स', 'दी पजेस्ड' एवं 'रिक्वाएम फॉर ए नन' मेरे पास और मेरे साथ रहते थे सदैव। उन दिनों मुझ पर ही नहीं, लगभग प्रत्येक भारतीय लेखक पर इन दोनों लेखकों का प्रभाव रहा करता था। यह 1958 के बाद की बातें हैं जब मैं बीस इक्कीस साल का हुआ करता था। कामू के मिथ

ऑफ सिसिफस या आउटसाइडर या दी फॉल या फिर सार्त्र के नॉसिया से ही मेरा जेहन बन चुका था। 1960 में ऑक्सफोर्ड गया था पढ़ने। ययाति के पूरे लेखन स्वरूप में यूरोपीय लेखकों के नाटकों का फॉर्म स्पष्ट झलकता है। यह मेरा दूसरा नाटक था। पहला नाटक कन्नड़ में लिखा था 'मां निशाद।' यह एकांकी था। लौटकर 1964 में मुझे लगा कि भारतीय परिवेश पर कोई ऐतिहासिक नाटक लिखना चाहिए जो ग्रैंड स्केल यानी व्यापक स्तर के परिवेश पर लिखा जाये जिसमें कम से कम पचास चरित्र हों। तो मैंने लिखा 'नाडेडु बंडा डरि' यानी तुगलक। इस नाटक को कई निर्देशकों ने मंचस्थ किया जैसे इब्राहिम अल्काजी, मनोहर सिंह, बी वी कारन्त, दिनेश ठाकुर और श्यामानन्द जालान। कारन्त जी ने ही इसका हिन्दी अनुवाद किया था। श्यामानन्द जी ने इसे बांग्ला में किया। दिल्ली नाट्य विद्यालय में पहली बार यह 1965 में मंचित हुआ था। तब तक मुझे यह अहसास नहीं था कि लेखन आत्मसंवाद को साझा करने का उत्कृष्ट माध्यम है। उस उम्र में आत्म साक्षात्कार का भारतीय दर्शन नहीं, अस्तित्ववाद के प्रति सार्त्र और कामू की दृष्टियां थीं। कामू तो तब तक काफी मेटाफिजिकल हो गये थे लेकिन सार्त्र पूरी तरह मार्क्सवादी विचारधारा और कीर्केगार्ड के अस्तित्ववादी दर्शन को अपने आचरण में ढाल चुके थे। पूरी दुनिया उन्हें सुन रही थी। पश्चिम बंगाल में वामपंथ था और नक्सली प्रवृत्तियों ने भी उसी यानी साठ के दशक में ही सिर उठा लिया था। इतिहास से चरित्रों को लाने की मेरी भूख तो तृप्त हुई लेकिन फिर भी तृप्ति नहीं मिली। एक बेचैनी हमेशा चलती रहती थी। पच्चीस से पैंतीस साल की उम्र में भारतीय युवा रचनाओं में भी ऐसे ही सोचता है। श्याम बेनेगल, अदूर गोपालकृष्णन, जी अरविन्दन, शाजी करुन आदि उसी दौर में बड़े हो रहे थे लेकिन बांग्ला में रंगकर्म कला और विचार दोनों ही स्तरों पर शीर्ष पर था। मराठी, गुजराती और दक्षिण में उसी का प्रभाव बन रहा था। तब तक सत्तर का दशक शुरु नहीं हुआ था। साठ के दशक में असन्तोष, अस्वीकार, प्रतिरोध और प्रतिवाद में मुक्ति का स्वर ढूंढ़ने की परिपाटी विकसित हो चुकी थी। यह मैं सिर्फ नाटकों की बात कर रहा हूँ। हिन्दी फिल्मों की नहीं। हिन्दी रंगकर्म तो था ही नहीं, यानी आधुनिक हिन्दी रंगकर्म की रूपरेखा तक बनी नहीं थी, बन रही थी और अल्काजी के साथ बन चली थी। वहीं से हिन्दी रंगकर्म दिखने भी लगा।

साठ और सत्तर के दशकों में ही हिन्दी में सर्वाधिक और उत्तम नाटक लिखे और खेले गये। अन्यथा हमारे पास सिर्फ बांग्ला रंगकर्म था और वह भी शिशिर कुमार भादुड़ी का। वे टैगोर के लिखे नाटक कम प्रस्तुत करते थे। शम्भू मित्र ने अधिक प्रस्तुत किया। आपको बुरा लग सकता है यदि मैं कहूं कि टैगोर एक महान कवि थे लेकिन नाटककार वे दूसरे दर्जे के थे यानी मिडियाकर। यही बात मैंने पिछले दिनों कही तो बांग्लाभाषियों को बुरा लगा ...'

'आपने उनका नाटक 'राजा' पढ़ा है?' - मैंने पूछा।

'देखा था। वही शम्भू मित्रा का। बाद में पढ़ा भी। लेकिन मेरी धारणा अभी तक नहीं बदल सकी है। उन्हें सिर्फ कविता लिखनी चाहिए थी।'

'इसमें जन संघर्ष है लेकिन इससे पहले आत्म साक्षात्कार की तैयारी। और आप अभी नाट्यशास्त्र की बात कर रहे थे। भरत ने नाटकों को कविता और रंगमंच पर इन कविताओं के मंचन को दृश्य काव्य कहा है। यानी नाटक दृश्य काव्य हैं। तो टैगोर ने भरतअर्थ में नाटकों के रूप में कविताएं ही तो लिखी हैं ...'

'हो सकता है' - गिरीश बोले - 'मैंने पिछले दिनों यूनेस्को को अपना वर्ल्ड थियेटर डे मैसेज भेजा था जो 2002 में 27 मार्च को दुनिया भर में जारी हुआ था। उसमें मैंने रंगकर्मियों को यही कहा था कि वे साहस के साथ रंगकर्म तो करें ही, जो सही नहीं है उसे साहस के साथ कहें भी कि यह गलत है। किसी कवि का नाम हो जाये और उसे नोबेल पुरस्कार मिल जाये तो ऐसा नहीं हो जाता कि वह जो भी लिखेगा या जिस भी फॉर्म में लिखेगा वह उत्कृष्ट होगा। सार्त्र को भी मिला था नोबेल सम्मान और उसे लौटा दिया था ...'

'इसलिए कि उन्हें साहित्य के लिए मिला था। वे दार्शनिक थे और उन्हें दर्शन के लिए दिया जाना था ...'

'लेकिन उनके नाटकों में उनका दर्शन ही तो है' - वे बोले- 'नाटकों में लेखक का दर्शन या विचार या फिलोसफी ही तो होता है। क्या ययाति या तुगलक में कोई विचार नहीं? या बाद में सत्तर के दशक में मैंने हयवदन लिखा तो क्या उसमें कोई सन्देश या विचार या दर्शन नहीं?

'ययाति की कथा महाभारत में है। और हयवदन की कहानी पुराण में है। स्वाभाविक है दोनों नाटकों में भारतीय दर्शन ही तो है' - मैंने स्पष्ट किया।

'एग्जैक्टली, यही तो मैं भी कह रहा' - गिरीश संतुष्ट हुए। वे काफी कुछ

कहना चाह रहे थे लेकिन मानो जुबान को कोई रोक रहा था। मुख्य रूप से देह में पनप चुकी कोई बीमारी। वे रूक-रूक कर बोल रहे थे। बाद में उन्होंने बताया भी कि यदि प्रवाह में कोई कठिन शब्द आ जा रहा है और उसे बोलने में वे दिक्कत महसूस कर रहे हैं तो वे उसकी जगह बोलने के लिए कोई आसान शब्द चुन ले रहे हैं जैसे फ्लावर की जगह लीफ। वे जाहिर है अंग्रेजी में बोल रहे थे - 'साठ के दशक के अन्त या सत्तर के आरम्भ तक मुझे यह समझ आ गयी थी कि मुझे अपना भारतीय अर्थ में मौलिक फॉर्म नाटकों में ढूंढ़ लेना है और रचना प्रक्रिया को अनुभव आत्मसंवाद या आत्म साक्षात्कार के स्वाद में बदलना चाहिए। तभी मुझे तृप्ति मिल सकेगी। लेकिन ऐसा मैं कर तो रहा था पूरी तरह कर नहीं पा रहा था। सत्तर के ही मध्य तक मैं फिल्मों में अभिनय भी करने लगा जिसकी परिणति देव आनन्द के साथ की फिल्म मन पसन्द हुई। मैंने उसे इसलिए स्वीकार किया था क्योंकि यह बर्नाड शॉ के माई फेयर लेडी पर बन रही थी। अस्सी और नब्बे के दशकों में मेरे सामाजिक सरोकार बहुत बढ़ा दिये गये जब मैंने संगीत नाटक अकादमी ज्वाइन किया। दो बातें तब भी मेरे जेहन में चहलकदमी कर रही थीं भले ही मैं एक प्रकार से सफल था। एक अपने मौलिक नाट्य फॉर्म तलाशने की जिजीविषा। जो अपने दोस्तों के अनुसार मैंने ढूंढ़ ली थी। अब रह गयी थी अपने साथ संवाद यानी आत्म साक्षात्कार स्थापित करने की जिजीविषा। वह नब्बे के दशक तक या कहें 2005 तक नहीं स्थापित हो सका। तब मैंने सोचा क्यों न आत्मकथा लिखूं। कन्नड़ और अंग्रेजी में लिखता हूं। अपने ही जीवन को लिखूं। फिर यह कौंधा कि क्यों न इस विषय पर नाटक ही लिख डालूं। और तब मैंने वह नाटक लिखा जो आपने भी देखा है। कन्नड समझने में दिक्कत आयी होगी।'

'नहीं। रंग भाषा सशक्त थी' - मैंने कहा। लेकिन कन्नड़ में असफल लेखिका का अंग्रेजी में सफल हो जाने के बाद आईने में अपने दरकते या खंडित हुए चेहरे को देखकर यथार्थ को समझ पाना या विभाजित मन की नियति को त्रासदी के तौर पर लेना कि वह सफल हो सकी अपनी भाषा में नहीं बल्कि विदेशी भाषा में तो पश्चाताप और आत्मग्लानि से भरा मन उसके लिए आत्म साक्षात्कार का सोपान तो नहीं बन सका, यह मैंने नहीं कहा। किन्तु गिरीश जारी थे -

'इस नाटक के साथ अन्ततः आत्मसंवाद स्थापित हो सका। मैं तृप्त

हुआ। अवार्ड, पुरस्कार और सम्मानों से लेखक तृप्त नहीं होता। आत्म साक्षात्कार ही एकमात्र मार्ग है। एक प्रशस्त मार्ग। प्रकाश से भरा। काश मैं एक और नाटक या नाटक नहीं तो कुछ और लिख सकता। लेकिन मेरी देह जीर्ण होती चली जा रही है। और अब मैं मृत्यु की तरफ हूँ। जीवन का क्लाइमेक्स। वृद्ध ययाति को और जीना था। संसार को भोगने की इच्छा और बढ़ी तो उसने अपने बेटे की युवा देह ले ली। मैं क्या करुं! ऐसा नहीं कि मैं मिडियाकर रहा हूं। मैंने भी सोचा है मृत्यु पर। और वर्षों तक सोचा है। इसीलिए लिखा अग्नि और बरखा या तलेडंडा लेकिन मृत्यु तो फिर भी है। भय फिर भी है। मृत्यु से साक्षात्कार ही मेरी परिणति है। मृत्यु से मुक्ति नहीं।'

एक कन्नड़ फिल्म में आपकों ऐसा ही कुछ कहते दर्शकों ने सुना था कभी ..., मैंने याद दिलायी।

उनमें उर्जा आ गयी - 'वो संवाद भी मेरा ही लिखा था हालांकि वह फिल्म थी और मैं अभिनय कर रहा था। फिल्म थी आनन्दभैरवी। 1983 में बनी थी। फिल्मों में अभिनय करने से मैं प्राणवन्त हो उठता हूं। न जाने क्यों। हिन्दी नहीं समझ पाता लेकिन हिन्दी फिल्मों को सिर्फ अभिनय की जीवन्तता के कारण ही मैं करने गया। निशान्त या मंथन हो या फिर स्वामी, आशा, मनपसन्द और अपने पराये। मुझे अभिनय से मतलब था, भाषा से नहीं।'

तभी आपने कन्नड़ के साथ-साथ मराठी फिल्म उंबरठा भी की जब्बार पटेल के साथ?

'जी। हालांकि जब उंबरठा हिन्दी में भी बनी तब हिन्दी मैंने ही बोला, किसी और का विकल्प नहीं रखा। तब तक मैं काफी कुछ हिन्दी बोलना सीख चुका था' (हंसते हैं)

और आपने सार्थक और मुख्यधारा फिल्मों में कोई भेद भी नहीं किया और देव आनन्द के साथ मनपसन्द भी की ...

'बिलकुल। अब आप तरंग को क्या कहेंगे? कुमार शहानी को आर्ट फिल्मों का माना जाता है लेकिन फिल्म तो फिल्म है। फिल्म प्रथमतः फिल्म होती है। समीक्षकों ने यह भेद कर रखा है। फिल्म एक कला है और निर्देशक की कला अपने-अपने स्तरों पर दिखती है कभी के. आसिफ के रूप में तो कभी अदूर गोपालकृष्णन के रूप में।'

और कभी गिरीश कर्नाड के रूप में ...उत्सव में।

'दरअसल अभिनय की दृष्टि से भी मैंने मनपसन्द फिल्म करते हुए बर्नार्ड शॉ की कृति देखी और निर्देशन की दृष्टि से भी फिल्म उत्सव करते हुए मैंने शूद्रक की कृति देखी। दुनिया में कवियों और लेखकों का महत्त्व हमेशा से रहा है। मैंने इसकी परवाह उत्सव की पूरी पटकथा को लिखते हुए की थी। हम मायफेयर लेडी और मृच्छकटिक की बात करते हैं लेकिन बर्नार्ड शॉ और शूद्रक पर कम विमर्श करते हैं। ऐसा नहीं है कि मैं लेखक हूं इसलिए लेखकों को प्रिविलेज दे रहा हूँ। एक अभिनेता या संवेदनशील कलाप्रेमी होकर भी लेखक या कवि को मैं हमेशा प्रथम महत्त्व देता आया हूं। भारतीय रचनाएं कवियों के कारण ही हैं और यहां कवि के कारण ही काव्य और दृश्यकाव्य है। कवियों को ऋषि की गरिमा मिली हुई थी प्राचीन समय में।'

जी, ऋषि ही कवि होते थे क्योंकि वे देख सकते थे।

'बिलकुल। इसीलिए कवि को प्रणाम करना मेरा प्रथम कर्तव्य रहा है और है। मैं जब कभी भी कोई विदेशी फिल्म भी देखता हूं तो पहले लेखक की ओर ध्यान जाता है जैसे बर्गमैन की कोई फिल्म हो या फिर आपके प्रिय तारकोव्स्की की। आप देखिए, स्टॉकर या सेवेन्थ सील विचार पर ही आधारित है और यह विचार कवि ही दे सकता है। सेवेन्थ सील और वाइल्ड स्ट्रॉबेरीज से ही बर्गमैन को और मिरर और स्टॉकर से ही तारकोव्स्की को विश्वस्तर के महान मास्टर का सम्मान मिला था। नाटक लिखते हुए हमें फिल्मलेखन की भी कई बातों का ध्यान रखता हूं। जैसे उत्सव लिखते हुए मेरे पास नाटक था और मै नाटक की पटकथा लिख रहा था। तो मैंने ढूंढ़ा कि कला के वे कौन से तत्व हैं तो दोनों विधाओं में कॉमन हो सकते थे। मैंने पाया विचार के लिए माध्यमगत इमेजरी और संवाद के लिए कवि द्वारा प्रयुक्त सही शब्द। बस मैंने इन्हीं का ध्यान रखा। अब फिर मैं नाटक लिखते हुए भी इन्हीं का ध्यान रखने लगा जैसे हीप ऑफ ब्रोकेन ग्लास में।'

'आप एक और नाटक लिख सकते हैं, अपने पहली एकांकी की तरह, अभी की मनस्थिति पर ...?'

बिलकुल फुसफुसाहट-सी उपांशु वाणी में उन्होंने कहा - 'मैं एक कविता लिखना चाहता हूं। एक एपिक पोएम।'

उनके इस आप्तउच्चार में एक गहन मौन था।

विश्व सिनेमा : पुनरावलोकन

प्रमुख फिल्मकार :

1. **चार्ली चैप्लिन** (1889-1977) : दी किड, गोल्ड रश, दी सर्कस, सिटी लाइट्स, माडर्न टाइम्स, दी ग्रेट डिक्टेटर आदि।
2. **सेवोलॉद पुडोवकिन** (1893-1953) : इन दी डेज ऑफ स्ट्रगल, चेस फीवर, मदर, दी एंड ऑफ सेंट पीटर्सबर्ग आदि।
3. **ज्यां रेनुआं** (1894-1979) : बैकबाइटर्स, दी सैड सैक, दी टूर्नामेन्ट, नाइट ऐट दी क्रॉसरोड्स, मैडम बोवेरी, दी रीवर आदि।
4. **सर्जेइ आइजेन्स्टाइन** (1898-1948) : स्ट्राइक, बैटलशिप पोटेमकिन, दी जेनेरल लाइन, इवान दी टेरिबल आदि।
5. **केन्जी मिजोगुची** (1898-1956) : ब्लड ऐंड सोल, ड्रीम्स ऑफ यूथ, सॉंग ऑफ फेल्योर, डेथ ऐट डॉन, आउट ऑफ कॉलेज आदि।
6. **लेव कुले शोव** (1899-1970) : ट्विलाइट, ऐन अनफिनिश्ड लव सांग, ऑन दी रेड फ्रन्ट, दी डेथ रे आदि।
7. **ऐल्फ्रेड हिच्कॉक** (1899-1980) : नम्बर 13, दी प्लेजर गार्डेन, दी माउन्टेन ईगल, ब्लैक मेल, रेबेका, वर्टिगो, साइको, दी बर्ड्स आदि।
8. **लुइस बुनुएल** (1900-1983) : दी गोल्डन एज, लैंड विदाउट ब्रेड, ऐसेन्ट टु हेवेन, रिहर्सल फॉर ए क्राइम, दी रीवर ऐन्ड डेथ, डेथ इन द गार्डेन आदि।
9. **विटोरियो डी सिका** (1901-1974) : शू शाइन्स, बाइसिक्ल थीव्ज, अम्बर्टो डी, दी गोल्ड ऑफ नैपेल्स, टू वूमेन, दी लास्ट जजमेन्ट, यस्टर्डे टुडे ऐन्ड टुमॉरो आदि।
10. **रॉबर्ट ब्रेसां** (1901-1999) : ऐन्जेल्स ऑफ सिन, डायरी ऑफ ए कन्ट्री प्रीस्ट, ए मैन एस्केप्ड, पिक्पॉकेट, दी ट्रायल ऑफ जोन ऑफ आर्क, बाल्थाजार, मॉशेट, ऐ जेन्टल वूमन आदि।
11. **यासुजीरो ओजू** (1903-1963) : टोकियो स्टोरी, अर्ली स्प्रिंग, टोकियो ट्विलाइट, लेट ऑटम, ऐन ऑटम आफ्टरनून आदि।